大展好書 好書大展

大展好書 好書大展

精選系列 19

世界喪禮大觀

松濤弘道／著
許悰纓／譯

大展出版社有限公司
DAH-JAAN PUBLISHING CO., LTD.

目錄

第三章 非洲地區……一〇七

序 言

我們生而為人，都免不了一死。昔日的君王與達官貴族為了免於一死，尋求永遠的生命，而向神祈願，以及搜求各種長生不老之術，但是無一能得逞。今日由於近代科學技術與醫療設備的發達，雖然可以延長人類的壽命，但是也難免一死。

自有史以來，人類為了追悼死者，對於自己的死或他人的死，賦予個人性或社會性的手段，成為人類歷史與文化的主要部份，一直維持至今。追悼死者的意識與行為，成為喪禮的文化，也許在世界各民族中，喪禮一律是很發達的。而喪禮可說是對於認識的個人，表現最基本真義的機會。這與關係者之間的政治、經濟等，人與人表層部份的交流無關，而是一種宗教性、社會性的態度，用一般的形態所表現的舞台。

現在世界各國所採行的葬法大不相同，但是不論採用哪一種方法，都有其特定的背景，以及居住在特定地區的當地居民，因其氣候、風土、國情、人種、信仰、社會、經濟狀況等，所形成的一種默契，在互相能夠接受的情況下，所舉行的一種宗教性的行為。

至於墓碑也是如此。墓碑可說是對死者某種形式的一種指標。不論是否建墓碑，在建墓碑時，其規模與材質也是千差萬別，無法一概而論。但是一般而言，凡是對國家、社會有貢獻的偉人，或是有錢人，他們所建的墓碑都是很豪華的。所謂「心隨相轉，相由心生」，藉由對於各國的喪葬制度與墓碑制度差異的比較研究，越會對於各國的民情、民族色彩、宗教與社會性的傳統，以及個人的世界觀或人生觀有更深入的了解，這是一個非常有趣的主題。

因此，會對德國的宗教學者漢斯庫爾特貝爾克所著的『墓地是反映社會的一面鏡子』，一書所述的一樣，大表認同。

人類本來就有異於動物，為甚麼人類不會置親友的遺體不顧，不聞不問，而會舉行喪禮呢？這可以證明人類是靈長動物，但是喜怒哀樂與記憶的感情、意識，也存在於其他高等動物，這並非人類特有的現象。然而卻只有人類表達出細微的感情與意識。

一九六〇年代，美國人類學者拉爾佛梭雷吉博士在伊拉克的薛尼達爾洞窟內，發現了距今約五萬年以前的人類初期的原始民族，尼安德特人的遺骨群，在其側發現了看似用以追悼的薊花。也許從那個時候開始，人類就對於人與人之間的死別有悼念之意。從那時候起，世界各地各種民族會在自然、人為環境下，舉行各種各樣的喪禮文化。這種文化不是短暫、暫時性的，而是演變成傳統的喪禮習俗，不斷地沿襲下來。也許在所有的文化形態中，喪禮文化是最具有持續性的文化。

人類所以舉行喪禮，有許多的理由。但是簡單地說，可以歸類為以下幾種想法。也就是對於死者遽逝抱著不捨的心與惜別之意的同時，也對於遺體的腐敗產生了錯愕與恐懼心。面對如此交錯矛盾的狀況，總覺得要採取一些善後，但是這些善後的方式，不但是個人可以認同，甚至也必須要獲得社會的接納，於是與死者有關的親朋好友之間，就會舉行喪禮。換言之，正如法國的人類學者亞諾德范黑內普所說的，透過喪禮這種「通過儀式」，才讓生者意識到與死者的訣別，讓死者回到死者的世界，生者再回到日常的生活中。

我之所以會開始研究調查世界各國的喪葬習俗，必須要追溯到一九七二年（昭和四十七年）六月，在印度新德里的郊外，日本的一架飛機墜落，有二十一名日本人死亡的事情。發生這起事件時，我應日本航空公司的要求，協同處理罹難者的慰靈與後事處理的事宜。同年十二月，蘇聯莫斯科國際航空公司的日本飛機，以及一九七四年四月印度巴里島山岳地帶，泛美航空公司墜機事件的時候，我也被航空公司委以同樣的任務。

在飛機失事的現場，通常會出現為數甚多的死傷者，事故的現場幾乎是慘不忍睹。在家屬們的哭泣哀嚎中，還是必須要進行遺體的收容確認，甚至把遺體送回母國的遺體搬運、遺骨的搬送、慰靈追悼等事情。

由於同一飛機內有許多不同國籍、民族、信仰、思想各異的外國人一起搭乘，因此還要配合事故現場國的法律、設備、風俗習慣等，死亡者與其家屬的意見未必經常是不一樣的。如何處理當地的特殊情事，如何站在家屬與航空公司之間，還有被害者與加害者之間，如何讓雙方能夠尋求認同的善後處理方式，真是會令人心力交瘁。

意外事故本身已經相當令人震驚了，但是令人更震驚的是，因為宗教、國情、國民性，對於死者與遺體的處理方式居然都不一樣。如果是日本人的家屬，一定是二話不說的趕赴事故的現場，看看是否有生還的機會。如果證實已死亡，也一定會在確認遺體以後，把遺體送回國內，同時希望能把遺落在事故現場的遺物，甚至當地的泥土帶回故鄉。但是有此反應的人，似乎只有日本人。

在新德里的同一架飛機，有六十五名外國人死亡。包括生還者在內，共有八十九名，但是大部份外國人的家屬，都沒有來到新德里，對日本人而言，趕赴意外事故的現場，是相當自然而理所當然的行為。但是看在外國人的眼中，也許認為這是很奇怪的行為也不一定。這之間的差異，就在於文化的差異。

在此之前，我在美國生活了十二年之久，但是從這些事故中，我才發現到隱藏在人生內面真正的想法，這是以前所未曾經驗過的。也許有的人可以說得一口流利的外國語，甚至在外國有短期或長期的生活經驗，或是認識很多外國朋友，而精通海外的政治、經濟、文化、觀光事情等。但是其實這些都只是最基層的知識或經驗而已，是沒有任何價值的。在這事件上，我以前的自負心被徹底地打破。

以前有一位獲得富布賴特獎學金，到美國留學的評論家小田實先生，很少到學校去，經常漫步於紐約落後的街道上，而打開垃圾箱來看他們所丟出來的東西，去察覺紐約人的生活實態，所以他寫了一本『什麼都要看』一書。

對我而言，喪葬習俗不管是從個人性或社會性來看，都是可以赤裸裸地呈現人生實相的地方，所以從此以後只要有機會到海外去旅行、觀光或購物便成為次要的事情，我到那裡一定會想去看各國人們的生活實態。一到達當地，我就立刻找到地圖，直接到舉行喪禮的地方或墓地去觀察。我把觀察的結果依宗教文化圈別來分類，而寫了一本『世界喪禮大觀』這本書，由新潮社新潮選書出版。後來世界的政治、經濟情勢，隨著蘇聯的瓦解，而產生顯著的變化。本來與時代的變遷關係不太密切的傳統喪葬習俗，或是人們的人生觀，也帶來了或多或少的影響。

在這期間，基督教與佛教等世界性的宗教制度，對於人們的影響力大為減退，取而代之是在民間抬頭的民族主義、商業主義、利己主義，而使我必須要追加或變更記述內容。因此本書是以已出版的『世界喪禮大觀』為基礎，作全面的修訂，然後再考慮到時代的變遷，盡我所能地，把我們知道的世界各國的喪葬習俗的最新情報加入書內。

日本自一九六四年四月一日開放海外旅行以來，海外旅行的人數直線上升，在今年內就達到了一千二百萬人次。這期間，受惠於我國為高度經濟成長與通訊運輸機構的發達，即使是一些販夫走卒，也能夠輕易地赴海外旅行。

在如此的結構下，我們越來越國際化，甚至在泡沫經濟瓦解之後，國際間的政治、經濟情勢日益緊張，而交流日益密切。隨之而起的是文化摩擦的產生，我想在今日更是需要國際之間的互相了解。雖然可以透過媒體了解到一些海外的事情，但是這些只是無關痛癢的事情。如果國際之間無法彼此認同對方的歷史、社會、文化，而希望彼此之間有深刻的互相了解，等於是緣木求魚。

最近，在日本國內的山梨縣石和町，發現了一名身份不明的死者，而當地村里幹事就依通行的條件來公告，同時予以火葬，但是最後了解到，原來那名死者是伊朗人。他在伊朗的家人來到東京，向東京的伊朗大使館提出了強烈的抗議，問他到底犯了甚麼罪？為甚麼要把他火葬？原來在伊朗的回教徒，唯有犯罪或身染傳染病，才會火葬，火葬就有如被扔到地獄裡去一樣。在日本的外國人日益增加，相信今後這一類的文化摩擦也會更頻繁了。

原本這種調查在宗教民俗學、人類學、社會學、心理學的領域，都會有所記述。在各國的學者也發表了研究成果，其中的先驅著作是在十八世紀時，所出版的英國拜那德皮卡特所著的『世界禮儀與宗教習慣』，以及J·A·哈馬頓所著的『人類的風俗習慣』，這二本大著作點起了開端。在一九七二年所發行的美國哈邊史坦恩與拉馬茲合著的『世界葬送習慣』，以及一九九四年所發行的英國荷姆、波卡合著的『通過禮儀』等等，但是這些書籍並不是針對世界各國全體的喪葬習慣，作全面性、多角性的網羅，而只是片斷性的記載。因此若要了解今日的狀況，是較為不便的書籍。

在今日，國內外的國際交流越來越密切的時候，為了端正文化摩擦所造成的誤解，或是偏見、無知，我想提供能夠促進互相真正了解的情報，是當務之急。

既然不論在國內、國外，死亡是無可避免的，如何面對這種異常的狀況，以及如何應對，同時各國的喪葬習慣為何？我想公開這方面的情報，也是促進彼此了解的一環。原本以為聯合國或聯合國教科文組織、日本的外務省等，應該會有類似的情報，但是也許是由於本人孤陋寡聞，至今我並沒有找到類似的出版品。基於這一點，也許本書可以成為正式調查研究的踏腳石，因此我做了非常詳盡的蒐集與整理。

本書是參考至今，世界各國所出版之喪葬習慣的文獻，以及筆者親自到駐日各國大使館，或日本駐外公使的問卷調查，採訪當地人或在海外的日本人，談一談他們的海外生活體驗。在此限於篇幅的關係，而無法列出其出處，謹對於提供協助的各機關與各位，致以萬分的謝意。

本文將今日在地球上的獨立國家或其屬地分為：㈠亞洲、㈡南太平洋（大洋洲）、㈢非洲、㈣中東、㈤歐洲、㈥俄羅斯、㈦北美、㈧南美，共計八章，針對其各地區的特徵與人口，先作一敍述，然後再概論當地主要的宗教與喪葬習俗。

在多民族的國家中，由於混有多種民族，針對其個別的民族，不論是文明開發國家、開發中國家，都以「族」來代替作為區別，而捨棄了「人」。

關於記述的內容，希望能站在公平而客觀的角度來評論，但是或許會有本人誤解、曲解、不正確的地方，這是筆者應該負起的責任，而在今後作出更好的報告，因此，希望各位讀者能夠不吝指教。如此野人獻曝的文章，也許不能達到當初的期望，但若對於異國文化的了解與國際交流稍有助益，則誠屬萬幸。

筆者

第一章 亞洲地區

孟加拉

孟加拉位於亞洲大陸的東北部，是河口世界最大的三角洲。除了一部份國土以外，其餘的都是平坦之地。北部有少數民族，不過大部份都是孟加拉人，由於經常被重度的龍捲風所侵襲，生活不安定。

伊斯蘭教為其國教，保障信教的自由，但是也有印度教徒與佛教徒。

伊斯蘭教徒死亡的時候，遺體必須用肥皂與消毒藥來清洗，用白布包裹並擦香水。到區公所辦理死亡登記以後，由家屬與弔問者一起把遺體納棺之後，抬至墓地。這時候，由於女性太過悲哀，因此通常是留守在喪家，而在道路兩旁看到送葬行列的時候，人們為了表達對於死者的敬意，通常會站立在路旁。

在墓地，導師會站在遺體的旁邊，與會者則圍繞於其周圍。導師將手貼於耳部祈禱，與會者也一同附和，唱著可蘭經。反覆唱誦四遍之後，再唱最後的祈禱，把遺體的頭部朝向麥加的方向，埋葬在土中。由於全能的神阿拉不希望死者爲苦惱所纏繞，因此他們會唱著可蘭經的章句：「我們是屬於阿拉，要歸回應許」以安慰家屬。

印度教徒或佛教徒在火葬場予以火葬之後，有的會把遺灰撒在河川上，有的則予以埋葬。

大部份的居民都是伊斯蘭教，是由預言者亞里的後裔，撒伊德族或謝伊克族所組成。亡者死亡以後，會盡速埋葬，同時舉行喪禮。撒伊德族男性的名字前面，通常會加上亞里或胡申。謝伊克族則在名字前面也加上謝伊克或穆罕默德。在東部地方有少數民族查克馬族，他們是信奉回教，死者是採取火葬的方式。

不丹

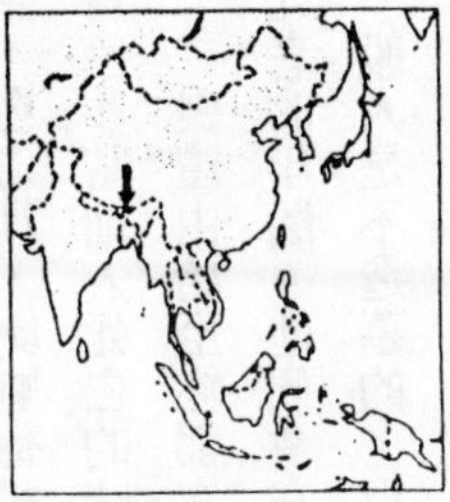

不丹位於喜馬拉雅山脈中央非常隱秘的地方，長期以來拒絕外國人的入國，幾乎呈現鎖國的狀況。但是在一九七一年，自加入聯合國以來，便開放門戶。

有很多日本人經由印度前往觀光，不丹人的風貌與日本人非常相似，有濃厚的人情味，他們也吃麵，同時不丹語的十一與十二都類似日語的十一與十二，與日語的共通點甚多。

大部份居民都是保漆亞斯族，鐘卡語為公用語，與西藏有密切的關係。各地都有城，是區公所兼寺院。喇嘛教為國教，採取政教一體的制度，人們的生活與宗教有密切不可分的關係。在這裡，喇嘛僧扮演相當重大的角色，舉凡行政、教育、婚喪喜慶等等，都立於指導的角色。當地人死亡的時候，先聯絡的也是住在城裡的喇嘛僧。

喪禮由始至終都在樂器的吹奏下伴著讀經，喪家會豎上一個白旗子，其上記載著經文與死者的年齡。他們會在露天火葬場把遺體火化，然後把遺灰撒在河川裡。除了喇嘛僧以外，一般人是不造墓的，但是也有人把一部份的骨灰搓成乾燥丸子，然後供奉在佛塔裡。

祖靈供奉在喪家的二樓極富色彩的佛壇上，每天供養。偏僻的地方也有像西藏一樣，留有鳥葬的習慣。最近則越來越少。若因意外死亡或傳染病死亡，則要埋在深掘的土中，不論是婚喪喜慶，在當地的習俗幾乎都是全體總動員。

另外，也有少數民族從尼泊爾移民而來，他們是印度教徒，但是並沒有沿襲印度傳來的沐浴習慣。

汶萊

汶萊位於婆羅洲島西北部，佔地約二分之一。長期以來，汶萊是英國的自治領土，在一九八四年完全獨立，居民半數以上是馬來人，以伊斯蘭教為國教，受惠於原油與天然氣的影響，因此經濟得以急速地成長。

首都斯里巴加灣擁有氣派輝煌的清真寺。當地人大都是依照伊斯蘭教的習俗來舉行喪禮，遺體會盡早埋葬在墓地裡。

居民中有比撒也族，抱持著精靈信仰。死亡的時候，如果死靈沒有舉行儀式，那麼就無法鎮魂，而唯恐會作祟，但是他們並沒有崇拜祖先的習慣，而有錢人的喪禮通常會大宴賓客。

柬埔寨

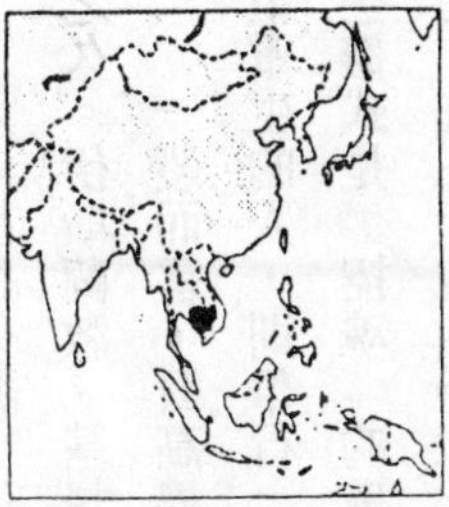

柬埔寨位於印度半島南部，流經湄公河與特南撒布二條河域，平野遼闊，是一個農業國家。國民大都是柬埔寨人，信奉上座部佛教的人佔壓倒性的多數。

這國家有死者時，要到最近的區公所去辦理登錄，必要時則受醫師與檢警的驗屍。遺體則由喪家或鄰人找來比丘，給予食物供養，同時請比丘讀經。通常喪禮是在佛教的寺院舉行，在比丘的讀經與送葬音樂的伴奏下，為死者的手打上繩子，然後繫在參列的比丘的手上。與死者同年同月同日生的人，不能夠參加喪禮。

大半都是火葬，佛教徒在舉行喪禮之後，會擇吉日火葬，但是有時會擱上六個月至一年之久。伊斯蘭教、基督教徒，或是自殺或溺死的人，則予以土葬。

一般而言，對高棉人來說，死亡的時候必須要依照「康皮」的書籍，來占卜其命運。希望重生的人，則舉行「哈歐婆倫」的儀式。不希望重生的人，則舉行「克阿柚」的儀式，這些儀式是「招魂」的儀式，死亡的時候，必須要穿白色的壽衣。同時入殮，找來僧侶舉行喪禮，在三天以內予以火葬。火葬時，要把遺體的臉部朝西，然後再轉向東，稱為「PLAY LOOK」。遺灰放在骨灰罈內，有錢的人會在寺院內建小塔或豎立一個墓標。另外，也有人建有屋頂的墓地，或是稱為「庫克卡摩伊」的一般墓地。有一部份住在沿岸地區的馬來族的少數民族姜族，大都是回教徒，死後會予以埋葬，洗骨之後，再另外改葬。印度教徒的姜族則是用火葬，遺骨則埋葬在家族的墓地。

中華人民共和國

中華人民共和國是僅次於蘇聯、加拿大，為世界第三大國家，大約有十一億三千萬人。國民九十四%是漢民族，少數民族大都住在邊境的自治區。

第二次世界大戰以後，成為無產階級專政的社會主義國家。由於宗教有損國策，所以宗教活動都在禁止之列。一些寺院、教會等宗教禮拜設施，在文化大革命時遭到破壞，其宗教的指導者也受到鎮壓。儘管如此，由於民族習慣根深蒂固，因此逐漸承認了信教的自由與不信教的自由，而同時著名的佛教寺院等，也慢慢地興起，宗教活動慢慢地復興。

由於國土非常遼闊，各地的習慣也有所差別，無法一一敍述。但是一般而言，當地人死亡的時候，在都市地區，喪家會向最近的公安局派出所登錄死亡，然後由其所屬的職業工會，來進行喪禮事宜。遺體大都由運屍車（大部份是小型巴士）運到當地民生部直營的火葬場，然後再舉行追悼會，那時並不用靈柩。喪禮在「奏哀樂、三鞠躬、告別辭」的順序下就結束了，非常簡單，在地方上則由人民公社來舉行喪禮事宜，追悼以後就埋藏在墓地中。

在地方上，有的地方在有人死亡的時候，喪家會把遺體的腳朝向大門口，同時用外來的水加以清洗，再換穿清潔的衣服，鄰近的人知道了死訊以後，則會在守靈的晚上，守在遺體旁，近親的老婆會放聲大哭，而年紀大的人則在旁邊唸經。有的人在生前就買棺木，有的人則在死後才購買。

遺體在死亡後的第二天早上要入殮，同時要敲釘。由地方上自願的人抬著棺木，走向墓地。送葬行列的前導豎著弔旗，同時燃放鞭炮。與會者大都穿著人民服，同時繫上黑色的喪章，並沒有穿特別的喪服。回到喪家以後，則由喪家供給與會者簡單的餐飲。

以前都要經過占卜來選擇墓地，所以散在各處，但是在基本國策四個現代化（農業、工業、國防、科學技術）的口號之下，認為此舉有害四個現代化，因此整理散在四處的墓地。

一九五六年以來，隨著「殯祭革命」而把墓地指定在不毛之地。地方上年紀大的人，向來是喜歡土葬。現在在中國全國大約有一千二百個火葬場，而都市地區的人大都採用火葬。此外，革命前喪禮的時候，通常會找來佛教的僧侶和道教的教士，但是這種宗教儀式在現今幾乎已經看不到了。

一般人的喪禮非常簡單，但是對國家或社會有貢獻的領袖級人物死亡的時候，都會舉行盛大的追悼儀式。他們會在非常大的集會場所舉行，在安置遺體的旁邊，飾以遺照，同時供奉鮮花。在中國獨特的送葬曲中，由喪葬委員長介紹死者的經歷與功勞，同時致弔辭，例如，在前總理周恩來過世的時候，在人民大會堂舉行正式的告別式以後，予以火葬，葬在北京郊外的八寶山墓地中。在這一次的正式告別式之前，還在北京的勞動人民文化宮舉行告別儀式，在建築物的門口站著許多閣僚級的人員，向弔問客致謝意。

對於現代的中國人而言，宗教儀式不過是信徒之間修行的地方，因此喪禮與信仰無關，把喪禮劃分為世俗的習慣。一般喪禮結束的時候，在都市地區火葬之後，就會把骨灰納在附近的納骨所。在地方上則會出棺，豎上弔旗，組成送葬的行列走到墓地，予以埋葬。棺木的表面塗上紅色的漆，同時會描上花的模樣。埋葬之後，經過二、三個月，再慢慢地蓋上土。

中國政府在一九八五年，把全國分為沿岸地區，以及交通不便的其他內陸地區，住在前者的人死亡的時候，必須採取火葬。全國的火葬率在一九九〇年約達三十%。

在北京市郊外八寶山革命公墓與殯儀館，是於革命後的一九四九年所開設的，係作為黨與國家要人的墓地。其後一九五八年架設了火葬場，今天北京市的葬禮有三分二是在此舉行。遺體則在這裡的禮堂舉行喪禮之後，直接運到由磚砌的火葬爐內。遺族在三天之後來領取骨灰，如果過了一個月仍未領取，則由火葬場予以處分。在附近有老山骨灰堂，很多人把骨灰放在木雕的箱子裡，稱為「骨灰盒」。然後把骨灰盒寄放在納骨堂中，保存期間是三年，如果希望還可以延長，置物櫃的架子排列著骨灰盒，在這裡禁止供奉鮮花或供物。

廣東市的墓

另外，在北京市西郊外，有福田公墓與附屬的納骨堂，同時有許多個人的墓地。大部份都市的郊外，都有公營墓地，並豎立著劃一的石碑。不像日本一樣是家族墓，大都是夫婦墓。

在都市地區的喪禮大部份都是在殯儀館舉行，由遺族、近親者與友人聚集在禮堂中。遺體的兩側飾以人造花圈，然後舉行最後的告別。在這裡有很多遺族會放聲大哭，遺體由有關人員取至他處，這時與會者會走出場外，同時燃燒所帶來的花圈與紙錢，並鳴放爆竹。

在地方上，尤其可以看到這些古老的習俗，靈車大都是小型巴士或卡車。上海市有十四個火葬場，十五處付費的公共墓地，以及九個付費的納骨堂，最近有很多人希望把自己的遺骨撒葬在海裡。

一般而言，追悼會是選在第七天、四十九天、百日與周年忌，或是假日由親朋好友聚集舉行。三等親以外的人如果要參加喪禮，必須要先獲得所屬的人民公社或居民委員會的許可，才能夠參加，但是必須要扣除那一天的薪資。近親者的掃墓，是在忌日或四月五日的清明節，到墓地或靈堂舉行祭拜。一般而言，在地方上要比都市更加重視殯葬習慣，老年人又比青年人更加重視，中國南部的廣東省等南部地方，又比北方更為重視。

雖然已經是社會主義國家，但是中國人尊崇祖先的習慣，並非一朝一夕就能夠更改的。因此他們也嚴格地遵守長幼有序的習俗。以前河南省安陽縣小屯村附近，挖掘出來紀元前一三〇〇年的殷墟，以及湖南省長沙市郊外，紀元前二〇〇年左右的馬王堆的木槨墓，由這些墓地可以看出當權者死亡的時候，會有侍臣陪葬，同時埋葬很多的陪葬品。但是在現今死後，受此厚遇的也只有國家元首級的毛澤東，或是被稱為革命之父的孫文。

北京中心部天安門廣場的西側，有一座御影石雕的八角柱傳統瑠璃瓦，非常雄偉的毛澤東紀念堂，在這其中放置著已經呈木乃伊狀的遺體。孫文在一九二五年客死在北京，那時暫時埋葬在郊外的碧雲寺，但是一九二九年，則把遺體移靈至南京的中山陵，參拜的人絡繹不絕。

與這些墓地相比，一般人的墓地是比較樸實的，只在山邊或林邊豎立一個小小的墓碑，刻上死者的名字與死亡的年月日而已。

▽中國的邊境地帶

中國南部的邊境地帶有很多的少數民族，他們從以前就與其他的漢民族維持著完全不同的傳統信仰與習俗，至今仍然如此。例如：住在雲南省的亞羌族，有人死亡的時候，會找來僧侶讀經。出棺的時候，由近親者跪在自宅門前的兩旁，而靈柩則由人力抬著通過其上。這表示過橋之意，即意味著死者將遠渡重洋。然後把棺木抬到附近郊外的墓地予以土葬。

同樣地，住在國境邊境的清保族，家中有人死亡時，為了通知鄰近的人則會打槍，喪禮時會宰殺牛隻，祭供天地鬼神，同時招待賓客。墓地由占卜師來決定，通常在山丘的一角堆上石頭，然後四周插上竹竿。喪禮會維持數日，與會者會手持竹片，然後跳著「崩冬」的舞蹈。吉諾族死亡的時候，他在生前所使用的東西，都可以當成陪葬品來陪葬。在墓地的上面，會蓋一間臨時的小屋，放置竹製的桌子，祭奉一天三餐，在其死後會維持一年至三年之久。另外，有所謂的「守墓」，即有的人會在墓旁住上數個月，後來拆掉了小屋，然後也可以把死者的遺骨丟棄在山野中。與緬甸、越南等緊鄰的邊境地帶，則住有苗族、奇汪族、擺夷族、傜族等，少數民族具有獨特的送葬習俗。

◉新疆維吾爾自治區

令人相當意外的是，在中國也有伊斯蘭教徒的存在，為數約一千三百萬人左右（一九八八年）。主要是住在新疆維吾爾自治區或內蒙自治區之內，他們與中國人（漢族）的社會明顯的區隔，擁有自己獨特的習俗。住在西部邊境地帶的維吾爾族，是屬於伊斯蘭教徒，在死者之日時，一定要到附近的墓地去掃墓。其他少數民族如烏茲別克族、塔塔爾族、普夷族等，也各自擁有不同的殯葬習俗。

他們被稱為是伊斯蘭的回民，在外觀上類似中國寺廟的清真寺中禮拜，同時奉行五柱（六信五行）。殯葬習俗也依伊斯蘭教的習俗，由導師阿衡來舉行，遺體也葬在專用的墓地。

文化大革命的時候，儘管佛教徒與基督教徒被鎮壓，但是只有伊斯蘭教徒得以倖免，而且還為他們設立自治鄉，同時建築清真食品店與回民食堂等等。那是由於一般中國人非常喜歡吃，也是中華料理中不缺少的豬肉，是伊斯蘭教徒禁吃的。

⊙內蒙古自治區

內蒙古自治區的蒙古族人之間，一般是採取土葬。只有邊境的遊牧民族中，以前有所謂的曝葬，但是至今則不多見。喪禮時，會供奉薄絹與羊肉，同時用牛或羊熬煮的油來點燈。與會者會穿著白衣，戴著白帽。他們至今仍把成吉思汗視為民族英雄，每年八月四日一定會到成吉思汗的陵前掃墓。

當地人死亡的時候，會把綁著蒙古包天窗的繩子解開來，以通知附近發生不幸的事。為遺體穿上新服裝，換上新鞋子，同時用薄絹禮拜用的布來供奉，希望死者能順利地升天。遊牧民族之間有的會直接埋葬遺體，如果是農耕民族之間，則會放入棺內再埋葬。以前會把屍體丟在荒郊野外，任由狠或猛鳥來吃食，是屬於一種風葬的習俗，但是現在則被禁止了。

埋葬地點要由喇嘛僧占卜以後再決定，通常是要選擇靠南斜面，日照良好的地方。年齡越高的死亡者，埋葬的地點越高，以石為枕，把頭朝北，腳朝向南予以埋葬。喪家會送給與會者小麥粉、用羊油裹著小麥粉所炸的點心，或一些布匹。埋葬三天以後，家屬要掃墓，在墓的周圍繞上三圈，同時對死者的腳膜拜三次，之後就不再掃墓。如果蒙古包有死過人，他們就會把蒙古包遷至他處。埋葬的時候，會像漢民族一樣，有送葬的行列，同時演奏樂器，也有嚎哭的場面。服喪期間一般為四十九天，在這期間要避免一切的喜事與宴飲。

住在內蒙古西部的滿州族，至今仍然受到黃教的影響，死者的遺體不能從一般生者所出入的普通大門出入。而是要從窗子送出去。喪禮之後，一般是予以土葬。

⊙西藏自治區

被稱為世界秘境的西藏，在一九六五年，被中國的共產黨所解放。當時的首長達賴喇嘛與附近旁邊的人，一起流亡到達拉姆撒拉，現在西藏成為中華人民共和國的自治區。政權變更以後，廢止了僧侶階段的特權與奴隸制度。但是一般的人民生活習俗，仍然承襲著舊有的東西。

死亡的時候，會找來祈禱僧，在婆瓦的遷魂儀式結束以前，任何人都不得觸摸遺體。這遷魂的儀式，即把故人的靈魂移往他處的一種儀式，如果靈魂好，則移往天界，如果靈魂惡，則移往地獄界。然後藉由祈禱，希望可以把靈魂移往善的世界。

遺體的枕飾旁邊，擺放著死者所使用的碗，碗裡面堆滿了食物，同時終日點著牛油燈。家屬為了表示守喪，而不得洗臉，同時要摘除所有的裝飾品，穿著黑色喪服。在葬送遺體之前，要找來喇嘛僧日夜唱著誓願文，消除死者的罪孽。喪禮的日子要占卜來決定。喪禮之前要藉由遺體處理人的手，彎曲遺體的腳，然後綁上繩子，裹上白布，放在喪家一角的台上。然後供上供物，用白色的布簾圍起來。

喪禮的前一日，弔問者在上午以前，會到附近的寺院去膜拜。同時奉納除魔的守刀，而不回喪家。在喪家祈禱的喇嘛們，會接受布施，然後再回到寺院，第二天送葬的日子，在凌晨寅時（上午四點鐘左右），送葬的隊伍則由喪家出發，出發之前，要把裝著遺體的棺台，繞著門前的香爐右邊三次，然後再繞左邊三次。

喪禮完畢以後直接散會，與會者則回去，遺體處理人則馬不停蹄的把棺木抬到鳥葬所指定的山頂。在那裡祈禱之後，則在附近的葬場把遺體面向地，先切除背面的肉，然後再把遺體翻仰過來，切除胸部與腹部的肉，綁上繩子，丟在石頭所作的坑中。同時為了讓頭蓋骨內部的腦等容易食用，所以會再度用石頭把腦打碎。在喇嘛僧做完祈禱以後，遺體處理人也退下，不久禿鷹就會飛來，把遺體啃食精光。遺體處理人在附近洗手的地方，洗淨手、臉，吃喝了喪家所提供的菜和食物，然後就直接回家，當天不會再回到喪家。

主要都市拉薩附近有葬場。

死後每隔七天要舉行法會，在七七四十九天的時候，會招待很多的人，同時致贈喇嘛僧種種的贈品，會招待協助喪禮的人一些茶、酒。一年之後即周年忌，之後每年的周年忌，要舉行法會，以表示死者再生的感謝之意。

在西藏除了鳥葬以外，還有火葬、土葬、水葬等，但若因天花或痲瘋病等傳染病，而死亡的時候，為了怕傳染而要深埋在泥土中，不允許鳥葬或火葬。對於埋葬的方式，他們有獨特的解釋。他們認為生成宇宙的五種元素，是地、水、火、風與天空，認為天空是最尊貴的，地是最卑賤的，所以他們重視鳥葬等曝葬或火葬。火葬的時候，一定要在火葬場舉行，由死者的兄弟來點火，而且要從死者的頭部開始點，但是，僧侶死亡則一定要火葬。

西藏有一本從古時候便流傳下來的『死者之書』，是一部密教聖典，其中記述從臨終如何再生、轉世的一種解脫方法。一九二七年，藉由牛津大學的西藏學者伊豐奴•烏安滋博士的英譯，這部密典才首度被介紹到國外去。其中的一段記述如下：「藉由學習死，來學習如何生，不學習死的人，如何能學習生呢？」

⊙香　港

香港是由懸浮於南中國海上的香港島，以及中國大陸一部份的九龍半島，還有周邊的二百三十五個小島所組成。是屬於英國的直轄殖民地。一八九八年，與中國簽訂九十九年租借條約，訂於一九九七年歸還中國（現已歸還中國）。大部份居民是中國人，還有少數的白人與印度人，生活習慣融合了中國式與西歐式的習俗，形成一種獨特的氣氛，公用語為英語與中國語，信仰的宗教為中國土著的混合式宗教、佛教與基督教。

有人死亡的時候，家屬與相關人員要向醫生取得死亡診斷書，再向政府登錄，然後再發給火葬或土葬許可書，到最近的殯儀社辦理喪禮的事宜。香港島的維多利亞市內與大陸邊的九龍市內，有殯儀館（殯儀場）。一般人都會在會場依死者或喪家信奉的宗教，來舉行喪禮。

香港由於高樓櫛比鱗次，居住環境非常狹窄，所以一般人在家庭舉行喪禮。察覺這生意機會的蕭明，是一個棺材店的經營者，在一九五一年，以便宜的價格向一個在灣仔的外國人收買殯儀館，然後陸續在其他地方增設殯儀館，而成為當代的大資本家，被稱為「棺材大王」或「殯葬大王」。

香港的殯儀館

香港中國人的喪禮非常盛大，他們認為即使是賣女兒，也必須要為父母親舉行豪華而盛大的喪禮。有很多人在生前就已經買好了棺材，當作自家的擺飾，他們都使用上等的福建省汀州所產的福州棺材，棺木一個五萬～十五萬港幣（一九九〇年）。

殯儀產業是高利潤的產業，是可想而知的。

喪禮結束的時候，則依風水說來選擇墓地，予以埋葬，本來中國人都是習慣土葬的，然而因為土地難求，所以香港政府獎勵火葬。政府所管理的火葬場共有三個，民營的有一個。土葬與火葬的比例，在一九七六年為六十五比三十五。

但是到了一九八一年，土葬減少為五十七％，而此之後應該會越來越少，隨著如此的變化，也產生了改葬的習俗，即挖掘出埋葬的遺體，洗骨以後再改葬。

在香港，市內有二十四個，郊外有十二個公共墓地。也有一些人希望把遺骨埋葬在中國大陸的故鄉，所以有一些遺體、遺灰或還沒有決定墓地的遺體，則裝在石灰罎中，納供在香港島的西部，大口環的東華義莊的納骨堂內。納骨堂深鎖在重重的鐵門中，只有十七棟置棺場所，在室內排列著骨灰罎、棺木，或納奉遺骨的罎子，非常狹窄。香港人俗稱「死者之館」或「死人旅館」。每年四月五日的清明節，就有人來掃墓。掃墓時，習慣帶上鮮花與供物、食物。掃完墓以後，則帶回去，由掃墓者分食。

在新界地的季鄭屋，有一座紀元前二世紀（前漢時代）的古墳，其出土品則展示在旁邊的博物館內，供一般人參觀。

⊙澳門

澳門位於中國廣東省南部，是葡萄牙的自治屬地。居民大部份是中國人，葡萄牙語為公用語，但是中國語也通用。一九九九年十二月二十日，將歸還中國大陸。與香港一樣，將在這之後的五十年，把該地設置為特別行政區，賦予除了外交與國防以外的自治權。大部份居民都信仰佛教，其他也有天主教徒。有人死亡的時候，則委託附近的殯儀館。在那裡舉行守靈或喪禮，然後再埋於近郊的公共墓地。最近火葬增加，土葬時也有改葬的習慣。

印度

印度是一個擁有八億一千萬人口的國家，北部有喜馬拉雅山岳地帶，南部則至印度洋呈倒三角形。氣候包括從寒帶至亞熱帶。整體而言，是屬於高溫多濕的國家。大部份居民是印度亞利亞族與杜拉比達人種。一般是信仰印度教，也有回教徒、基督教徒、錫克教徒等。

一般當地人死亡的時候，要把醫師的死亡診斷書直接拿到火葬場，來辦理各種手續。手續很簡單，外地人為了要辦理戶籍上的各種手續，因此要到大使館交遞死亡登錄，然後提出死亡診斷書（若是意外死亡，則必須要有驗屍單）。

▽印度教徒

殯儀習慣依其所信奉的宗教與當地的習慣，而有所不同。但是對印度教徒而言，喪禮可說是與這世界的生活告一段落，靈魂從肉體中解放出來，為了要讓靈魂輪迴轉生，必須要舉行一種儀式。至於轉生至何處，則依其在這世上所做的功業而定，由陰曹地府的閻羅王來下決定。

死期將近時，近親者會找來印度教的僧侶，為其生前的罪做洗刷的儀式，在南部稱為卡布利或撒姆德拉史那那，舉行儀式以後，必須要支付金錢給僧侶，然後在地方上則會獻上牛隻等獻物。

斷氣之後，近親者會奔出家門嚎泣，朝向死神所在的南方祈禱。遺體用白布（女性則用紅絲線織的布）包裹，然後放在竹子等所建的棺台上，唱和「拉馬拉馬撒加海」（神的真名），同時運往露天的火葬場。家屬們一同聚集在那兒，讓死者口裡含著類似恆河的聖水，接著則唱真言，然後為死者從頭到腳都淋上聖水。接著把遺體放置在堆積的薪木上，飾以生花，接受僧侶的祝福。環繞遺體五周之後，由近親者（雙親死亡的由長男，小孩死亡則由父親）來點火，在薪木或白檀的香木上，加上牛油或汽油，也增強其火力。

火葬後的遺灰則流放在附近的河川裡。若死者為嬰兒，遺體不予以火葬，而是在遺體綁上石頭，流放至附近的河川中。

火葬之日起為服喪，死後的第十天相信靈魂已經完全引上天，因此在這期間每一天都要舉行儀式，第十一天稱為除喪。喪家的男子在服喪期間，不得剃頭髮與鬍鬚，在除喪之日，家屬們聚集，然後找來僧侶舉行祭祖，同時供養。接著每月的忌日，要舉行祭祖，要如此持續一年。

以前的習慣是夫死妻陪葬（燒身自殺），但是自從英國統治之後，在一八二九年被禁止，如今已經沒有這樣的習俗了。

▽回教徒

伊斯蘭教徒危篤的時候，要讓他聽因果報應的詩句。斷氣之後，則要舉行淨身的儀式，遺體用白布裹著，然後放入木製的棺木內。他們和印度徒一樣，要立即把遺體運往墓地。伊斯蘭教相信喪禮的遺體是由天使所引導的，因此沒有前導者。

喪禮在附近的清真寺或空地舉行，與會者一同朝向聖地麥加前進的方向。在導師（伊斯蘭教祭司）的前導下，大家唱和「阿拉是偉大真神」的詩句，但是女性並不參加。

然後遺體埋葬在公共墓地。墓地深掘一・五公尺深，再從棺木中取出遺體，頭朝麥加的方向埋葬，之後第三天，近親者要掃墓，這時候喪禮才算結束。以後的第四十天或星期五等要掃墓。

▽天主教徒

天主教徒在病情危篤時，會由神父來進行最後的塗油儀式，死後則入殮，在遺體頭部旁邊的桌子，安置十字架或燭台。守靈的第二天，則在教會舉行喪禮以後，予以埋葬。

▽拜火教徒

住在孟買附近的拜火教徒的殯儀習俗，有點不一樣（＊拜火教認為遺體是最污穢的東西，所以非常忌諱。運到沉默之塔以後，就任由禿鷹來啄食，這是屬於一種鳥葬的習俗。他們認為如果和印度教徒一樣，予以火葬，會污穢了火。如果和回教徒一樣予以土葬，則會污穢土地。因此為了避免污穢了土或火，而採取不會污穢任何東西的鳥葬方式，好讓人類的靈魂可以直抵天國）。清洗遺體以後，除了臉部以外的部份，用白布包裹。進行淨身的禱告以後，放置在泥巴屋裡。這時候，頭部朝向北方，遺體的周圍用鐵棒畫上三層畫。

之後則由處理鳥葬的遺體處理人來訪，但是他們也不能進入畫中，遺體再放在鐵製的棺台上。由二個僧侶為前導，同時穿著白色喪衣的與會者尾隨其後，將遺體運到鳥葬的沉默之塔，在這裡只有遺體處理人能夠進去，拆開包裹遺體的白布，把白布放在曬台上，祈禱之後離去。這時，遺體的肉則由飛來的禿鷹啄食殆盡。

喪家回到家以後，洗淨露出的部份如臉、手腳等。在遺體所在處，連續燃燒「聖火」三天，在這期間，喪家不做飲食，而由他人供應。

▽錫克教徒

與印度教徒的火葬、錫克教徒的土葬比起來，他們認為二者皆可，錫克教徒的始祖那那克曾說：「不論是火葬或土葬都可以，唯有造世界的真神才知道。」

▽喇嘛教徒

位於印度北部拉達克地方的喇嘛教徒，在人死亡時，會把遺體放在起居間，家族從那兒出來。女性則在廚房一邊哭泣一邊服喪。臨終前會找來稱為「思加帕」的行者，面向死者唸「死者之書」四十九天，然後再占卜葬日。

喪禮當天，附近會有很多人聚集在喪家，來參加喪禮的送葬行列。由僧侶為前導，只有男性才能參與送葬。遺體會包裹著五色旗，然後運往露天的火葬場。在這裡由僧侶舉行護摩，火葬後第三天，遺骨由遺族撒放在附近人煙稀少的森林裡，不造任何墓地。在此之後，會賣掉死者所有的遺物，把所得的收入布施給寺廟。第四十九天，他們相信靈魂已經歸還自然，而除喪回到日常生活中。

▽佛教徒

住在西孟加拉邦的佛教徒，都是由孟加拉移民而來。戰後，在階級開放主義者安貝德卡的率領之下，改信低階級們所屬的新佛教。死亡的時候，遺體要運往最近的佛教寺院，沐浴後塗上香油，然後放在棺台上。四周飾以鮮花，同時焚香，金屬所製的器皿上，裝滿著米。在喪禮上會找來比丘（僧侶），授予三皈依文與五戒，同時唱禱無常偈或護咒文。喪禮結束的時候，則會開齋膳，同時把一些日常用品布施給比丘。遺體在火葬場火葬之後，把骨灰納於骨灰罎內，或流放至河川裡。

居住地區的近郊河畔或原野上，都會有露天的火葬場，首都新德里市賈姆那河畔，以及孟買市的昌達瓦迪，都有電動式的火葬場。

原則上遺體是在日中運往火葬場，貧病者則不擇時。火葬後遺灰在當日（南印度則在翌日）起，十天以內，流放在聖河中。權貴人士的遺體，則運往聖地貝拿勒斯或那拉杜拜、阿拉哈巴德等，把骨灰流放在河的中央。印度教徒認為：「死後肉體消滅，靈魂則輪迴轉生為其他生物，所以沒有必要造墓。」

清早時分，站在恆河的旁邊，可以看到他們的信仰。在貝拿勒斯市恆河河畔，接近廣場上，看到一生一次來到這裡膜拜的人們。他們朝向東邊昇起的太陽，在那裡祈禱膜拜，在一邊的恆河中沐浴，他們認為如此便可以洗淨今生所犯的罪，同時蓄積功德，死後可以昇天。

在聖地觸目所及的，除了希望今生能夠過得更好的膜拜者以外，還有很多希望死後再生的老者。他們進入階梯廣場旁，被稱為香提或姆克提巴班的建築物（等待死者之家），這類似一種終老機構，家族們隨侍在旁。建築物內部相當陰暗而潮濕，除了水泥床之外，沒有其他設備。在這裡等死的人們，由於他們確信他們可以得到再生，所以很不可思議地，看起來完全沒有晦暗的樣子。

他們死亡的時候，遺體被運往露天火葬場，放在薪木堆積的材上，撒上石油予以火葬。夜幕低垂時，遺灰伴隨著點燃著燈油的小器皿與花圈，一起流放至河川中。守候在旁的死者家屬，為死者祈求冥福，相當類似日本的精靈送。他們相信死者的肉體，可藉著火與水而得到淨化。

觀光書籍等都會記載著，新德里有「甘地之墓」，但是這裡的墓地只不過是紀念的墓地而已。甘地的遺灰已經隨著印度教的習慣，而流放至河川裡。印度人除了伊斯蘭教徒與基督教徒以外，都不造墓。

頭上包裹著頭巾的是錫克教徒，習俗與印度教徒不一樣。死亡的時候，要把象徵信徒的五種東西一起埋葬，即①生時的頭髮與鬍鬚、②束髮的髮櫛、③戴在右手的戒指、④短劍、⑤襯衫，一起與遺體埋葬。

印度最大的墓，應屬亞格拉莫臥兒王朝，第五代皇帝沙加潘的妃子姆姆他茲瑪哈爾的墓了。這墓位於賈姆那河畔，是由白色大理石所造的。據說十七世紀的前半，皇帝為了愛妃而耗資甚鉅，建了此墓。印度人說，這豪華壯麗的建築物，在十月滿月的前夜最為美麗。沐浴在明亮的月光之下，反映在前庭的池塘中，宛如皇妃仍然在世一般。

僅次於他茲瑪哈爾的，則是位於新德里市內莫臥兒王朝第二代皇帝，胡瑪庸的墓。伊斯蘭教聖者的墓，有許多也非常宏偉，但是卻無一能與其匹敵。

一般伊斯蘭教的墓從簡如土堆，乃至非常豪華的石碑、靈廟，有千差萬別，真可說是有錢能使鬼推磨。

中部阿撒姆地方的英帕爾郊外，有第二次世界大戰印度人戰亡者的墓地，在印度非常罕見。墓碑非常整齊，而且刻有各死者的名字。

印尼

印尼位於赤道的正下方，是由蘇門答臘、加里曼丹、爪哇、蘇拉威西等，大小一萬三千個島嶼所組成。居民約半數是伊斯蘭教，聲稱世界最大的信徒數，其他有土著宗教、基督教、印度教、佛教徒等。

伊斯蘭教徒死亡時，喪家要先通知導師與親友，在二十四小時內要盡早埋葬。例如：在上午十點鐘死亡，則在下午埋葬。下午四點鐘死亡，則在第二天早上十點鐘以前埋葬。盡早埋葬的理由，是由於地處熱帶，若不盡早埋葬，遺體就會腐敗。這時死者的死靈就會加害於生者。

附近的女性在接到報喪之後，會各自帶米來。男性則運來喪禮的用具。導師會在死者的顎上打上結，同時把手腕合併起來。

遺體擺置在竹製的墊子上，頭朝北方。清洗以後，包上白色的薄紗織布，只有在頭、胸、腳三處綁上結。這時候，在旁邊會唱著可蘭經，同時出棺。喪家的小孩為怕死者作祟，所以要遠離死者，女性則留在喪家，並有撒乾淨鹽巴的習慣。

埋葬地只在附近的墓地，由親屬組成送葬的行列。在送葬行列前導的是，扛著墓標（男性前端為尖，女性前端為圓），其上刻著亡者的名字與逝世的年月日，跟隨在後的則是抬著米櫃或花束的人。然後一邊前進一邊撒在墓旁，接著便是放在棺台的遺體或與會者。在墓地，埋葬以前要朝著麥加的方向，導師會在死者的耳旁做三次的信仰告白，同時用阿拉伯語或爪哇語來為其引度。埋葬式結束之後，會在遺體上覆蓋與其尺寸相合的瓦片或石頭。頭部則插上墓標，與會者則會獻上薔薇、茉莉等花束。

埋葬結束以後，在喪家會舉行齋飯，供與會者使用。死後第三天、七天、四十天、一百天，然後是一年、二年、千日，會舉行忌日的供養。這時候，原本只是土堆的墓地，會正式豎立墓碑。有時候，可以喪禮來代替追悼式，通常有錢人是在清真寺舉行。每年齋月前後是掃墓的日子，通常家族會全體出動，除草並擦拭墓碑。

伊斯蘭教為國教，國民大都保持著與土著信仰重疊的習俗，殯葬習俗在各地也有所不同。住在爪哇島的，大都是爪哇族。死亡的時候，由親屬舉行喪禮，同時參加喪禮的人，會組成送葬行列，一同到墓地。在伊斯蘭教的齋月前後舉行掃墓，尤其是小孩子死亡，由於親子的緣份很難斷絕，所以要服喪千日。

住在斯瑪特拉島的伊班族死亡的時候，相信靈魂會從肉體出來，度過「苦橋」而成為死靈。由於如此，在舉行喪禮時，找來鎮魂的祈禱師。每年在「死者之日」會有很多死靈聚集，所以當地居民全體要持續好幾天的死靈祭。

傳統的印度教流傳在印尼的峇里島上，只要是對社會有功者死亡的時候，必須要建櫓予以火葬。在蘇拉威西島的撒丹特拉加族，在喪禮之後，會舉行盛大的宴會，以保持死者的威信與建立社會的秩序。

印尼東部以西的小島，人們死的時候，有時候會在偏僻的地方土葬，不建墓。或是把遺體放在台架上，予以曝葬（將遺體直接曝露於荒野，任由動物食用）。

這裡的宗教一般稱為印度教，但是與印度本身的宗教又稍有出入。例如：被稱為史卡特的社會階層，是屬於社會階級制度下最低層，他們所祀奉的神像並不像印度所祀奉的神像，這些神像並不像印度一樣，安置在屋內，而是直接安置在晴空之下的開放空間上。人們死亡的時候，火葬的習慣的確受到印度教的影響，但是並不像印度那麼簡單，而會把遺體放入靈柩，運到火葬場，同時送葬的行列非常盛大，而且相當重視喪禮的儀式。對於祖先的尊崇，也遠在印度人之上，他們認為如果疏忽了這些儀式，就會有鬼作祟，同時也對日子或方位有很多的禁忌，如果犯了這些禁忌，也會招致不幸。

人陷入危篤的時候，會把該人移置至位置良好的東邊。死亡的時候，則把遺體轉放在西側中庭的棺台上，並徹底地清洗遺體，為其兩耳插上花，再用白布包裹遺體，繫上繩子，移往西邊的建築物。頭要朝西橫放，之後則找來祭司進行淨身的儀式。在這期間，在墓地則準備埋葬事宜。

抬著遺體的送葬行列從喪家出來的時候，要部開椰子，把椰子汁倒在門前。往墓地去的時候，不能通過寺院的前面。大部份墓地都在村子的南側（靠海邊），埋葬後則用聖水洗滌家裡。在這之後，埋葬儀式即告結束，但是也有的是在此之後，予以火葬。如果是富裕人家，家裡到墓地，會有很多人參與送葬的行列，抬著像牛形的棺木。在那裡的火葬場，把棺木放在裝飾豪華的櫓上，然後從下午一直到晚上點著燈火。火葬結束以後，把遺灰放入椰子殼內，由祭司禱告之後，然後流放至海裡或河邊。在舊家火葬後第四十二天，舉行追悼儀式，一般火葬以後，相信靈魂會昇上天。然後在某一個日子，會回到喪家東北部的祠堂裡，在那一天要獻上供物。

歸化印尼的華人之間，有很多佛敎徒。他們主要是在都市地區從事商業行為。喪禮大都是土著化，祭文則用沓里語。

⊙婆羅州

當地人死亡的時候，大致分為一般的死亡與意外的死亡。意外的死亡即死產、戰死與交通意外事故。意外死亡的，如果不舉行特別的儀式，其死靈會對生者作祟，而其墓地也與一般的墓地分隔開來。一般的死亡並不將其視為恐怖的對象，反而認為死靈會守護生者，尤其是部族的首長或祭司等，死後會透過追悼會，希望他們能與族人長相左右。他們認為死後的世界是與這世界完全相反的，希望舉行傳統的喪禮儀式，藉以希望死者能夠在另一個世界安樂地過活。在婆羅州島的伊班、卡揚、肯亞族等，是單葬的習慣。巴里特族與撒拉彎的貝拉彎等，則是採用複葬的習慣，即經過數年，洗骨之後再度舉行喪禮。

單葬的話，遺體則在特定的喪家清洗，用壽衣包裹後安置。接受與會者最後的告別之後，才予以埋葬。複葬的話，則是把遺體放入靈柩中，暫時安置在安息所，或是埋葬，然後遺體呈白骨化以後，再移入骨瓶中。在舉行某種儀式以後，再埋葬在墓地。但是大都是有錢人或名人，才會採取複葬的方式。

在新幾內亞島的伊里安查亞州內部，還有一些過著原始生活的達尼族，他們認為死是惡魔所為，但是對於死並不抱著恐懼的心理。

新幾內亞或蘇拉威西等地方的邊境地方，住有梅拉尼西亞原住民。以前在這裡還可以看到原始的殯葬習俗，被視為人類學研究的寶庫，而有很多學者赴此考察，發表成果。日本的棚瀨襄爾所著的『世界觀念的原始形態』，也論述此地的情形。但是原住民的傳統殯葬習俗經過第二次世界大戰以後，也受到文明洗禮，逐漸越來越薄弱。

日本

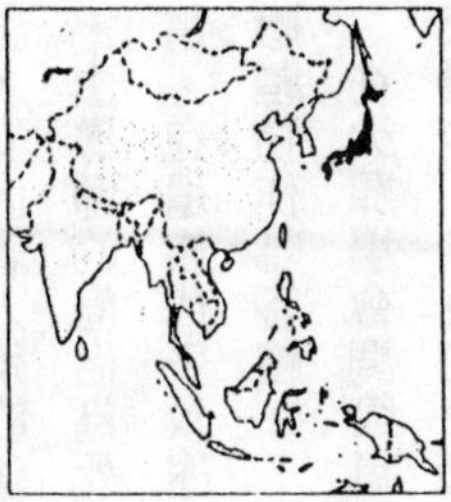

在日本確認死亡的時候，會立即請求醫師開立死亡診斷書，然後在七天內，必須到區公所辦理死亡登記。若是因意外事故死亡或自殺，有他殺嫌疑的話，必須要經過警醫的驗屍之後，才可以發給屍體火葬的許可證，方能進行喪禮、火葬、埋葬的準備事宜。清洗遺體以後，換上壽衣。若採取佛教儀式，死亡當日遺體不入殮，同時找來僧侶唸枕經。在喪禮前一夜，舉行守靈的儀式。

今日在日本，死亡經過二十四小時以後，遺體幾乎都予以火葬，有一部份伊斯蘭教徒經過許可以後，可以埋葬在山梨縣鹽山市郊外的伊斯蘭教徒墓地中。最近喪禮的手續，大部份是委託殯儀社來辦理，然後連絡菩提寺或火葬場，來決定喪禮的日子，同時也由殯儀社代為通知死者的親友，用電話、信件或刊登在報紙上，以告知親友。如果是很多的團體喪禮，則由家屬舉行密葬以後，再舉行正式的喪禮。

喪禮大都在佛教寺院或喪家舉行，最近在殯儀社齋場舉行的人也日益增多。在正面的祭壇上，安置著入殮的遺體的棺木，以及遺照，在其四周則會供上鮮花與供物。名牌上寫有戒名，由導師的僧侶為死者或佛家弟子引度。攜帶念珠的家屬或與會者會合葬焚香，致弔辭或弔電，在遺族代表致謝辭以後結束。通常與會者會在守靈或喪禮的當天致贈奠儀，喪家也會致贈禮物作為答禮。

在火葬場會調節氧氣，將遺體燒至呈骨頭狀。撿骨的時候，與會者用竹筷把骨片撿拾在骨灰罈中，然後把骨灰罈埋葬在墓地或納骨堂裡。墓地則有寺院的附屬墓地或靈園墓地等。通常埋葬是在喪禮後的第三十五天或第四十九天的滿中陰之前來舉行，這時候可以找來僧侶讀經。之後的百日忌、周年忌、三回忌、七回忌、十三回忌等，會舉行追悼會。通常他們深信在第三十三回忌時，死者的靈魂已經成為祖靈。少部份的人也會採取神道、基督教、無宗教式的喪禮來舉行，但是九〇％以上的國民受到江戶時代以來，檀家制度的影響，所以都會用佛教儀式來舉行喪禮。

喪禮本身有越來越奢華的趨向，而且喪禮與墓地的費用不斷升高，同時也不是很清楚，有一部份的人呼籲必須要簡樸化。也有人希望舉行無宗教的喪禮或生前喪，或是燒骨的散葬。但是至今法律並不允許這種無法區別的散葬。一九九五年由日本消費者協會的調查，喪禮平均的花費為二百四萬日元，這費用並不包括墓地的費用。墓地不論公營或民營，不是採用所有權，而是認定使用權。通常使用者必須支付一整年的管理維持費用。通常掃墓在每年春秋各二次。

今日建墓必須要有繼承者，墓地的繼承根據民法第八九七條的規定「祭具等的繼承」的第一項中，「族譜、祭具以及墳墓的所有權，無關於前條的規定，依習俗決定得主宰祖先祭祀者繼承之，但是被繼承人有指定主宰祖先祭祀者時，則由其繼承之」。

由這規定可知，墓地變更遺產的繼承並不一樣，其繼承並非依照「遺產繼承法」，而是「依習俗由主宰祖先祭祀者為之」。戰前家長制度非常清楚繼承遺產的長男，必須要建墓並繼承。但是戰後遺產繼承的相關法律有所修正，而是由配偶與子女共同分得遺產。因此現在有很多的例子都是由配偶或子女共同分擔費用來造墓。實際上，墓地的繼承者還是以長男佔壓倒性多數，其次是配偶者，也有由其他的直系親屬來繼承。

今後日本會越來越成為高齡化的社會，死者一年也達到九十萬人次。在西元二〇一五年的時候，應該會達到一百三十萬～一百四十萬人，而相反的出生率卻愈來依低落。平均出生率還不滿二個人，因此任何人都有可能與長男或長女結婚，所以一對夫妻中，任何一方都有可能被要求去祭祀祖墓，或是有很多墓無人管理，成為無緣的墓地。在現代體制下，必須要有繼承者，相信其破綻只是時間早晚的問題。

至於無人繼承者的墓，該如何呢？現在大部份的墓園，不論是民營或公營，只要有繼承者，就承認其墓地擁有使用權。但是其規定並非一次付永久使用費，大部份都是付一定期間（二～五年）。若時間逾期而無人繼續繳納，則取消墓地的使用權。這時候埋葬在墓地裡的燒骨，則改葬在納骨堂或類似的機構中。

另外，大部份墓園不認同墓地的讓度權，若因某種理由而不需要這墓地的時候，必須要交還墓地的管理者，這時候，已繳納的墓地使用費用，通常是不退還的。今後相信會有越來越多的人不繳納管理費用，以至無緣墓地的數目會越來越多。但是即使找不到繼承者，或是長期荒蕪的無緣墓地，也不能夠任意除去，或是予以改葬。要實施除去或改葬的時候，必須要尊重關係者的宗教感情，而慎重行之。

同時根據「墓地、埋葬等有關法律施行規則第三條」的規定，必須要進行各種手續之後，才能夠實施。即「埋葬在無緣墓地的屍體（包含懷孕四個月以上的死胎，以下同），或是埋葬的燒骨要改葬的時候，必須要在前條的申請書上，塡具可茲證明左項事實的文件，以及附上墳墓的照片或圖面，向墳墓所在地的區市村長提出申請，但是該土地的使用權，必須要根據相關法令來做法定的消滅，或其消滅必要經過法定的認可。

一、要向墓地使用者與死者本籍所在的市鄉村鎮，照會是否有親屬，並具體得到沒有的回答時。

二、催告墓地使用者及死亡者的親屬，催告其提出申請，所以要在二種以上的日刊報紙，公告三次以上，由最後公告日起二個月以內，當無人提出申請時。」

由於墓地難求，再加上無緣墓地有增加趨勢的事實，所以為了促進新陳代謝，而不得不採取各種手段。儘管如此，墓地的取得或放棄，仍舊依照舊民法時代的習俗。同時在墓上大都有「○○家之墓」的字樣，所以還是會有一些家屬或親族關係。因此，除非是真正的獨身者或無子嗣的夫妻、離婚者，通常很難找得到沒有親屬的。

對於這些人的對策，就是合祀的壽陵墓。當沒有繼承者的時候，或是希望能夠合祀在一起的人，生前花費一定的費用，建立壽陵墓，死後則予以合祀。在京都市右京區常寂光寺，有一些因戰爭而無法結婚的單身女性，都無法有墓，這是她們共同的煩惱，所以她們共同建立了「志緣廟」，來做永代的供養。

在每年春天的彼岸與秋天的盂蘭盆會舉行掃墓，其他在死者的忌日，也會到寺院或墓地，戴上塔婆、鮮花、線香、供物，再去掃墓。在家庭中，也會在佛龕前燒香。

以前，墓石是象徵宇宙元素的五輪塔或角塔形，但是最近則改成紀念塔形。在這裡會寫上各家的名字、死者的戒名、俗名、死亡年月日。有時候也會放入納骨塔，予以合祀，墓石偶爾會出現一些少有的酒壺或象棋，但是大抵而言，都是非常統一的，呈「先祖代代之墓」

的形式。但是由於最近世俗化的加速，以及家族的崩壞、人們對於宗教的背離，今後傳統的殯葬習慣，會變成什麼樣的形狀，不能予以判斷。

在琉球等西南諸島，與日本本土的殯葬習俗稍有出入，例如：其墓地為龜甲墓，係受到中國或台灣墓地的影響。埋葬之後，改葬會洗骨，同時習慣在清明節掃墓。至今仍是家族一同掃墓，同時會獻上與日本本土不太一樣的供物。

大韓民國

大韓民國在朝鮮半島緯度三十八度以南的部份，是與日本最鄰近的國家，在文化、政治、經濟上有密切的關係。大部份居民是朝鮮民族，使用韓文。

大韓民國即韓國，採取政教分離制度，認同信教的自由，同時也有佛教、基督教，以及其他教派的信徒。以前受到儒教的影響很深，人死亡的時候，一般都是埋在山坡上，埋葬在有如土堆型的墓地中。最近由於土地的取得困難，所以逐漸有人採用火葬。一九九〇年，南韓政府的調查，顯示火葬率為八%，但是另有一說，為已達二至三成。在此之前，火葬者大部份是佛教的僧侶、信徒、未婚的青年子女，以及買不起墓地的人居多。最近有越來越多人希望自己能夠火葬。韓國的火葬並非把屍體燒成遺骨，而是完全燒成灰，然後把遺灰撒葬在河川與山裏。

人死亡的時候，要取得醫師死亡診斷書，到區公所辦理登記，與其他的文明國家是一樣的。

大抵在地區都會組織有為了喪禮而互相扶助的組織，稱為「行喪契」。這是一個傳統的組織，除了契員之間，也協助他人的喪禮。一般死會舉行喪禮、廬祭、小祥、大祥、忌祭、墓祭，喪禮即所謂的葬禮。在這時候遺體會埋葬在墓地，但是魂魄會從遺體分離，然後留在喪家。喪禮後，在三天之內的廬祭，第一年的小祥、第二年的大祥之後，才會離開喪家。此後，在成為三代祖之前，每逢忌日就要在喪家舉行忌祀的儀式。三代以上則每年秋天十月舉行祭祖。「行喪契」在最初的喪祭時，會予以協助，以任務為到喪家去捧哭，同時供金品，協助發訃文，設齋堂，掘墓穴、收棺、組成送葬行政，然後運到墓地去。

大邱市郊外的私人墓地

遺體的手腳都要整理好，同時換上壽衣，枕北枕，臉上要蓋上白布，同時要連絡親朋好友，在喪家的門上，貼上「

喪中」、「喪家」、「忌中」等字樣。遺體在入殮以前，要在「奠」的靈前奉上肉乾與甜酒，同時要準備燒香桌與遺照，遺體在死後二十四小時之後，要納入塗漆的木棺中，釘上木釘，蓋上棺蓋，稱之為棺上銘旌，然後在其上寫上死者的官名與姓名，同時用奉書包裹，用麻繩綁在棺木上。

守靈時，喪主、近親、朋友會聚集，同時禮拜、焚香、講述故人的遺德直到天明。有時候，有一些人也會在這裡玩骨牌遊戲等。喪禮自死亡之日起第三天、第五天、第七天來舉行，喪主是由死者的長男來擔任。先生不能擔任妻子或子女的喪主。以前喪服依與死者的親疏關係，而有嚴密的區別，最近則簡單化。如果是穿韓國服，則穿白色或黑色。如果是穿洋裝，則在黑色衣服的左胸上，別上喪章或白花。

喪禮是由喪家找僧侶來舉行，與告別式不同，一般人是不參加的。告別式在喪家的門前，遺棺放在靈車或靈柩上，而在祭床安放牌位、供物並焚香，供上一杯酒。喪主在祭祀完畢以後，則會附述弔辭與弔歌，接著則由親戚或弔客來焚香，如果死者是名人，則會在特別的會場舉行告別式，通常基督教的喪禮與告別式在教會舉行。

走向墓地的送葬行列，前導為遺照、銘旌、靈柩、遺族、弔客，在途中也有一些死者的親屬好友準備供物，然後焚香，以安慰死者之靈，稱為路祭。遺棺到達墓地之後，與會者一同站立，然後再拜，把石棺放入塗了石灰的墓穴中，墓前要放置神饌、香、呪文，同時要獻杯舉行成墳祭，以安慰靈魂。從墓地回到喪家稱為返虞，全體都要在門前哭，然後把牌位與遺照放在屋外的靈堂後，要再哭。

掃墓在喪禮結束後第三天舉行，但是這時候不帶供物。每月的一日與十五日，都要帶著供物去掃墓，第三個月稱為卒哭，要準備祭器與食物，找來僧侶舉行祭祀。此後，即使很悲傷，也不能再哭。

父母、祖父母、配偶者的服喪期間，為死亡日起的一百天，其他人的服喪期間，則直到喪禮之日告結束。第一年的忌日稱為小祥、第二年的忌日稱為大祥，都會找來親朋好友舉行祭禮，到此喪禮才告一段落。

以前是找風水師來相墓地，最近則是埋葬在附近的公共墓地，或是教會附屬墓地等，也有人把遺骨供奉於納骨塔。在墓前放置石人、石燈、石像、石獸等，而石碑通常是選用黑曜石、黃登石、艾石等，正面刻上死者的名字，背面則刻碑文。有錢人的墓大都是土饅頭型，遺體放入棺木中，然後再掘個小小的塚，在塚前豎上墓碑。

韓國和日本一樣，在喪禮的時候會致贈賻儀，含有互相扶持的意味，即在白紙上寫上賻儀的金額與名字，然後把這紙片放在信封中致贈。一般而言，都有燒香的習慣。基督教的喪禮則是獻花，獻花時，根部必須朝向靈前。

韓國受到儒教的影響很深，所以非常禮遇祖先。長男（長孫）之家必須要回溯到第四代的祖先，每一個祖先的忌日都必須要舉行祭祀，五代之前的祖先，則要在舊曆的新年或陰曆的十月選擇吉日，家族一起到墓前掃墓，稱為時享。同時要祭祀祖先的牌位，生前有官位的人，則要寫「顯高祖考判府君神位」等字樣。沒有官位人則寫上「學生」，或是只是一個簡單的牌位，在稱為「紙傍」的木牌上貼上紙而已。即使長子、長孫很小，也要從祀堂上把牌位取下來，然後主宰儀式，同時朗誦祭祀文，向牌位再拜，稱為二次拜。接著，再由一族的長者獻油，稱為初獻、亞獻與終獻，最後則稱為勸蓋，向祖先獻酒。供物的料理，不能夠使用大蒜或辣椒等，這些酒食在會後由參祭者分配。

父母親亡故時，喪主是長男，要服喪三年。喪禮之後，經過一年，稱爲「初喪」、第二年稱為「再喪」，第三年則稱為「三年喪」。在李朝時代，喪主必須要在墓旁的小屋守喪二年，但是現在並沒有這習慣。

在這期間，喪主要祭祀牌位，同時早晚要供「常食」。從墓穴挖來的土放在箱子中，然後撒上清酒或水。每月的一日與十五日，家族要集合在一起，舉行祭祀。

北韓

第二次世界大戰以後，朝鮮半島分為南北二個國家。北邊是採用社會主義政權，直至今

日。以前北韓有許多土著宗教、佛教、基督教、天道教等，宣教活動極為盛行。但是由於違反國策，因此受到了壓制。在主體思想教育下的年輕人，對於宗教的關心度日益薄弱。儘管如此，傳統的殯葬習俗並非一朝一夕所能磨滅的，所以當地人死亡的時候，在當地或工作單位還是會舉行慎重的喪禮。

在地方上還是採用土葬，遺體會埋葬在公共墓地。在都市地區，採用火葬的人日益增多，為了要減少喪家殯葬費用的負擔，因此，有時候某部份會由共同體的預算來支出。對於國家或公共團體有貢獻的人的喪禮，都是由公費來支出，同時墓碑也相當豪華。

有人死亡時，近親要先向里辦公室登記，同時從居民登錄名冊上，刪除死者的名字。遺族可以向工作單位申請「喪假」，從一年有四十天的有薪喪假中，可以休三天的喪假，若提出死亡診斷書，可以獲得喪禮補助金十元北韓幣，以及一斗米。沒有運遺體的靈柩車，通常是應用工作單位的貨車。喪禮上，沒有為死者的相片裝上黑框或飾以花圈的習慣。家屬與弔唁者也是穿著平常的服裝，繫上黑色的帶子。墓地通常是在所在地的公共墓地土葬，比較有錢的人會用水泥豎一石碑。

一般而言，喪禮會在三天之內結束，之後要服喪一年，但是革命烈士的共產黨幹部級人物，則會組成喪葬委員會。同時動員所有相關者舉行盛大的喪禮，然後埋葬在「革命烈士陵」。死後在秋夕（舊曆八月十五日）舉行有如日本盂蘭盆會一般的掃墓習俗，尤其是農村地區，會留有以前的習慣，把食物供奉在墓前。以前這習俗被視為是封建時代的產物，但是最近有關的規定漸漸地緩和，而有復甦的趨勢。

各地都設置有公共墓地，以前風水很好的向陽南面山地，或是靠近農村附近的墓地，都被改葬撤出，轉為農業用地。

最近逝世的金日成前國家主席的遺體，則安置在平壤郊外的豪華建國廟內，而成為人民崇拜的對象。

寮國

寮國是亞洲國家開發最遲的內陸國家，終於由內亂不斷的狀態中平息，而呈小康狀態。居民約半數是寮族，另外則是其他多種種族。大部份信仰上座部佛教與土著宗教。當地人死亡的時候，會找來佛教的僧侶舉行喪禮，遺體則火葬。死後會依其生前的行為，來決定是否往生極樂世界或地獄，或是轉生為畜生。

當地人死亡的時候，由近親清洗遺體，但若是地方的資產家，則會在死者的雙唇之間塞上貨幣或金子，然後用白色的經帷子包裹遺體，入殮之後放置在香蕉樹圓木上，找來僧侶讀經。

他們認為死並非悲哀或不幸的事，反而是死者吹熄了煩惱之火，而進入了涅槃的境界，一種生者必滅實相的表現，因此絕對毋須悲哀，弔問者也將其視為喜事。

在七天之內，會陸續舉行送葬的儀式，經過一些祭典與宴會之後，遺體則移入建在田邊一角的小屋裡，而家屬會帶一些供物前去供養。廣場上會建立火葬用的櫓，選擇收穫後的吉日，把遺體運來，找來僧侶續經，在很多人的看守中點火火葬，接著把骨灰放在骨灰罎裡，之後埋葬在寺院裡。

住在山岳地帶的拉美族，對於死又有不同的看法，對他們而言，若家有死者，喪家要連續哭上三天三夜。同時為了怕死靈移入他人的身體中，在舉行喪禮之前，喪家的門口要一直持續地燃火。通常喪禮由全體村人出動，盛大舉行，遺體埋葬在山地的一角，他們認為死者的頭和腳有靈的寄宿，因此在這二處要壓上重石。

摩伊族會把遺體運到稱為「靈屋」的小屋中，而取代墓地。

首都永珍的喪禮會找來僧侶，在喪家舉行喪禮之後，把遺體移到寺院火葬。在寮國，有固定設備火葬場的，只有在永珍市內的撒溫寺院。一般只是在寺院的空地上，蓋一個臨時的水泥穴，而作為臨時的火葬場。

外國人在永珍寺附近死亡的時候，必須向該市的中央國立醫院申請，同時取得死亡診斷書，並向區公所與警察單位取得遺體處理的許可。在地方上，則要向最近的軍警單位辦理手續，埋葬在附近的寺院中。如果遺骨要帶出國外，需要取得當地外交部的許可，在搭乘飛機時，遺體也必須要劃位（一九八八年）。

馬來西亞

馬來西亞是由馬來半島以南的西馬與婆羅洲島北部的東馬所組成的國家，有很多山岳地帶。被開發的土地大部份是橡膠園，除了馬來人以外，還有中國人與印度人，是一個多元種族的國家。此外，憲法第三條把伊斯蘭教定為國教，但是認同信仰的自由。一般中國人信仰佛教，印度人則信奉印度教，但是也有基督教徒。

喪禮習俗依其人種與宗教而各有不同。一般死者死亡的時候，必須要取得醫師的死亡診斷書，到區公所辦理登記，這一點與文明國家是一樣的。在喪家依其所屬的宗教習慣，來舉行喪禮，但是比較起來，要以伊斯蘭教的喪禮較樸素。

當地的伊斯蘭教混合著土著的精靈崇拜，與其他的伊斯蘭教諸國相比，他們對教義的遵守沒有那麼嚴格。若當地人死亡，則通知清真寺內的遺體處理人，同時也轉告諸親友。會盡早埋葬，如果是上午以前死亡，則在下午埋葬，若是從下午到夜晚之間死亡，則在第二天早上埋葬。

遺體置於喪家客廳中央的壇上，雙手交叉，在腹部前置放刀刃等利物，以除邪靈。同時用白色絹布蓋著，由近親者清洗遺體以後，放上樟腦與白檀，用沒有縫線的經帷子的白布包裹著之後，然後入殮。覆蓋在棺木上的，是書寫著可蘭經的布，其上則飾以鮮花。

遺體則運往清真寺舉行喪禮，有錢人家會分給與會者少額金錢。另外，還會組成送葬的行列走向墓地。

拆除包裹著遺體的布以後，把遺體的頭部朝向麥加的方向，橫放在墓穴中。遺體處理人祈禱之後，則蓋上泥土，頭部的部份則豎上墓標。旁邊放一個墊子，導師在那裡唱埋葬的祈禱，同時用白檀香水由墓地的頭部一直澆灌到足部的部份。

馬來西亞的伊斯蘭教徒埋葬之後，仍然會進行死靈的供養，同時祈禱能得到神的祝福，但是正統伊斯蘭教徒是不會這麼做的，這是馬來西亞獨特的習俗。

伊斯蘭教徒都是土葬，在墓的頭部豎上月亮或星星形狀的石片或瓦片的墓碑；佛教徒則以火葬居多。通常中國人佛教徒的喪禮都非常盛大，有時候還會請樂隊來伴奏，而組成送葬的行列。馬來西亞的中國人通常在類似寺院的集會場地舉行喪禮，是一個他們稱之為「公司」的地方。墳地是傳統形狀的豪華墓地，最近由於土地的取得越來越困難，也有人把遺骨納入佛教寺院內的涅槃堂中。

馬爾地夫

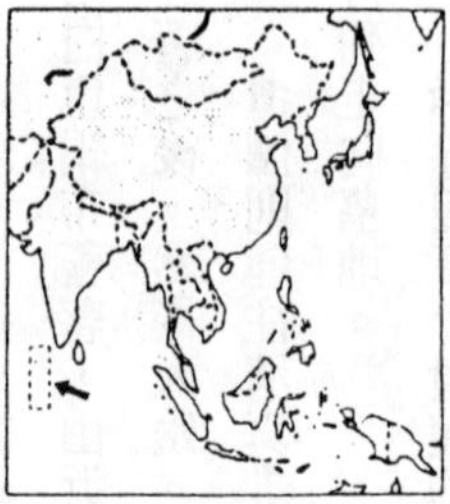

馬爾地夫位於印度半島西南海面上，由一千多個小島馬爾地夫群島所組成的國家，位於海拔五公尺以下的平地，是一九六五年獨立的新興國家。大部份居民是斯里蘭卡的辛哈利族，而其他也有印度人與阿拉伯人的移民。

以前是信仰佛教，但是十四世紀以來，則改信伊斯蘭教的遜尼派。憲法上也明訂伊斯蘭教為國教。宗教滲透到整體生活的層面上，若違反則會接受社會性嚴格的制裁。

德貝喜族也是信奉伊斯蘭教。有死者時，是以法螺貝來通知鄰人，他們遵從伊斯蘭教的習俗，清洗遺體，同時為其穿上壽衣，放在棺木或樹皮的箱子內。喪禮之後，則在墓地埋葬，他們並不太計較死後的世界。

蒙古

蒙古位於亞洲中央部位。整體而言，有很多平緩的丘陵地帶與平野，但是東南部則橫亙著戈壁沙漠。大部份居民都是蒙古人，在邊境地帶也有喀札客的少數民族。

人們以蒙古語為公用語，一九四六年以來，採用俄羅斯文學。但是最近則漸漸地恢復使用民族文學。

以前全國大部份人民是信奉大乘佛教一派的西藏人所信奉的喇嘛教，建有很多的寺院。一九二一年，人民革命黨打倒了喇嘛教政權，採行社會主義政策，之後社會就推行國有化，以及鼓勵喇嘛僧還俗。在唯物論的教育理論下長大的年輕人，越來越少人會依賴喇嘛僧詛咒術的祈禱。但是在生活習慣上，仍留有許多革命以前的習俗。

當地人死亡的時候，要到最近的區公所辦理登記。舉行喪禮以後，予以土葬。舉行喪禮的日子必須由喇嘛僧在占卜以後決定。以前每逢一、三、五，都可以把遺體運到墓地去埋葬，革命以前，會把遺體放置在指定的地方，任由野生的狼、狐狸、禿鷹來食用，是屬於曝葬。三日以內若遺體被啃食得只剩下骨頭，死者就會被視為是有人德的人，十九世紀後半，拜

烏蘭巴托的公共墓地

訪當地的俄羅斯探險家普羅歇巴爾斯基有以下的敘述：

「在庫倫附近的墓地，屍體直接被丟在大地上，不予以土葬，任由狗與猛鳥食用。看到這種場面非常震驚，令人留下深刻的印象，這裡的屍骨堆積如上，而其上有成群的狗兒徘徊覓食。」

今日，公共墓地通常在城市近郊的丘陵地帶向南斜面。與會者把遺體的頭部朝南埋葬，在其周圍撒上馬乳酒，並向右繞三圈。然後離開墓地的時候，不能回頭。喪家會招待與會者一些裝有葡萄乾的飯，死後四十九天為服喪期間，在這期間女性不得化妝與戴裝飾品，同時要避免結婚儀式等喜慶之事。墓地爲個人之墓，有時候會看到一些蘇維埃風味的墓石，即方尖塔上架著星形的飾物。每年四月上旬掃墓，這時候沒有帶花掃墓的習俗。

現在喇嘛僧都在首都烏蘭巴托的伽單寺修行，但是他們缺乏傳教的精神。革命以前，全國有四個以上的寺院，但是大多數都被破壞殆盡，現存的只有一些少數的寺院。但是當地人仍然相當尊重傳統，同時尊敬年長者。一九九〇年以後，開始倡導祖國的復興，因此逐漸尋求喇嘛教。

烏蘭巴托東北郊外的達姆巴達爾加，有第二次世界大戰中，在當地戰死或病死的日本軍人墓，在此長眠者有八百三十七人。

緬甸

緬甸位於印度支那半島（中南半島）的西部，是蒙古族的人種，與印度或孟加拉人之間有明顯的區分。七〇%的人口是緬甸族，其他的還有卡南族、緬族、阿拉康族、青族等人種。大多數人都信奉上座部佛教，並保障信仰的自由，內溫豎立了軍事政權之後，採取社會主義政策，國內情勢不穩定，而在一九八九年由梭曼政權把國名從BURMA改為MYANMA。

當地人死亡的時候，遺族要把遺體徹底清理乾淨，下半身裹上白木綿。然後把最好的衣服裡外反著穿，放在家前祭檀上。

守靈會持續二、三天，但是會有雇用附近哭婆的習俗。大部份在那一天的下午或第二天入殮，把棺木放在棺架上，運至墓地，這時候，會從附近的僧院找來僧侶，送葬的行列以施主為先，接著是僧侶、樂隊、遺族、親族與朋友。在墓地由僧侶的引導下（嚴格而言，是會唱著怕雷的護咒經典〕，然後把棺木放在墓穴上，往前後慢慢地移動三次，然後再埋葬。

如果死者是僧侶或有錢人，則會放在特別建造的火葬櫓上，予以火葬。同時納骨於骨灰壺中，放在佛塔旁的小塔內埋葬。但是一般是採用土葬，在墓地通常不豎墓碑。首都仰光有二個火葬場，但是一天只能處理三十六具屍體。在地方上則在特定的地方有露天火葬，若死者是貧困人士，有時遺體只是用草席裹一裹，就直接埋葬在墓地。

喪禮結束以後，當天會招待僧侶，作食供養。七天之後舉行頭七的追善供養，周年忌則大多數人不再進行供養。不太有掃墓的習慣，但是為了死者的祈冥福，而找來僧侶，在自家舉行的追善供養，並到最近的佛塔去膜拜。

住在緬甸北部的少數民族緬軍族，與緬甸族同是信仰佛教，但是他們在相互致敬的時候，會低下頭來鞠躬。同時坐的時候會正坐，很像日本的一些風俗習慣。在墓地，他們不像緬甸族一樣建立橫長的墓碑，而是建立金字塔型的縱長墓碑。

住在緬甸東邊山岳地帶的卡南族，當地人死亡的時候，會把遺體清洗乾淨，穿上最好的服裝，然後用墊子包裹棺木後埋葬。遺物被認為附有死靈，因此是忌諱的，從墓地回來的途中，會在道路的兩旁遮住標識，以遮住死靈回來的路。

尼泊爾王國

尼泊爾王國位於印度亞大陸北部的高原國家，擁有世界第一高峰喜馬拉雅山脈。位於山谷的盆地有多爾卡族、內瓦爾族、格倫族等東洋人種居住在此。尼泊爾語為公用語。

憲法把印度教視為國教，也有佛教徒與喇嘛教徒，但是禁止向異教徒宣教。保障信教的自由，而且彼此互相寬容並存。

這國家有人死亡的時候，有一些作法很像日本江戶時代的作法，如要向最近的寺院登記。住在首都加德滿都的印度教徒臨終的時候，醫生會問病患，是否願意死在貫穿市內的聖巴格馬帝河內。如果希望則把病患移往祭祀濕婆的帕休帕提奈特寺院。此處雖名為寺院，但是沒有任何醫療設施，只有遮雨的房間與床鋪，是一個終老機構。

臨終的時候，會用巴格馬帝河的水沾濕其唇，之後把雙腳浸在河水中，然後再把裸露的遺體直接放在薪火上，由喪家的長男在死者的口中吹入燃著火的薪木，接著由近親者在死者周圍加入薪火。

這時候會找來僧侶祈願，由於不使用油或汽油助燃，因此火葬的時間相當長，要好幾個小時，骨灰完全流放在旁邊的河川中。服喪期間一天只吃一餐，第十三天稱為除喪。家屬要剃除鬍鬚與頭髮，同時找來僧侶祈願。他們相信供給僧侶一些金飾，可以積功德。

佛教徒死亡的時候，會在史瓦安布奈特寺院舉行喪禮。寺院的入口處有一小小的舞台，在舞台上有業餘的樂隊吹奏風琴、笛、打鼓等，演奏一些宗教音樂，遺體則多以火葬。骨灰則埋藏在稱為「潘素」的墓塔中。在喪家忌日時，會找來僧侶祈願、供養。

喇嘛教徒死亡的時候，會到僧侶與祈禱師那裡，用稱為圓伊高爾潔，類以報紙大小的陰曆，來占卜選擇火葬或土葬。並決定喪禮的日子，一般低所得者是採用水葬或曝葬。由於薪木的費用相當高，因此採用火葬的人以有錢人居多。喪禮之後的第七天要祈願，第四十九天要找來喇嘛僧供養，以前在多爾博地區的保迪，有舉行鳥葬，遺體由禿鷹食用，現在政府禁止了這種習俗。

一九七七年十二月三日，在日本的『讀賣週刊』上，刊有在尼泊爾西北部金加爾村（標高三千七百公尺），有一老嫗的遺體鳥葬的照片。這是由日本的攝影師所攝影的，照片的說明如下：「有一喇嘛僧為死者作最後的讀經，然後為了幫助這位女士返回天國，而由年輕的喇嘛僧細心地做了一些動作，使該遺體容易讓禿鷹等食用。這些動作結束之後，喇嘛僧會用貝製的笛吹向山峰。這時候，山的另一方會湧來五十隻以上的禿鷹，圍繞在屍體的周圍。鳥兒們的『儀式』只有四、五分鐘就結束了，沒有剩下任何的東西……。」

尼泊爾有少數的伊斯蘭教徒與基督教徒，他們依照各自的習俗來舉行喪禮，遺體則以土葬居多。

菲律賓

菲律賓是由懸浮於西太平洋上，以呂宋島為首的大大小小七千個島嶼所組成，一年四季溫度差異不大，是屬於高溫多濕的熱帶性氣候，大部份居民是馬來人、印度尼西亞人，但是也有與西班牙白人的混血。他加祿語為國語，英語為公用語。

當地人死亡的時候，要領取醫師的死亡診斷書。同時委託殯儀社辦理喪禮、埋葬等各項事宜，但是在地方上只有喪家與親友來協助辦理。一般的喪禮是在喪家或教會，或是在殯儀社舉行。通常在死後三天至一週內舉行，由死者、家屬與所屬教派的祭司來主導。

殯儀社有大大小小各式各樣的規模，首都馬尼拉市內的殯儀社，配備有靈柩車、禮拜堂、靈安室、遺體保存室等，設備齊全，乃至非常簡單地，只是協助喪家辦理一些喪葬事宜的殯儀社，各式各樣，因應喪家的需求來做選擇。

通常天主教會的喪禮比較莊嚴隆重。基督教會的喪禮則演奏神的讚美歌，同時稱讚神的大愛，祈求死者復活的儀式。最近由於考慮與會者有不同的宗教信仰，因此很多人希望在殯儀館內的禮拜堂舉行簡單喪禮。民答那峨島以伊斯蘭教徒佔壓倒性多數，喪禮也用阿拉伯語來舉行。

喪禮之後，在靈車之後就是與會者的車，車隊組成送葬的行列走向墓地。有錢人的送葬行列，其前導會請樂隊。馬尼拉市內的靈車通常是使用美國製的最高級車系。在炎炎夏日下，穿著黑色喪服的人們，乘著高級車組成的送葬行列，緩步地前行，道路常因此而阻塞。但是在送葬行列通過的時候，路人都會安靜地等待。有的靈車會利用錄音帶來代替樂隊的演奏，播送著送葬曲。

墓地有公營的公共墓地與私營的紀念公園墓地，天主教徒、伊斯蘭教徒好土葬，但是基督教徒、佛教徒與有錢人以火葬居多，通常祭司不列席墓地的埋葬。

以前菲律賓在西班牙佔領時代，天主教是唯一公認的宗教，因此天主教徒有指定的墓地，天主教以外的異教徒，有異教徒的墓地，現在則沒有這樣的差別。至今中國佛教徒以埋葬在獨自的墓地居多。通常菲律賓的墓地是屬於靈廟或納棺室等的地上墓地，這是由於菲律賓雨水較多，怕地下墓地會被雨水浸濕。

埋葬後九天之間，喪家會聚集親友，舉行追悼會與聚餐會。十一月一日的萬聖節則攜帶花束去掃墓，到夜半時分也仍有人去掃墓。

馬尼拉市郊外的馬卡迪，有在第二次世界大戰中戰亡之美軍士兵的廣大墓地，綠草如茵，架著白色的十字架，非常整齊。另外，緊鄰市內中華街的華僑墓地，甚至有一些墓地有冷氣、非常豪華。

居住在民答那峨島的少數民族，馬金答那峨人死亡的時候，會舉行符合伊斯蘭教與土著傳統習俗的喪禮。他們最大的節日是伊斯蘭教的齋月，在此前後掃墓。同住在該島的有馬拉那峨人，大部份都是屬於伊斯蘭教徒，但是他們也做精靈崇拜，儀式時的祈禱，可以看到受到蘇浦派教的影響。

新加坡

新加坡位於馬來半島的南端，鄰國是馬來西亞。與馬來西亞隔著柔佛海峽，這之間有長約一公里的大橋連繫兩國。新加坡的大小相當於日本的淡路島，交通要道終年擁擠。

居民七十五%是中國人，但是也有馬來人與印度人，是一個多元種族國家。馬來語、英語、中國語、泰米爾語為公用語，各有自己的傳統習俗。中國人信奉佛教，馬來人信奉伊斯蘭教，印度人則信奉印度教或錫克教，也有基督教徒的存在。

當地人死亡的時候，與其他文明國家一樣，要領取醫師的死亡診斷書，到區公所辦理登記，同時交付死亡證明書，如果是意外死亡，則必須要經過檢警的驗屍。喪禮的手續大部份都可以委託民營的殯儀社，依死者與家屬的教派，而選擇喪禮的會場。

中國人對死的感覺類似日本，都有一種不潔淨的觀念，人死亡的時候，害怕死靈會纏聚在家中，帶來厄運，因此家庭內祀奉的諸神、玻璃、鏡子等，都要用白紙貼起來，以免觸怒家中的諸神。此外，家的入口處要貼上白紙，呈×狀，讓別人知道是在服喪。

他們認為喪禮是對死者與生者都有利的儀式，對於死者可以表達禮節與敬孝，對於生者則希望得到加護。墓地的選定是依照風水說來選擇好的墓地。一般而言，認為如果墓地的位置、埋葬的方法不對，會招來厄運。

首先，用外來的水清洗屍體，噴撒在屍體上，一般俗稱的死水是井水與自來水，則不能使用。遺體的臉上要蓋上白布，嘴裡要含珍珠或銅錢。壽衣是用沒有縫線的白色上衣與褲子，同時要穿著奇數的件數。遺體較少枕北枕，腳則朝向出入口，以便於搬出。如果遺體踫到大門的柱子或門等，死靈會再回來，因此人們非常戒慎恐懼。

枕飯與日本一樣，即把一碗飯盛得像山一樣高，然後插上二根筷子，有的人會在飯下面放入煮熟的蛋，而弔客則在這碗飯上面，插上二根線香。然後在入棺前要準備餐飲，並作勢餵死者吃飯，同時說一些好話。

會守夜一晚，通常在喪家有的人會打麻將，或是玩撲克牌。另外，納棺、出棺、埋葬等，都會有嚎哭的習慣。

棺木的內部會漆上漆，選擇非常厚的材質，以防止炎熱而腐敗或是臭氣外洩，納棺的遺體四周，會放置金紙或銀箔，出棺的時候，遺族的喪服為長男著灰白色的麻衣，女性著麻衣，女婿著白色長衣，全體都戴孝。出棺的時候，喪家會在爐火中添入碳火，以顯示子孫像火一樣榮耀之意。

送葬的行列在靈柩車之後，是喪家或一般與會者，比死者年紀大的人則不參與送葬的行列。到達墓地之後，會提著白底紅字的燈籠，攜著紙錢、線香與花圈，走到墓地內火葬場兼葬儀場。

馬來人對於死的通過儀式，也會有不潔淨感。因此在禮拜或舉行儀式之前，要確實地洗淨全身。這是基於他們對餐飲、排泄、污物等的聯想，所以在舉行喪禮或埋葬之前要洗淨遺體，也是基於相同的理由。為了不使遺體沾上灰塵或污物，要混合樟腦與白檀，塗在遺體上，同時用白布包裹。

另外，在遺體的腹部上面，為了怕惡靈的糾纏，會放置剪刀，這一點與日本的習俗相近。死者旁邊會焚香，以安慰死者之靈的同時，也驅除惡靈，焚香會持續三天。

至今他們在埋葬的的時候，也會舉行儀禮式的宴會，稱之為「昆豆烏利亞利瓦」。這宴會會在第三天、第七天、第十四天、第四十天、第一百天舉行，以後每年舉行一次。

通常新加坡的伊斯蘭教或基督教是土葬，佛教與印度教則是火葬。火葬場在市郊蒙特弗農有公營火葬場。在這裡利用為數龐大的丘陵地帶，依宗教別造成墓地，而墓碑也饒富變化，中國人古代的墓地大都是傳統的OMEGA（Ω）型。棺木由殯儀社來代為訂購，或是直接向市立製棺公司、新加坡製棺公司直接訂購皆可。

若遺體要運往國外，必須要取得死亡證明書與醫師遺體防腐處理證明書，以及衛生局發行的遺體移動許可書，要使用密閉棺木，在機場或港灣取得檢疫官的輸入許可書之後，再繳交出入國稅，但若是遺骨就比較簡單。此外，火葬的遺灰在該國，是禁止流放至海邊或河裡的。

新加坡是一個多民族、多宗教信奉的國家。因此各民族都有宗教性的節日與國家性的節日。五月是佛教徒的佛陀生日，十一月是伊斯蘭教徒的聖者祭日。伊斯蘭教徒不吃豬肉，而印度教徒不吃牛肉，所以在餐飲上要特別注意。

斯里蘭卡

斯里蘭卡被譽為懸浮於印度洋上的珍珠，以前又稱為錫蘭，是紅茶的原產地，非常著名，居民大部份是辛哈利族，但是也有南印度出身的泰米爾族。

一般辛哈利族是信奉上座部佛教，泰米爾族則是信奉印度教，也有基督教徒。有死者時，要依據醫師的死亡診斷書，到區公所辦理登記，同時取得死亡證明書，但若是意外死亡，則要在檢察官的陪同下接受驗屍。

佛教徒的喪禮大部份都是在喪家或火葬場找來比丘（僧侶）舉行。印度教徒的喪禮是在火葬場，而基督教徒則在教會舉行，印度只有其首都科倫坡與德希瓦拉才有設備完整的火葬場。在地方上則在特定的露天場地堆積柴火舉行，予以火葬，對於低所得者而言，火葬費用相當高，因此以土葬居多。棺木費用為四百五十～四千盧比（一九九〇年）。喪葬費用依其規模而有所不同，有一些豪華的喪禮甚至會請來樂隊一起加入送葬的行列。

都市地區有民營的殯儀社，一般都是由親人家屬來協助喪葬事宜。喪葬之後，則埋葬在

斯里蘭卡佛教徒葬禮的情形

地區的公共墓地或教會附屬的墓地。墓地是購買的，若是印度教徒或佛教徒，家屬是穿著白色的喪服，而基督教徒則是穿著黑色的喪服。

死亡當日，會在喪家清洗遺體，然後裹上白布，同時放在有白色蓋子的床上，頭朝西邊橫放，用寶石裝飾身體，在遺體旁終夜點著椰子油燈，房屋裡的牆壁上所掛的相片，要上下、裡外地反著掛，這是受到葡萄牙殖民地的影響。

喪家的女性要剪下頭髮，號啕痛哭，這是哀悼死者的表現，以前要持續四天。但是儘管他們哀悼死者，卻仍然認為遺體是不潔的，而且死後三個月內，不潔淨的死靈會寄宿在喪家，在這期間喪家不做飲食，都是由外人送來。

通常是在死亡翌日的下午，日落前出棺。星期二與星期三被視為厄日，所以要迴避，如果無法迴避，要在棺木內放入雞蛋，以解除厄運，之後才能出棺。送葬的行列必須要向右繞三回，由比丘來舉行喪禮，以祈求故人的昇天。

這時候，比丘會唱「無情偈」，家屬們從瓶子裡把水注入杯子中，並唱道：「水滿溢如大海，為死者帶來功德倚靠。」同時，比丘會說：「功德庇蔭親族，帶來好運。」

火葬後的骨灰埋葬在墓地，或流放在河川裡。喪家則用香氣很強的藥草予以消毒，佈齋飯。死後第七天、三個月、一年後，會再次在喪家找來比丘，進行追善供養，同時布施，並在墓地插上簡單的墓碑，刻上死者的名字與簡歷。

斯里蘭卡北部的泰米爾人死的時候，若在世時有所不滿，會對生者作祟。死後遺體則依照印度教的習慣，予以火葬，在三十一天之間為服喪期間，除喪的時候，要奉上供物。

泰國

泰國位於印度支那半島的中央與馬來半島的北部，南有暹羅灣，再往南而去則是東南亞數一數二的穀倉地帶，一年四季高溫多濕，居民大部份都是泰族人，也有馬來人、高棉人、中國人，以及山岳民族等，大都信仰上座部佛教，也有伊斯蘭教徒與基督教徒。

大多數國民都是佛教徒，因此喪禮大部份都是在寺院舉行。在寺院內有類似佛塔的屋內火葬場，或在露天火葬場予以火葬。王族或高僧的喪禮，在死後經過一段時間以後，擇日舉行。建櫓，然後把棺木安置在櫓上。火葬之後，骨灰放入骨灰罈，然後在寺院內建立類似佛塔的墓。

曼谷的寺院

一般而言，除了中國人以外，並不建墓，只是在家庭內建佛壇，或是埋葬在偏僻地方的墓地裡。尤其是北部山岳地帶的少數民族，由於他們是遊牧民族，所以都不建墓，即使建墓也漠不關心。有時候，遺體直接葬在偏僻的地方，或是採取一種所謂的風葬，即把遺體掛在樹上，予以曝葬。例如：北部山岳地帶的苗族，有人死時，用木棒做一個台子，把遺體放在台上，任憑大自然去處置。

泰國人死亡的時候，要先取得醫師的死亡診斷書，到最近的區公所去辦理登記。死者的遺體由親屬親自清洗，入殮之後在當天午後四點鐘至六點鐘之間，在喪家或喪院找來比丘舉行守靈。棺木可以委託寺院代購，喪葬費用包括對於寺院與比丘的布施，大約六千銖（一九九○年）左右。

通常喪禮在寺院舉行，出棺的時候，有一習俗，即喪主要把死者所用過的碗與湯碗擊碎。在寺院內的火葬場，棺台要向右繞三圈，與會者則尾隨在後，登上火葬台。在喪主致謝辭之後散會。

第二次，喪家會帶蠟燭、線香、香水器、骨灰罎等，到火葬場，找來比丘舉行撿骨儀式，骨灰納奉在寺院的佛塔中，或是流放到河裡或海裡。

中國人的佛教徒建有獨自的墓地，石碑上用漢字或泰字刻著死者的名字與死亡年月日。四月五日清明節是家族掃墓的日子，會帶著供物去掃墓。

當地的日本人大都住在首都曼谷，約有一萬人左右。日本人死亡的時候，如果希望則可找來當地日本人會所招聘日本人比丘（高野山真言宗），請其讀經。日本人常使用火葬場，在曼谷市斯康懷特街的他特松寺，以及在桑也恩街的佛朗豐寺。市內有日本人所專用的納骨塔。納骨塔則在前述日本人比丘所居住的拉加布拉那寺內。

曼谷市內有華僑所組織的社會福利團體「報德堂」。每當發生天災人禍的時候，不論是當地人或外國人，報德堂都會予以急救看護或喪禮事宜的協助。

最近，他們在澳大利亞飛機墜機事件中，也相當活躍。

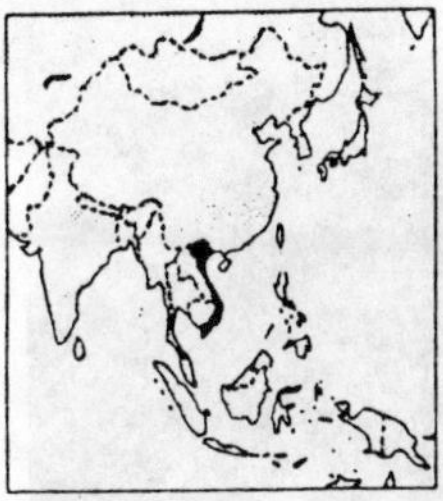

越南

越南位於印度支那半島的東側，南北狹長，以前是法國的殖民地。第二次世界大戰以後，分裂為南北二國，持續戰爭，但是自從美軍撤退以後，在一九七五年統一全國，大部份居民都是越南人，

胡志明市的墓

標榜社會主義國家，並致力於長期戰禍下荒廢國土的修復。

北部地方很快就徹底實施反宗教性的教育，所以在風俗習慣上，宗教色彩比較少。但是，南部則依然信奉與民間信仰混淆的大乘佛教。在這裡可以進行僧侶的托缽，只要不違反國策，容許佛教的自由與傳教的自由，不過基本上是低調處理。

越南人死亡時，必須取得醫師的死亡診斷書，到區公所辦理登記。喪禮在地區的聚會場所舉行，通常都是土葬，胡志明市（舊西貢）的郊外，有福特火葬場，但是利用的人不多，由於地處熱帶地方，所以會盡早埋葬。市鄉村的郊外大部份都有公共的墓地。

巴汀廣場位於首都河內的熱鬧大道，即在德安邊福大道的北端。這裡是一九四五年九月二日，胡志明主席宣布獨立宣言的地方。但是在該廣場的中央，於一九七五年完成了該主席的廟。胡志明主席享年七十九歲。

廟是大理石製的萬神殿形式，正面入口用越南語刻有「沒有比自由與獨立更尊貴者」。廟的內部安置著經過防腐處理的遺體，像蘇聯的列寧與中國的毛澤東之遺體一樣，都是裝在透明玻璃內，供人們參拜。膜拜的人接踵而至。

越南的寮國邊境森林地帶，住有少數民族姆翁族，有人死亡的時候，親友會聚集在一起，把遺體安置在喪家數日，喪禮會宰殺雄牛、水牛、豬等作為供物。由祭司來主導喪禮，並吟唱「土與水之創造」之歌。

台灣

台灣位於南中國海，南北狹長，狀似番薯，是第二次世界大戰以後，由中國大陸移民而來的國民政府所建立的國家。現在與日本沒有正式的外交關係，但是在各方面都有深厚的交流。

居民係由台灣原住民與從大陸渡海而來的中國人所組成，大部份人都是信仰佛教與道教混合的宗教。台灣喪葬習俗較為特殊的是，如果死者享年八十歲以上，就不視為是凶事，而視為喜事，是享有天壽的大往生。訃文不用黑框而用紅框。

此外，喪禮被視為是一輩子最重要的事，因此走向墓地的時候，喪禮行列有樂隊為前導，同時有許多裝飾鮮花的車輛尾隨其後，同時演奏音樂。最近台北市等有一些非常豪華的送葬行列，甚至雇用舞蹈與電動花車等，聽說因為太過份而被禁止了。

在台灣有人死的時候，必須要取得醫師的死亡診斷書，到區公所辦理登記。喪禮的協助在都市地方通常都委託殯儀社。清洗遺體以後，裹上經帷子，同時入殮在生前或死亡時買來的棺木內。然後由僧侶為死者誦經，以驅除惡靈。

遺體在喪禮之後，則暫時埋葬在公共墓地。經過一段時間以後，再予以洗骨。然後由占卜師選擇適合的陰地，改葬在山墳中（馬蹄形水泥製的或石造之墓）。生前所住的地方稱為「陽宅」，相對的墓地則稱為「陰宅」，通常陰宅要花費相當多的費用，以前埋葬的日子要選擇吉日，最近火葬增加，尤其是都市地方，在火葬之後，通常納在寺院的納骨塔裡。首都台北的第二殯儀館、新竹市近郊的寶山有火葬場，沿路上的電線桿都貼有「南無阿彌陀佛」的字樣。

通常喪禮是在喪家舉行，但是在社區內都利用殯儀館，由這裡交運遺體，弔唁者會穿著黑色的喪服，同時繫黑色的帶子。依其教派會找來僧侶或道士，會場上飾以鮮花或人造花圈。喪禮之後，以靈柩車為前導，親屬的車子尾隨其後。車子都用鮮花裝飾著，組成送葬行列，走向火葬場，或是臨時埋葬的公共墓地。徒步時，起首者會插上弔旗或由樂隊來前導，邊走邊奏樂，非常熱鬧。

在台灣，喪禮的時候會燒冥土用的紙錢、衣服、模擬家具等，獻給故人的靈魂，這是一個相當獨特的習慣，因此在火葬場，通常會有燒金品的竈。

死亡之日起第七天，到第四十九天，要做中陰的追善供養，或是一周年忌、三回忌、七回忌、十二回忌的供養。這習俗與日本是相同的。在喪家或寺院找來僧侶舉行。每年四月五日的清明節與舊曆七月十五日的中元節（俗稱鬼節），則會招待餓鬼供食，同時燒紙錢，以祈求死者的冥福。

台北市的殯儀館

以前墓地的選擇要依照傳統的陰宅學，來選擇好的墓地，台灣島內各山麓，都可以看到許多墓地。最近由於土地難求，所以在都市的郊外地方造有公共墓地或納骨塔形式的墓地。另外，在台灣各縣市都有紀念戰亡軍人的墓地，例如，高雄市郊外的澄清湖附近，就有軍人公墓。以靈堂為中心，像棋盤一樣地整齊，建有戰亡者之墓。另外，戰後一九七六年以來，在星雲法師的努力之下，台灣數一數二的大寺院佛光山寺的境內，也有幾棟納骨堂，來祀奉信徒的遺骨。以前在寺院內不會造墓，而佛光山的做法，算是一種新興的作法。

在台灣有許多的在家佛教徒，吃齋唸佛。死亡的時候，先讓死者坐在椅子上，誦經以後再讓他躺在床上。第九天要做九次的回向，這時候要燒一行由三十三字，共三十三行的表白文，全部讀完以後，再燒給死者。據說這麼做，死者在三十三天內得以昇天。

桃園市郊山間地帶有個慈湖，是蔣介石的靈寢，這慈湖是仿照中國大陸蔣介石的故鄉，以豫嘗將來反攻大陸的悲願。

台北市自一九八九年以後，死者由台北市立殯儀館來處理。現在在市內有二個火葬設備的公營殯儀館，而其他在市內還有一些民營殯儀場。當地人死亡的時候，要根據陰陽五行說來選個黃道吉日，成為喪葬日。喪禮之前，遺體要注入防腐劑，予以冷凍，同時保存在殯儀館的保棺室裡，在那裡舉行喪禮。此外，喪家的附近會張貼幕屋，一個月飾作靈堂，同時著喪服。喪禮採道教儀式時，每隔七天會找來道士作供養。服喪的最後一天，則舉行喪禮。這時候，要朝向墓地的送葬行列，會雇請樂隊，親友也會組成自動花車，舉行盛大的送葬行列。然而為了使土地有效使用，因此最此也提倡喪禮的簡樸化與獎勵火葬。一九八九年以後，火葬費用全額免除。

台北市現在有五十四個公共墓地，但是受到風水的影響，因此，墓地的方位五花八門，幾乎呈客滿的現象。最近在台北市郊外，建了一座佔地三十三萬坪的富德墓地，區劃分得非常整齊。另外，在三芝鄉地區，也有民營的北海福座公園靈園等的公園墓地。原本台灣就有二重葬的習慣，埋葬七年以後會拾骨，然後把靈骨放在靈骨塔等地方。

第二章　南太平洋（大洋洲）地區

澳大利亞

以英國人種佔大部份人口。以前他們採行白澳政策，但是第二次世界大戰以後，由於勞動人口的不足，所以向歐洲與東洋人種開放了門戶。現在則沒有人種的差異，是一個相當容易居住的地方。大多數居民是住在氣候溫暖的東部海岸，人口集中在悉尼與墨爾本等大都市。

居民約有三十五％是屬於英國國教會，但是也有天主教、基督教等各教派。在這裡宗教已經成為生活的習慣。

當地人死亡的時候，由遺族或關係人先聯絡殯儀社。再由殯儀社代為處理醫師的死亡診斷書、遺體處理、殯葬事宜，以及埋葬、公布訃文、喪禮的聯絡、新聞稿的發佈等等。若在醫院死亡，一般在八個小時以內，遺體要安置到殯儀社的安置室內，但若因意外事故而死亡，則要在檢察官的陪同下，接受司法解剖。

殯儀社是民營的，但是大部份都在都市地區，有美國式的設備，但是屬於地方自治體計劃局的管轄之下。與美國不同的是，一般而言不採取遺體整形保存術。除了天主教徒以外，一般而言都是在死後四十八小時以內舉行，遺體則由靈柩車運到墓地。

墓地由半公共性的墓地信託協會負責經營管理，設置有火葬場。西部地方的火葬率達到五〇％，有增加的傾向，但是羅馬天主教會或重視傳統的猶太教徒則沿襲著土葬。即使如此，各教派的喪禮習俗也越來越簡化。以前會戴高山帽或着罩袍，女性則著黑色喪服，現在卻以穿平常服裝居多。以前花圈等的供花一定要白色，但是現在則可以採取各種顏色。

傳統的墓石是立碑或靈寢，但是近年新設的墓地也可見平碑。在雪梨，前者的代表墓地是朋帶海岸的克羅威利墓地，後者的代表墓地則是麥闊里大學附近的北郊外墓地。

悉尼郊外的公共墓地

澳洲大陸的中央部平原或北部，住有少數的土著。其殯葬習俗也依各部族而有所不同，大部份都是土葬。

一旦埋葬在砂地之後，一年後則把呈白骨化的遺骨掘出來。用樹皮包裹，改葬在洞穴中。

居住在塔斯馬尼亞島的原住民，塔斯馬尼亞族死亡時，會盡早火葬，然後埋葬遺骨。親族會把一部份的骨頭拿來當首飾。埋葬當日的守靈，親族會聚集在墓地，一直號哭到第二天早上。未亡人會剪下一部份的頭髮，供在墓地裡。

斐濟

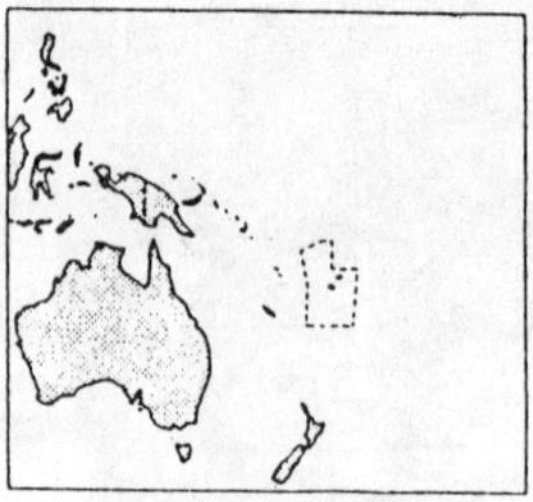

原為英國殖民地，一九七〇年獨立，係由散布在南太平洋大小三百二十二個島嶼所組成的國家。其中主要的島嶼為維蒂島與瓦努瓦島，斐濟的土著與印度居民佔大部份。英語為公用語，信奉基督教衛理公會教派與印度教、伊斯蘭教的信徒並不少，但是世俗的浪潮也侵襲到太平洋的樂園。

當地人死亡的時候，要領取醫師的死亡診斷書。若因意外事故死亡，必須接受檢警的驗屍，與一般的文明國家一樣。喪禮可在公營或民營的喪儀社舉行，也有利用教會或寺院而舉行的。這時候，有供花的習慣，然而不一定要用白色的花束。喪禮之後，基督教徒則土葬在墓地。印度教徒則在墓地內的火葬場火葬後予以埋葬。但是離島的居民偶爾也會水葬。

位於國際航空轉繼站的維蒂島首都蘇瓦，是一個具有英國風味的現代化都市。在地方上，部族首長的支配權很強，喪禮也按照其指示來進行。喪禮的時候，大都採用椰子葉特別編成的腰帶繫在身上，男性則用法螺吹奏輓歌。

住在主要島嶼維基維島的瓦族們，依社會地位的不同，喪禮的規模也有所不同。首長死亡的時候，喪禮非常盛大，鄰近會有許多人前來弔唁。未亡人有個習俗，會剪下一部份的頭髮，好幾天都站在遺體旁。

法屬大洋洲

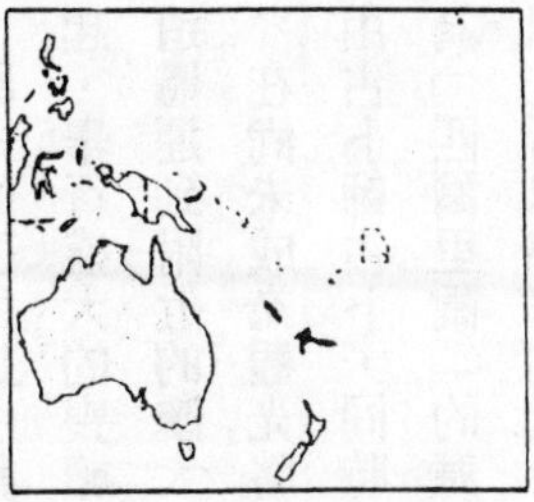

『與天國最近的島嶼』（森村桂著）一書中，有介紹年輕女性最憧憬的島嶼新喀里多尼亞島，是法屬大洋洲主要的島嶼，這島嶼主要以美拉尼西亞或歐洲人口的人種占大部份，近年來盛行著從法國獨立、分離的獨立運動。

主要都市奴美亞是交通的要道，有小巴黎之稱，洋溢著法國小都市的風情。大部份居民都是從戰前（第二次世界大戰）以後才西洋化，同時基督教化。以鎳礦的採掘與輸出為主，也有許多日本的勞動移民，戰後成為觀光勝地，從日本也有直達的飛機。

當地人死亡的時候，要到區公所去登記，一般而言，守夜在喪家舉行，通常喪禮都是利用教會。奴美亞也有殯儀社，遺體則埋葬在郊外四公里地區的公共墓地。這是從戰前就有的墓地，在一九二五年所建立的墓碑，刻有「日本人之墓」的字樣，以此為中心，四周散有日本人的墓地，戰後在島嶼附近沉沒的日本伊一七號潛水艇組員九十七人的慰靈碑附近。近年來在這墓地一～五公里左右的地區，建立了新的公共墓地，也同時有殯儀用的集會場所。

原本原住民是由數個部族所組成的母系社會，舉行喪禮的時候，會有許多的親友聚集在一起，舉行盛大的喪禮，但是今日已經越來越簡化。大部份都是土葬，如果希望火葬，則要把遺體運到附近的澳大利亞或紐西蘭。

在尚未成為觀光勝地的邊境島嶼，仍能看到舊有的傳統習俗。例如：喪禮的舉行必須要經由占卜師占卜，同時在稱為匹羅的集會場所，盛大地舉行首長與會蒞臨。這時候，會演奏稱為「匹爾里爾」的舞蹈與音樂，是由竹筒或草木的皮壓縮所造成的音樂。這是一種向死者或祖先祈求慈悲的社會性儀式，而不是表演給觀光客看的。

喪禮過後，遺體埋葬在喪家庭院的一角。

住在新喀里多尼亞島的亞潔族，深信死者的靈是住在地下，有時候會從地上出沒，因此在被視為是地下世界的入口處擺上供物，同時祈求。女性死亡的時候，則在遺體的腋下放著象徵小孩子的木杖。

基里巴斯

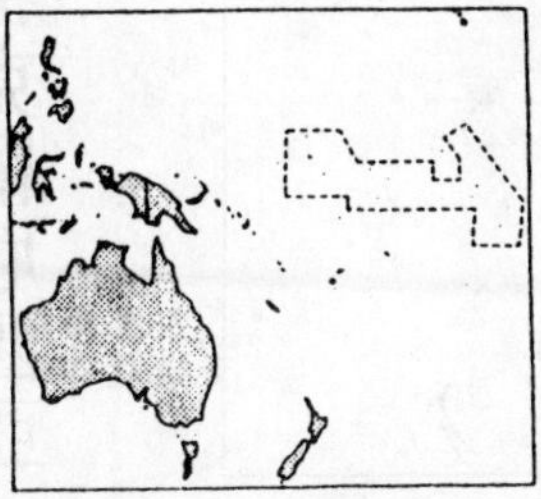

基里巴斯是由西太平洋中部的三十三個島嶼所組成的海洋國家。一九七九年七月，成為英國聯邦共和國而獨立，首都為塔拉瓦。居民以密克羅尼西亞系的基里巴斯人居多，信奉天主教與基督教。第二次世界大戰期間，馬金與塔拉瓦兩個島嶼，是日美兩軍激戰之地，而聞名世界。

住在吉爾巴特島的基里巴茲族死亡的時候，要把遺體安置在喪家數天。然後再埋葬在村子裡的公共墓地，或喪家的旁邊，但是在此之後會取出頭蓋骨，用油洗骨，奉上供物與香煙，儘管他們受到基督教的影響，至今居民仍深信傳統的神伽納，會守護死靈。

馬歐爾群島

馬歐爾群島位於西太平洋密克羅尼西亞地區，是由一千二百個以上的島嶼所組成的海洋國家，一九八六年十月，從美國獨立。首都是馬什羅。居民以密克羅尼西亞系的馬歇爾人居多，信奉基督教。

居住在各島的居民死亡的時候，他們認為死因並不在於其本人，而是由於外來的因素所帶來的。死靈會不斷地在生者身邊徘徊，有時候會加害生者，而最可怕的惡靈是從其他島嶼移過來的。

密克羅尼西亞

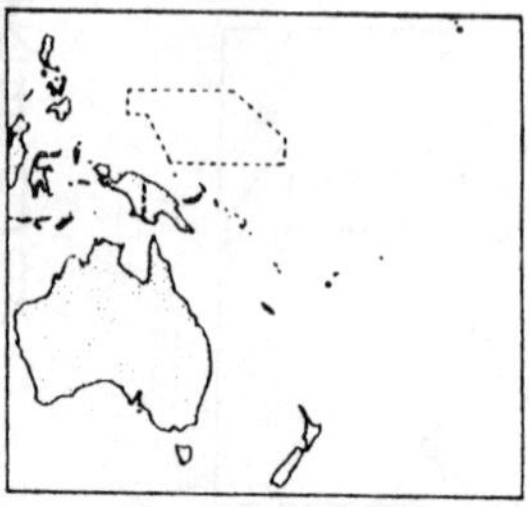

密克羅尼西亞是以西太平洋加羅林群島為中心，為由九百三十個島嶼所組成的海洋國家。一九八六年十一月，依據與美國的協定而獨立，首都為帕利奇爾，居民以密克羅尼西亞系的特拉克人或婆那佩人居多，信奉天主教與基督教。

住在特拉克島的居民死亡的時候，喪家的女性會嚎哭。喪禮的時候，鄰近的居民會送來衣料或鬱金香、香水等。一般而言，喪禮都是在死亡日起的第三天舉行。以前遺體也有水葬，但是現在受到基督教的影響，都會埋葬在附近的墓地裡。近親者服喪四天，之後燒毀死者的所有物。他們認為人有善惡二種靈魂，善靈死後則歸於天空。謝普島的居民把喪禮視為大事，親朋好友都會帶來煙草、食物、現金、酒等。

瑙魯

瑙魯是僅次於梵蒂岡摩納哥的世界第三個面積最小的國家。一九六八年，脫離聯合國信託統治而獨立。居多以美拉尼西亞人、克羅尼西亞人、中國人居多。英語為公用語。信奉基督教的人很多，喪禮則在教會舉行。

居民也尊崇祖先的靈魂與神（祖先之神），祭拜的時候先獻上供物。舉行喪禮時，依照死者的信仰與宗教習俗而舉行。也埋葬在附近的墓地。這時候，喪家會招待與會者用餐。

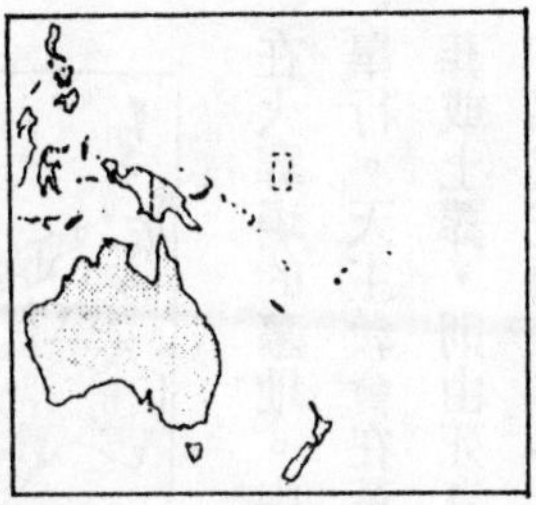

紐西蘭

紐西蘭是由南北二個島嶼所組成，中間夾著赤道，與日本的位置相反。紐西蘭可譬為南太平洋的瑞士，是一個風光明媚的國家。大部份居民是英國移民的子孫與土著毛利人，信奉英國國教會、長老派、天主教會，留有古英國的許多風貌。

在自宅或醫院死亡的時候，近親者要向醫師領取死亡診斷書，聯絡殯儀社，準備喪禮事宜。若意外死亡，則要通報警察，接受驗屍。

通常喪禮是在所屬的教會或殯儀社的禮拜堂舉行，之後就埋葬在火葬場的墓地。喪禮時間星期一到星期五上午八點鐘至下午四點三十分，周末與例假日不舉行。天主教會在黃昏的時候，開始唸玫瑰經。第二天早上九點鐘，則舉行喪禮，不論是火葬或土葬，則由死者或遺族來決定。但是最近希望火葬的人增加，在各都市設置有火葬場。首都威靈頓有卡洛里火葬場。

喪禮所需的費用，棺木為一百五十紐西蘭幣（以下同），骨尖罎十八元、火葬費用三十八・五元、埋葬費用為一百三十元、殯儀社費用為二百元、死亡申請為十五元左右，這是標準的費用（一九八三年）。

通常棺木是用紐西蘭所產的木製舟形棺木，很少用金屬的棺木。埋葬的時間為死後三十六～四十八小時以內，因此通常遺體不化妝或實施保存術。墓地有教會附屬的墓地與公營墓

紐西蘭克賴斯特徹奇的公共墓地

地，個人墓地大都是採取買斷方式。有一部份人則埋葬在納骨堂或合葬墓地。墓地經常會種滿了薔薇花，開花時期整個墓地就像是花園一樣。

今日，土著毛利族被歐洲居民同化，所以已經無法窺視他們獨特的習俗，但是在地方上會訂購大型的棺木，在其中放入遺體與死者的遺物。與會者女性會痛哭，有時候會一起進到墓地去。另外埋葬儀式前後，舉行稱為湯吉的宴會，這時候喪家會燒烤野豬來招待與會者。

原住民的毛利族死亡的時候，會在集會場地鋪上布，將遺體擺上數天，接受弔問。之後則用布包裹遺體，埋葬在附近的洞窟或墓地中。數年之後再重新洗骨改葬，埋葬在最終的墓地。

帛琉

帛琉是由位於南中國海的帛琉群島，二百個以上島嶼所組成的，一九九四年，與美國以

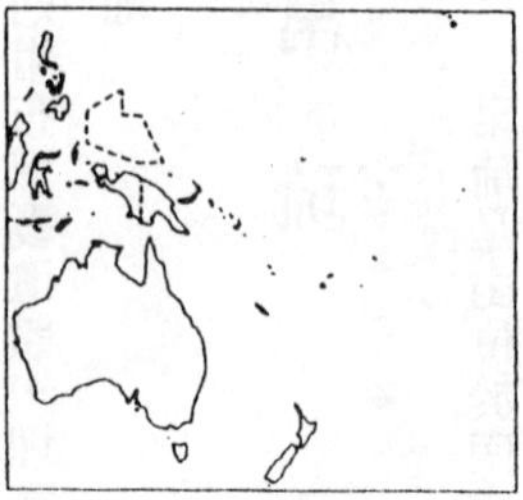

自由聯合條件而獨立。首都是哥羅爾，以漁業與觀光為主要收入。大部份居民都是天主教徒，但是仍留有少數傳統的宗教習俗。由於他們是母系社會，死亡的時候會舉行盛大的喪禮。喪家的女性會服喪，男性則會湊錢。

以前埋葬在喪家的下面，今日則埋葬在公共墓地。一週以後把墓緊密，他們相信故靈已經去了島嶼的南方。

巴布亞新幾內亞

巴布亞新幾內亞位於澳大利亞北方的位置，是由新幾內亞島、新布里登島、新愛爾蘭島、布干維爾島等，大大小小一萬餘個島嶼所組成。

氣候高溫多濕，以山地居多。居民大都是美拉尼西亞系人，但是約由一千個部族所組成。共通語是英語，由於各有其風俗、習慣、語言，所以在溝通上非常困難。

由於地理方位的隔絕，殯葬習慣也不一定。一般而言，都是由部族的首長率領，同時土地與財產採取共有制，重視同一共同體出身者之間的互相扶助。對於喪葬之事，也由共同體全體人員舉行祭禮。

基督教在當地的傳統，相當引人注目。英國國教會、天主教會、路德福音教會等，經常會派宣教士到偏僻地方去宣教。其活躍情形在有吉佐和子所著的『二個女人的新幾內亞』（朝日新聞社刊），有非常有趣的描述。首教莫爾斯比等各都市周邊與沿岸，信奉基督教的人很多，其他邊境地區則留有土著的精靈崇拜。

新幾內亞的墓地

除了都市地區幾乎都是土葬，一部份是採行水葬與樹上葬（風葬的一種，任由鳥與動物來啃食遺體）。另外，當地住在山岳地帶的食人族後代，至今仍非常尊崇祖先，因此會把死者做成木乃伊來敬拜。

新幾內亞島東北部的珊瑚礁島，特羅布里恩德群島原住民的殯葬習俗，在古典名著馬林非斯基所著的『西北美拉尼西亞中未開化者的性生活』（一九二九年刊）中，有詳細的描寫。

根據本書，當地人臨終的時候，近親者或當地的居民會聚集在喪家嚎哭，家屬們在嚎哭一段時間以後，就清洗遺體，而身體有孔洞的部份，都要塞上椰子外皮的纖維。雙腳與雙手各綁在一起，同時覆蓋裝飾品。守夜以後，遺體暫時埋葬在墓地裡，第二年要重親掘出來，切斷骨頭並清洗，作為遺物而有各種用途，例如；頭蓋骨由末亡人當作壺來使用，顎骨則當作末亡人的首飾，其他的骨頭稱為「黑拉」保存起來。

我們會認為這是很奇怪的習俗，但是他們卻認為是對死者謝恩的表示，也是一種虔敬的行為。但是這些地區也受到文明的洗禮，越來越看不到這些奇風異俗。

第二次世界大戰中，這些島嶼成為激烈的戰場，至今仍有許多戰亡者長眠於此。在莫爾斯比的聯合軍的軍人墓地井然有序，都架著十字架，而日本士兵則葬在拉巴烏爾郊外，有著五輪塔模樣的墓中。有時候，會有戰爭遺骨收集團來安慰戰死的靈魂。

在莫爾斯比附近的摩茲族，有人死亡的時候，族人相信死靈會成為祖靈。當地居民會全體出動，舉行盛大的儀式。埋葬後洗遺骨，再予以改葬，這時候會有大家一起禁止跳舞的習慣。一般而言，改信基督教的居民在祭禮的時候，都不跳舞。

歐羅哥羅族有人死亡的時候，會埋葬在村子附近的海岸，雙腳朝海予以埋葬。有一段時間，死靈會徘徊在生者的四周，之後會踏上死亡之國。住在中央高地的千布族，大部份居民是改信基督教，但是他們仍然相信死者之靈會徬徨在墓地附近。尤其是橫死的死靈在死後會危害生者。

社會群島

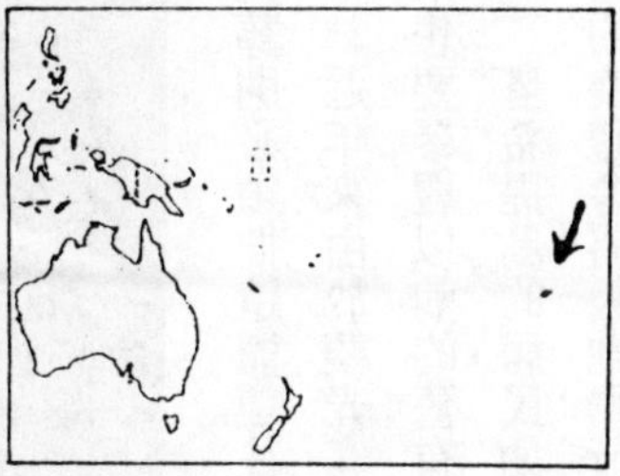

南海樂園塔希提島在高更的畫下，聞名世界。塔希提島是社會群島的主要島嶼，與夏威夷福泊島、紐西蘭形成一個三角地帶。是波里尼西亞的中心，自古以來便是交通要道，當地人大部份都是以波里尼西亞人為主。

以前採取國王制度，拒絕異國人種的移民，但是藉由西洋人的渡海而來，自最後的國王婆瑪雷二世，在一八一二年改信基督教以來，則捨棄了舊有的習俗，逐漸西洋化，而之前的土著對土著神的信仰、祭祀制度，也幾乎崩潰。

島嶼的人死亡的時候，利用口傳通知鄰近者，通常喪禮是在喪家舉行，但是主要都市帕佩特有殯儀社，可以委任殯儀的業務。但是其他地區或邊境的島嶼，則由近親者來準備喪禮事宜。遺體會安置在喪家的客廳裡，裝飾著各式各樣的鮮花，周圍則是穿著黑色喪服的近親者，在那裡祈禱。女性中也有人嚎啕痛哭。

裝入棺木內的遺體，在第二天早上，運至喪家庭院一角的墓地。與會者會把花裝飾在遺

社會群島摩雷亞島的公共墓地

體上，予以埋葬。之後則宴請齋膳，與會者才辭去。服喪期間並不長，大約二～三星期以後，家屬們就會回到原來的生活。

二十世紀初，有許多中國勞動者移民至塔希提島，他們遵守獨自的傳統。死亡的時候，則埋葬在帕佩特近郊的皮雷亞丘陵地帶。隔鄰的摩雷亞島以前是把遺體埋葬在家庭的一角，最近則在哈烏米地區建築了公共墓地。如果要火葬則必須把遺體運往夏威夷。

近年來由於觀光客的遽增，塔希提島、摩雷亞島、博拉搏拉島等，已經越來越俗化。如果想要參觀以前的舊有習俗，只有到交通非常不便利的土阿莫土島去，才能夠看得到。

塔希提島的居民如果是橫死，據說會招惹神怒。若想要長壽而死，則不會招惹神怒。長老的喪禮會盛大地舉行，埋葬以前把遺體置在棺台上數日，供與會者弔問。

一般而言，不會考慮死後的世界，但是也有人相信死後的靈界。馬爾克撒斯緒島的居民，認為死是由於惡靈的作祟，死靈留在島中一段時間以後，則投入海中，進入地下的世界。

所羅門群島

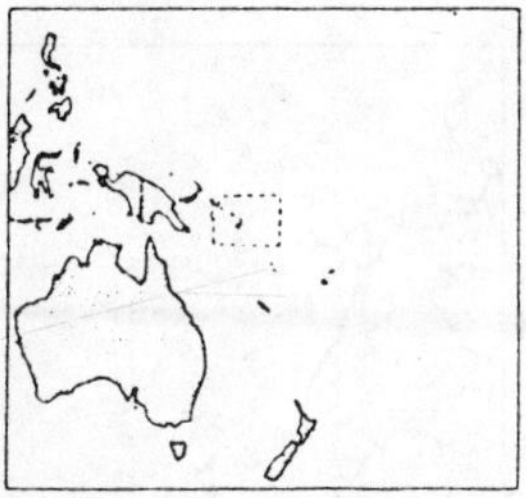

以前是英國的殖民地，在一九七八年獨立，加入聯合國而成為新興國家。是由大小百餘個懸浮於南太平洋上的島嶼所組成。居民大都是美拉尼西亞族人，英語為公用語。大部份都是基督教徒，也有信奉土著宗教的人。

殯葬習俗依地區而有相當大的區別，但是由於身處熱帶地方，遺體會盡早處理。鄰近的人們接到報喪的時候，會聚集在喪家號哭。與會者穿著特製的短簑衣。

一般以土葬或洞窟葬居多，也有水葬。喪禮在郊外舉行，這時候會奏樂器，與會者一同跳舞，舉行宴會。人們會帶著用椰子樹皮所做成的東西，然後坐於其上。

首都保尼亞拉所在的瓜達卡納爾島，除了基督教徒以外，一般是不豎立墓碑的，墓地採取合葬的形式。並不太掃墓，甚至還認為墓地是惡靈居住的地方，避之唯恐不及。昆頓島以埋葬遺體之島而聞名，該島到處都散亂著遺骨。

瓜達卡納爾島有人死亡的時候，附近的居民會聚集在喪家，而共同進食。遺體有水葬、洞窟葬，或是埋葬在喪家的地板下，有許多不同的方式。但是有時候喪家會好幾個月被視為禁地。所埋葬遺體的頭蓋骨，在經過清洗以後，掛在喪家的走廊下當裝飾品。馬拉伊太島的居民在舉行喪禮的時候，會宰殺豬隻獻給死靈，舉行儀式。

湯加王國

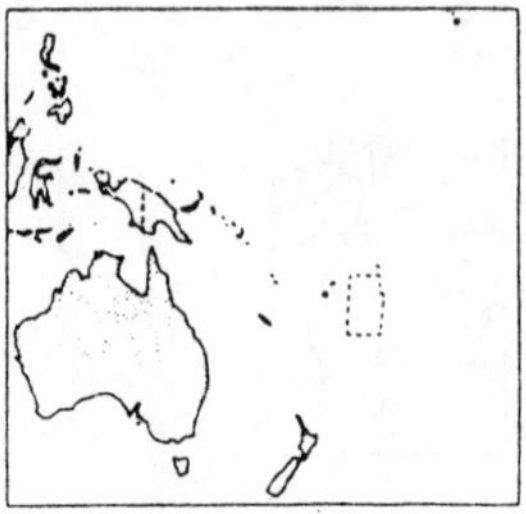

湯加王國是由懸浮於南太平洋上的一百六十九個國家所組成的珊瑚礁島國，採取立憲君主制，當地人大都是米克羅尼西亞的東加人。

有人死亡的時候，清洗遺體，之後要咬嚼月桂樹的果實，把果實的油塗抹在遺體上，再由樹皮布包裹，放置在家中央位置的台座上。喪禮當日，家屬與近親者圍坐在遺體的周圍，並找來教會的祭司為其祈禱。與會者所贈送的花圈與布等，則放在遺體的旁邊，作完離別的吻別之後，則走到室外。這時候，在外面看守的與會者，會不斷地唱著讚美歌。喪禮結束時，招待飲酒。

第二天早上，會用新樹皮布包裹遺體，由男性們抬著前往墓地。祭司溝通之後，把靈柩放在土中，與會者一同把砂土撒在靈柩上。埋葬之後，大部份的喪家都會招待齋飯，同時供應酒。以前遺族有剪髮習俗，現在則只是不梳理頭髮。十天以後，在附近的遺族會前往掃墓，這期間避免一切的喜慶事宜。

以前首長死亡的時候，則埋葬在湯加他布島的王家之墓。在基督教傳來之前，一般人對於死的看法，並不認為有靈魂的存在，現在則肯定靈魂的存在。喪禮時，與死者之間的關係，決定了人們所擔任的角色，黑色是表示服喪之意。

圖瓦盧

今日大部份的居民都改信基督教，相信死後靈魂的存在，並漸漸揚棄了傳統的習俗，儘管如此，若發生子女不孝或家庭爭議的時候，就會認為是死靈在作祟。

由村裡的首長來主持婚喪喜慶，每逢喪禮，村民都會全體出動，是僅次於結婚的重要儀式。

巴努亞圖

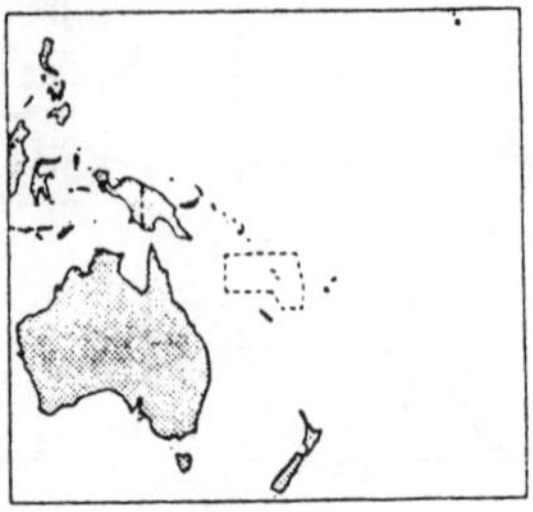

巴努亞圖是由分布在南太平洋美拉尼西亞地區，新赫布里底斯群島為主，所組成的海洋國家。一九八〇年七月，成為英聯邦內的共和國而獨立，首都為婆特比拉。各島上有百種以上的部族語，較普及的是英語與美拉尼西亞語混合而成的比斯拉馬語，大部份居民都是信奉基督教，土著信仰也很強。

馬雷庫拉島的居民有人死的時候，唯恐死靈加害生者，因此，在喪禮的時候，會宰殺豬隻來供奉。同時會跳鎮魂的舞蹈，並敲鑼打鼓。大多數的居民都改信基督教，但是謝尼安族、美溫族、盧亞族等，都相信死靈的存在。

西薩摩亞

西薩摩亞位於紐西蘭東北部二千九百公里的海洋上，是一個火山島嶼，由九個島嶼所組成，居民以玻里尼西亞人居多。薩摩亞語與英語為公用語。幾乎國土都為首長所有，首長的影響層面包括政治層面乃至生活。儘管如此，認同信教的自由，大多數居民是信奉基督教的組合教會，或屬於天主教會。一般而言，喪禮是由當地居民全體出動來舉行，大都採取土葬。蓋有遮陽屋頂的石棺，大都安置在家宅內部的地方，但是最近則流行再蓋一棟。邊境地方還看得到水葬或洞窟葬，然而也日益減少。

今日大部份居民都是虔誠的基督教徒，但是仍然無法拔除傳統的習俗，他們相信死靈的存在。認為死就是靈與肉的分離，死靈會成為祖靈而繼續生存。但是這也不像社會群島或夏威夷一樣，把祖靈視為最高神，而且皈依。

關島

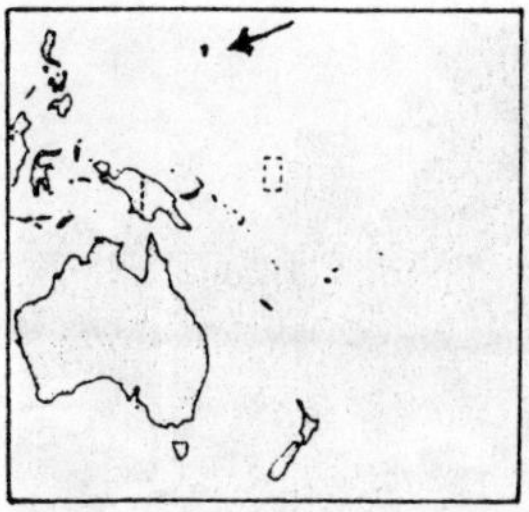

從日本搭飛機南下約四個小時，就到達熱帶的關島。這裡是第二次世界大戰中，美軍空襲日本的一個空軍基地，但是今日則成為日本人蜜月旅行的勝地。當地是美國的領土，因此需要美國的簽證才能夠入境。島民具有美國的公民權，大都份是土著查莫羅族或西班牙、墨西哥、菲律賓等的混血，以及與美軍有關或東洋族的人種，大部份居民都是天主教徒。

關島亞加那市的天主教墓地

在亞加那大道上，有一座天主教堂，教堂上聳立著一個非常漂亮的鐘台。每逢星期日，當地有許多禮拜的人，非常熱鬧。

當地人死亡的時候，與美國本土一樣，是委託殯儀社來舉行喪禮。在教會或殯儀社的禮拜堂舉行喪禮以後，再埋葬在墓地。

幾乎都是土葬，尤其是一年四季如夏的島嶼，因此，在墓地開滿了各式各樣的花朵。一九八二年九月三日，是第二次世界大戰的激戰地，在這裡也聳立著一些紀念日、美兩軍戰亡者的靈魂之和平慰靈塔。

住在關島或塞班島的查莫羅人，相信成為先祖的死靈是住在地下的。在保護生者的同時，若不加以供養，就會危害生者，在當地為死者帶來平安與豐收的祭司，相當地活躍。

第三章　非洲地區

阿爾及利亞

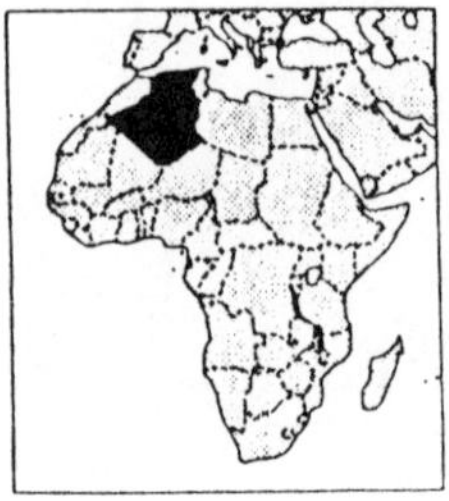

面對地中海，是屬於北非。長達一百三十年之間，是由法國所支配，經過長期的鬥爭以後，終於在一九六二年獨立。大部份居民是阿拉伯人或貝貝爾人。阿拉伯語為公用語，信奉伊斯蘭教，伊斯蘭教為國教。但是他們認同信教的自由。

除了內陸地區之外，是屬於比較溫暖的氣候，以前居民大都是從事農業，近年來由於撒哈拉沙漠油田的開發以來，急速地躍升為工業化國家，尤其是都市地區的發展非常顯著。首都阿爾傑是一個古老的都市，這是法國電影『望鄉』的背景，非常著名，有如迷魂陣一般的

摩洛哥拉巴特市的墓地

阿爾傑郊外的公共墓地

舊市街，丘陵起伏，但是新城市也開始建立起來。

都市地區有專門殯儀社，當地人死亡的時候，可以代為處理殯葬事宜。大部份伊斯蘭教徒都是在清真寺舉行喪禮，同時埋葬在公共墓地。

貝爾克市是最大的伊斯蘭教墓地，位於艾爾克他克。外國人基督教徒的墓地，則在貝爾克或聖猶傑奴，但是在這裡沒有火葬的習慣，也沒有火葬場。

進入沙漠地帶，則在居住地附近可以看到白色的陵寢。這裡是宗教指導者馬拉格特埋葬的陵寢，在馬格雷布諸國四處可見。一般人則埋葬在公共墓地或沙漠的一角，不再回顧。

安哥拉

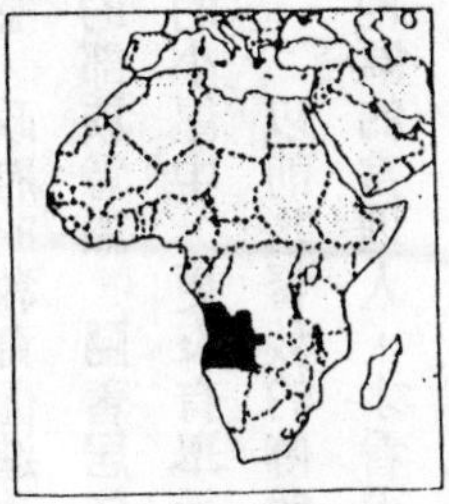

安哥拉是最早的葡萄牙屬地，一九七五年在解放人民運動下獨立，但是仍然脫離不了內戰的後遺症。葡萄牙語為公用語，但是大多數居民都是班圖族的黑人，是土著精靈崇拜的信奉者。

首都盧安達是由歐洲人所建設的非洲最古老的都市，留有地中海式的氣氛，但是白人離去之後，則有日益荒廢的情形。

文盲率很高。由多人種組成的安哥拉部族，種族之間缺乏一體感，政府的教育促進政策也沒有太大的效果。尤其是殘存的原始叢林人，他們之間缺乏嚴密的部族意識，隨著居住地的改變，而依賴植物採集與狩獵為生。他們住在女性所造的半圓形的小屋中，更沒有舉行像其他黑人所類似的喪禮。

以前基督教的傳教活動相當風行。獨立後，教會財產由政府所接收，因此，只有在都市地區的當地人，才看得到留有一些習俗。

居住在安哥拉東部到扎伊爾南部的倫達族，他們認為死亡是因為惡魔在作祟，妻子死亡的時候，不論其死因為何，都有致贈娘家金品的習俗。

貝寧

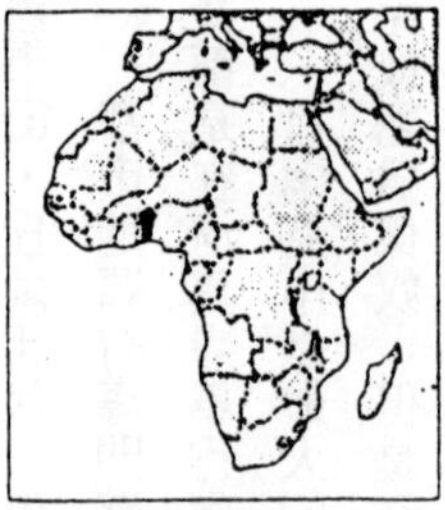

貝寧位於西非，面對大西洋，以前是奴隸買賣的中心地帶，舊有國名為達荷美，是位於奈及利亞與多哥共和國的未開放國家。長年受到法國的統治，因此法語為公用語。一般國民的文盲率很高，而其中大部份都是信奉土著宗教。居民是由艾烏艾、約爾巴、庫貝爾多種部族所組成，各有不同的風俗習慣，因此不能一概而論。但是其實情經由人類學者梅爾比爾哈斯庫維茲博士夫婦的當地調查，而逐漸為人所知。

一般而言，居民是信奉祖靈。當地人死亡的時候，深信要越過與幽明境大不相同的山川，才能達到異土。藉由適切喪禮的舉行，才能夠成為祖靈。

有人死亡的時候，部族內的人會聚集在喪家，並號啕痛哭。清洗遺體以後，用白布包裹，土葬在喪家的庭院或小屋中。喪禮或埋葬的日子，必須要經由占卜師數次占卜以後，再舉行正式的喪禮。

貝寧的喪禮，與會者會跳舞，同時號哭，非常熱鬧。因此由埋葬當夜一直持續到第二天早上，在一陣喧囂吵鬧之後，才埋葬在墓地。掃墓之後則結束整個喪禮。喪家的服喪期間為三個月。

住在貝寧的艾德族相信，這世界與靈界之間，有十四次輪迴，在這期間，死靈會告訴創造之神，若創造之神認可之後，則會與靈界的祖先合流。靈界與這世界一樣，都是住在村落中，看守這世界的人們。藉由儀式的舉行，會帶來健康與豐收。

博茨瓦那

博茨瓦那的國名是由位於南非卡拉哈里沙漠的「茨瓦那族國」而來。首都為加博羅內。

大部份居民都是班圖系的茨瓦那族，除了信奉土著信仰之外，也有人信奉基督教。

由於是以白人掌握的南非緊鄰的黑人國家，但是有很多居民前往南非工作，在人種融和政策之下，治安還算安定。

當地人死亡的時候，都由當地全體居民出動，舉行喪禮。但是在這都市地方，有民營的殯儀社。在喪家或教會舉行喪禮之後，埋葬在最近的墓地。當人們踫到送葬行列時，會把車停下來，同時跪拜以表示追悼死者之意。當地的墓地大部份都在叢林中，是土饅頭型的墓地，架上十字架的墓標，非常地簡單，居住在偏僻的撒班那地帶，以前是過著原始生活的桑族（舊稱叢林人），但是今日在文明的洗禮下，與周圍的居民融和在一起。他們死亡的時候，就在附近叢林中舉行喪禮，然後埋葬，非常簡單。

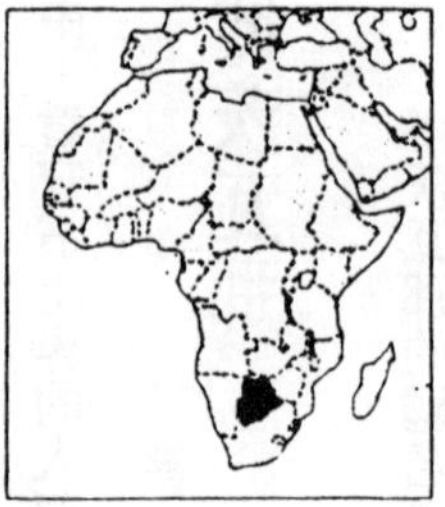

居住在博茨瓦那的茨瓦那族，大多已經改信基督教，但是很難從傳統的習俗中根除。男性死亡的時候，要埋葬在家畜的畜欄附近；女性則埋葬在喪家的旁邊。喪禮持續約一個星期，非常盛大，這時候喪家會殺家畜，招待與會者，為了要平撫遺族的悲傷，會找來牧師或祈禱師。他們相信惡靈在白天是居住在墳墓中，夜晚則圍繞在生者的附近。

布魯基那發梭

布魯基那發梭位於撒班那地帶，大部份國土都覆蓋著叢林，是屬於一個內陸國家（舊為上沃爾特）。一九六〇年獨立之前，與鄰國的紛爭不斷。

居民是由毛西族、保保族、格恩西族等所組成，信奉土著宗教。但是十八世紀時，傳來伊斯蘭教之後，當地的淸眞寺與鄰國的馬利一樣，通常是在木造的建築物上塗上泥曬乾，是非常奇妙的建築物。

回族之間的連帶意識非常強，喪禮期間，連續好幾天會跳民族舞蹈。通常墓地是在指定的地方合葬。

住在布魯基那發梭到伽納之間的毛西族，有人死亡的時候，男性埋葬在居宅外的西側，女性則埋葬在居宅內。他們尊敬經驗豐富的長者，而舉行盛大的喪禮，認為祖先在死亡之後，仍然會保守著生者的日常生活。

布隆迪

布隆迪大半的國土位於高原地帶，是內陸國家，首都為布瓊布拉，一九六二年七月獨立。

居民以班圖系的胡圖族居多，信奉天主教或土著宗教。農耕地的胡圖族與畜牧的圖切族紛爭不斷，是一個相當貧窮的國家。

喀麥隆

喀麥隆位於非洲西部，面臨幾內亞灣，是在一九六〇年獨立的新興國家。第一次世界大戰之前，是德國，之後是英國、法國等的保護屬地。

居民以班圖族與半班圖族居多。英語與法語為公用語。宗教方面，混合了基督教、伊斯蘭教、土著宗教，因此祭典的活動特別多。每逢各種活動的時候，都會把所有的道具戴在身上，聚集在廣場上，奏打樂器並跳舞。

當地人沒有戶籍，因此死亡的時候，不必到區公所去辦理登記，而依照各自的習俗來舉行喪禮。邊境未開發地區，喪禮持續一週，在這期間男性會戴著面具跳舞。

死者的頭蓋骨埋葬在喪家的地下深處，有時候會掘出來，用來供奉食物。

首都雅溫德或沿灣都市德阿拉，住有歐洲人、印度人與中國人，依照各自的習俗來舉行喪禮。被稱為當地原住民的是原始的皮格米族人，現在只有在南部森林地帶住著數千人。福爾貝族人死亡的時候，會敲擊大鼓來通知鄰近的人們。遺體蓋上黑布，喪主則繫上白色的腰帶接受弔問。人們在喪家的庭外，一邊叫著「唉吔啊」一邊持劍，在圓木或石頭上揮舞著，一邊跳舞。女性則流著淚叫著：「啊！啊！」或是：「阿巴阿巴！」然後在地上打滾。遺體則埋葬在附近土饅頭型的墓地，但是過了幾年之後，就找不到蹤跡了。

一般沒有火葬的習慣，因此沒有火葬的設備。如果是印度教徒，則在郊外舉行火葬。

當地人死亡時，會用收音機來報喪，親朋好友則來到喪家，近親的女性大聲地號哭。拜族村落有稱為阿巴的集會場所，男性在此打地鋪，女性則睡在喪家廚房的地上，同時會抹灰。喪禮持續好幾天，埋葬之後，近親者用水清淨身體，在烤火的儀式之後除喪。

巴米雷克族人死亡的時候，女性的近親者會號哭，同時在衆人面前檢察死因。在死亡後二十四小時以內埋葬，並服喪一週。在這期間，近親的男生要剃髮，穿上黑色或藍色的喪服。死者的繼承人要從墓地挖掘出先祖的頭蓋骨來，然後再改葬在罈子裡。

考波貝爾弟

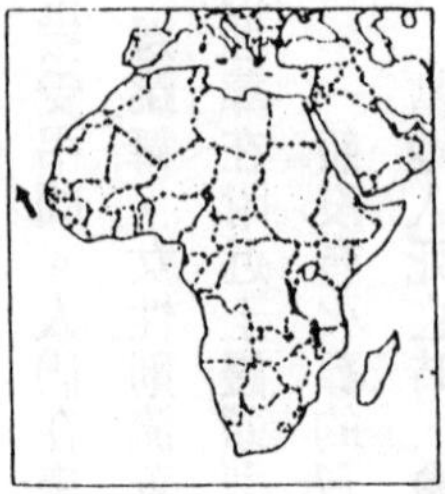

考波貝爾弟位於非洲西海岸的洋面上，由五六〇個群島組成，一九七五年，脫離了葡萄牙而獨立。半數以上的居民住在主島桑查哥島。首都為普萊亞，大部份居民是葡萄牙人與黑人的混血，或是其他黑人，信奉天主教。死亡的時候，在教會舉行喪禮，埋葬在墓地裡。

在當地死亡的時候，全體居民會出動，來參加喪禮，同時一起進食，尤其是近親的女性，會服喪數個月，有錢人家在撒拉接待弔問客。

中非

中非位於非洲大陸中央的內陸地區，屬高原地帶，平均位於海拔六百公尺以上。居民是由皮格米族與班達族等部族所組成。公用語為法語，但是一般則是用桑果語。

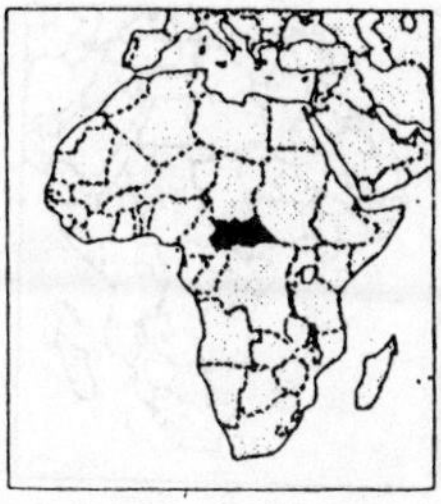

大多數居民都信奉土著宗教，但是基督教的宣教活動相當活躍，羅馬天主教會、兄弟教會等，各有其教育、醫療機構，住在首都班吉的移民者，有伊斯蘭教徒。

一年四季高溫多濕，因此當地有人死亡的時候，到區公所辦理登記之後，會盡早土葬。喪禮除了血親的人以外，也會找來部族的許多人們，待之以宴會。

基督教徒或伊斯蘭教徒的喪禮，在喪家或各自所屬的教會舉行之後，埋葬在墓地。墓地依宗教別而區分，除了基督教徒的墓地外，一般而言非常簡樸。

乍得

乍得是非洲內陸國家，北部是撒哈拉沙漠，非常乾燥，南部則為高溫多濕的森林地帶，富於變化。居民也相當多種多樣化。

一般以信奉伊斯蘭教與土著宗教者居多，喪禮的方法依部族習俗而有所不同。死者的地位依其年齡也有嚴格的規定。

乍得湖地區有人死亡的時候，通常用獸皮包裹遺體，然後埋葬在待終的房屋中央、門口旁、庭院內家畜欄之間，以及叢林、其四周、木洞等。

北部遊牧民族的遺體則埋葬在沙漠，不留下任何痕跡。另外，南部的農村地帶，通常是全體出動，敲鑼打鼓並跳舞，盛大舉行。遺體則埋葬在部落的一角或居住者的地下。

住在乍得南方的撒拉族，不是伊斯蘭教徒。相信人死亡的時候，靈魂與肉體會分離。喪禮則被地區社會視為統合的象徵，因此非常重視。

居住在乍得至塞內加爾的福尼族，信奉伊斯蘭教。相信死後是依其在世界上的善行與作為，而決定是否重生於天國。

科摩羅伊斯拉姆

科摩羅伊斯拉姆位在馬達加斯加與非洲大陸之間的墨札比克海峽之間，與三個火山島與珊瑚礁島嶼所組成的國家。

一九七五年七月，脫離法國而獨立，首都為摩洛尼。自古以來便是伊斯蘭商人的寄港地，是肉桂與香草等香料的產地。最近則以怪魚與空棘魚的生長地而聞名世界。居民是尼格羅、阿拉伯、馬來系混血的科摩羅人。幾乎都是信奉伊斯蘭教的遜尼派。

剛果

剛果是位於中非的新興國家，國土約一半以上都是叢林，住有土著剛果族與班圖系的部族。法語為公用語，一般則用林加納語。

一九七八年革命的結果，約有三十個宗教團體被現在的政府所鎮壓，現存而被允許的只有羅馬天主教會、剛果福音教會、救世軍、伊斯蘭教團、金班基督教會、澤非林拉西教會、天理教等七個團體。其中羅馬天主教佔優勢。自一九六六年以來，天理教在首都布拉紫維爾開始傳教。透過醫療活動而虜獲當地人的心。一部份皮格米族等則信奉土著宗教。

一年四季高溫多濕，所以當地人死亡的時候，必須要迅速埋葬，喪禮之後則土葬。首都近郊有特定的墓地，但是地方上則沒有。喪禮或埋葬都要在半夜舉行，因爲他們認為死與生是二個完全相反的世界。對死者而言，黑夜才是其生活的世界，因此喪禮或埋葬都要在半夜舉行。喪禮由首長來主導，站在生者與死者之間，希望附著在遺體上的惡靈，不要為村人帶來一些災害，舉行屏多吉拉的儀式。

依部族的不同，葬送習慣也有所不同。但是他們相信章比神、冰庸巴的善良祖靈，以及巴客幽等作祟的祖靈；害怕作祟的祖靈，因此都會犧牲奉獻，同時精靈崇拜也漸漸復活。

住在該國的剛果族死亡的時候，有埋葬在故鄉的習俗，他們相信死靈會前往有水的地方（也許是大西洋）。同時生者的生命力（尤其是長老）是由死者而得，所以非常重視先祖的靈。

吉布提

吉布提位於紅海的入口，是世界上最炎熱的地方。一九七七年六月，脫離法國而獨立，首都為吉布提。居民是索馬利系的伊撒族，以及庫西系的亞發爾族，信奉伊斯蘭教的遜尼派。

埃及、阿拉伯

埃及、阿拉伯是古代奈耳文明的發祥地，面對地中海與蘇彝士運河，是東西交通的要道。阿拉伯族的埃及人佔九八％。

大部份居民都是遜尼派的虔誠伊斯蘭教徒，遵守嚴格的戒律。每一天都要朝麥加的方向

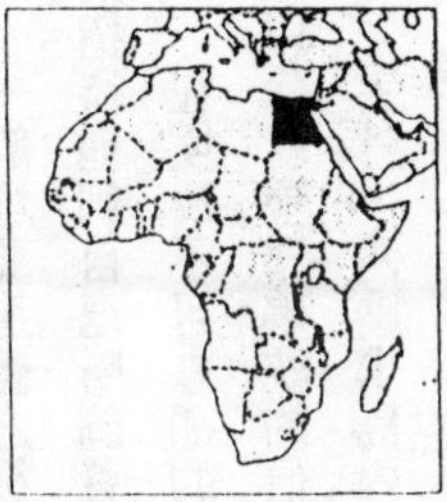

膜拜五次。齋月期間，從凌晨到日沒之前，不能飲食，甚至不能吞口水。要謹慎於世上的快樂，如香煙、香水、性等。病人、孕婦、老人、小孩、旅行者不需齋戒；然而病人、孕婦、旅行者需另擇時日斷食相同的日數。

他們認為死是平等的，會造訪每個人。伊斯蘭教徒認為，死係由神阿拉所召喚，而生長在天國，因此無需悲哀。實際上，若有近親死亡的時候，悲哀是人之常情。『可蘭經』中有關死亡的描述，有以下的章句：「若沒有阿拉真神的許可，任何人都不會死。死的日期是老早就登錄好的。」（三章一四五節）或是：「你要到哪裡去呢？即使你逃到堅固的高樓中，死也會尾隨而至。」（四章七八節）。人類沒有選擇死期的權利。在這世界上，所有的事情都是出自於神的旨意，相當地宿命論，因此不必追悼死者。近親者對於死者的追悼，也只不過是：「神會有所祝福。」

當地的伊斯蘭教徒死亡的時候，喪家清洗遺體，再塗上香油，用白色或綠色的棉布包裹。有錢人則用絹或卡西米亞的布包裹，然後入殮。女性也要參加喪葬行列，到清真寺來舉行喪禮之後，接著則會到公共墓地，男女有別地予以埋葬。

導師的遺體則埋葬在清真寺的一角，但是首都開羅里發伊清真寺，則有從伊朗亡命而來的帕雷比前國王的墓。故拿塞爾大總統等英雄死亡的時候，則會蓋拿塞爾清真寺靈寢。在其忌日九月二十九日，舉行盛大的追悼儀式。

另外，在郊外的穆卡茲他姆丘陵旁，有一大片死者之城艾爾馬達芬。在這裡有許多大大小小的廟，以及墓碑並立在此。廟裡甚至有客廳、廚房、洗手台等，宛如住家一般。一般的墓是用瓦片或鐵柵圍著，墓室要掘到地下一・五公尺左右，呈一坑洞。與地表之間有樓梯相連。埋葬遺體之後，要關閉出入口，在其上撒上泥土。但是都市地區住宅難求，所以在今天除了守墓之外，有許多難民或逃犯居住在此。

地方的沙漠地帶，埋葬遺體的土上面，只是一個圓形的石頭，非常地簡單。

亞歷山德里亞市的伊斯蘭教墓地

一般埋葬遺體之後，喪家會招待近親者或親友用餐，並服喪四天至一個星期。在地方上則招待他們自己所飼養的家畜料理（主要是羊）。

在埃及不可忘卻的是，有可普特基督教徒的存在。他們與羅馬天主教會有明顯的劃分，從以前就堅守傳統的信仰至今，其喪禮與埋葬的儀式都非常莊嚴壯麗，令人大開眼界。

另外，西納半島內陸地區的山岳地帶，有希臘正教的聖卡特利那教會，據說這裡是摩西頒授十戒的地方。教會在西奈山麓，海拔二千二百八十五公尺的地方。另有好幾座教會堆積著數萬名修行僧的遺骨，等待耶穌基督的再臨。

厄立特里亞

厄立特里亞有「非洲之角」之稱，面對紅海。與埃塞俄比亞經過長達二十八年的游擊戰爭之後，終於在一九九三年五月獨立，非洲之角也總算安定下來。首都為亞斯馬拉，當地人大都從事農業，信奉伊斯蘭教或可普特基督教。當地人死亡的時候，會在最近的清真寺或教會舉行喪禮。但是女性則不列席於土地的埋葬儀式。

居住在厄立特里亞的特格雷族死亡的時候，就像生前接受審判一樣，在死後會接受審判，依其生前的功德罪孽，來決定前往天國或地獄。

埃塞俄比亞

埃塞俄比亞位於非洲東北部，有一部份是面臨紅海，國土大部份都是高原地。居民以哈姆塞族的混血人種、哈姆族、尼格羅族的人種占大多數，阿姆哈拉語為公用語，中層以上的

知識份子語英語，然而並未確立義務教育制度，因此一般文盲率很多。

第二次世界大戰以後，可普特基督教的埃塞俄比亞正教成為國教，而君臨天下。一八七四年革命以後，特權被剝奪，受到伊斯蘭教徒的反擊，宗教成為個人的問題。現在革命政府進行教會財產的沒收與國有化，同時增強反宗教的色彩，尤其是埃塞俄比亞正教，由於缺少福利方面的救濟，殯葬習俗只是世俗性的東西。

一般當地人死亡的時候，在喪家清洗遺體，再用木綿的一種，薄紗織布來包裹，接著再用椰子葉編織的東西包裹，在遺體旁，弔問者與死者的親近關係成比例，越親密的人哭喊得越厲害。中午以前死亡要當天埋葬，下午死亡則在第二天埋葬。

在埃塞俄比亞為主流的阿姆哈拉族，長老死亡以前會先找代理人來交代遺囑。大部份都是從喪家把遺體運往教會，圍在那裡舉行彌撒，然後埋葬在教會的墓地裡。傳統的習俗在墓地沒有任何標識，只有把石頭放置在頭部，非常地簡樸。在這時候，女性要大聲號哭。埋葬四十天以後，要在祭祀用的長方形小屋盛大舉行追悼會，同時招待許多親朋好友用餐。

送葬行列從喪家出發，但是埃塞俄比亞正教徒由助祭作前導，抬著十字架，接著就是捧著香爐的祭司，然後是抬著棺木的男性，接著則是女性。有時候，年輕的助祭會抬著做聖餐麵包用的小麥袋子為前導，送葬行列偶爾會停在道路兩旁，卸下棺木，同時有哭女演唱哀歌，送葬行列也唱和。一邊唱和，送葬行列一邊前進教會，在教會內會宰殺雄牛，送葬行列會穿過撒滿鮮血的庭院，把棺木抬入會堂，舉行喪禮之後，埋葬在附近的墓地，幾乎全都是土葬。

南部的歐摩洛族會在墓地把石頭堆積如山，但是墓本身就是祭祀的場所，沒有一些紀念物。到地方去的時候，則在森林中建立有如道祖神的石碑，但若這裡刻有人偶，則是當地權位者的墓地。一般人沒有墓碑，只是合葬。

亞吉斯亞貝巴市的亞貝貝之墓

住在北部的發拉謝族信奉基督教，死亡的時候，會盡早埋葬在附近的墓地。喪禮大都由親友來致弔辭，但是接觸遺體的人要隔離數日，死後一週、一個月、一年以後，要舉行追悼儀式。

住在這裡的坑梭族死亡的時候，靈魂會離開遺體，而成為幽靈，因此死後不會作祟。

住在埃塞俄比亞與蘇丹之間的斯里族，死亡的時候，被視為是不潔淨的，因此要藉由特別人之手，用山羊血來洗淨遺體。因戰爭而死亡的人不必埋葬，而直接放置在那裡，用樹枝覆蓋。喪禮的時候，會宰殺家畜，以其血潔淨喪家，同時用家畜的肉來招待與會者。這世界就是全部，沒有他界的觀念。

加蓬

加蓬面對大西洋，位於赤道的正下方，是屬於熱帶地方。高溫多濕，森林繁茂，林業盛行。

居民大部份是班圖系譜族與番族，天主教佔優勢。但是這裡的天主教與土著宗教混淆。同時信奉土著的亞南貝神與祖靈馬思比等，一九六七年依其公布的修定憲法，准許信教的自由。

以前也許是由於隸屬法國殖民地的緣故，在首都利伯維爾或石油輸出港蒂讓爾港，都留有法國式的生活習俗。公用語為法語。由休佛伊圖博士所開設的休佛圖醫院，位於內陸地方的蘭巴雷內。

加蓬大致可區分為七個部族，其細細加以區分，則有六十餘個部族。各自有非常強烈的部族意識，語言與風俗各異，因此殯葬風俗習慣並不統一。一般而言，守夜是在喪家舉行，喪禮則在喪家或教會舉行。

都市地方有公共墓地或教會附屬墓地，但是在地區則埋葬在部族所指定的墓地。

甘比亞

甘比亞面對大西洋，是十八世紀後半，非洲最早的英國殖民地。很早以前就有奴隸移民，移往美洲大陸，在阿雷克斯・黑利所著的『群耕』一書中，就是以此地為其背景舞台。

大部份居民都是馬林克族，英語與部族語為公用語，信奉伊斯蘭教者居多。但是在地方上，精靈信仰的影響甚深，巫術信仰相當活躍，喪禮的時候，會盛裝跳舞、唱歌，幾乎都是土葬。

加納

加納面對大西洋，有南非的黃金海岸之稱。是屬於熱帶性氣候，從十月到第二年的三月是乾季，從四月到九月是雨季。流經國土中央的地區的保爾他河與湖泊，使大部份的國土都相當豐潤。

十九世紀為英國的殖民地。但是一九五七年，在第二次世界大戰之後，是非洲殖民地國家中，第一個獨立的國家。在此之後，一直重複政權更替，以至今日。

居民大都是亞康族與艾爾貝族，由部族所組成的共同體，各自由酋長掌握生活上的實權，每個部族有不同的語言與風俗習慣，公用語為英語。

居民近半數是信仰基督教或天主教，其他也有伊斯蘭教與土著宗教。

當地人死亡的時候，首都亞克拉等都市地區，必須要到區公所辦理死亡登記。在地方上則未必要如此，都是土葬，沒有火葬的設備。

土著居民中，最大的部族亞康族死亡的時候，要立即由近親清洗遺體。弔問的女性會在遺體旁邊痛哭，以追悼死者。近親者至少要服喪九天，在這期間要禁食。

加納與其他非洲各國不同的是，埋葬的日子並非為喪禮當天，而是由部族來決定。埋葬後，有時是經過數日、數週，甚至是五年後再舉行喪禮。

傳統認為星期一或星期四，是與神和解的日子。有時候也可以在星期六舉行喪禮。喪禮當天的早上，要打鼓並唱弔歌。聚集的女性與近親的男性會繞部落三圈以後，再舉行喪禮的宴會，其他部落也會陸續聚集與會者，家屬要用橘色的粘土擦在肩膀上，未亡人則要用椰酒瓶的葉子放在肘間，以表示與死者有親密的關係。除此以外，親友要穿上紅色或黑色的布。近親者在喪禮之後要剃頭髮，因此，可以一目了然地了解何者為近親者，頭髮就遺留在埋葬之地。

喪禮的費用由與會者致贈賻儀，不足者則由喪家或全部部族來調度，喪禮約一個星期以後，來決算收支。都市地區的喪禮一年比一年盛大，在地方則在報紙刊登訃聞，但是這費用相當於加納公立中學寄宿學生一個學期所需的費用。在加納的第一流報紙『每日報紙』全十六頁中，幾乎有四頁是每日的訃聞，所以被諷刺為鬼神日報。

喪禮的盛大與否，與死者的名聲成正比，人們競相投入大量的金錢，有錢人會花二萬元，中等家庭約花二千元（一九八八年）。因此教會與酋長會大聲批判，同時也提案法律明文禁止豪華的喪禮與廣告。

當地人大都停留在以亞克拉為主的商業地帶。該市的科爾雷夫醫院前面，樹立著野口英世博士的胸像，側面則用漢字寫著「忍耐」二字，令人印象深刻。近幾年來，皈依日蓮正宗者日衆。

住在該國西北部到布魯基納發梭的羅達加族，與大多數的民族一樣，人死亡的時候，必須要獻上供物，使在這世界上長久生存的靈魂得以安眠。其中一例就是失去朋友的年輕人，唱了以下的鎮魂之歌：

「生前我們是無人能比擬的朋友。今天早上聽到你被死神所召去，我立刻飛奔而來。大家都知道，我們是焦不離孟，孟不離焦的。現在大家都知道你已被死神接去，我帶來了我們經常一起飲用的啤酒，供你飲用，為了讓你平安地到達那一個世界，我帶來了雄雞，就在你的身邊。

這隻雞會引導你，在黎明時分會啼叫，聽到雞鳴的時候要起來，尾隨其後而平安的到達那個地方去吧！

當你到達目的地的家以後，要很熱情地與人接觸。

那個地方沒有甚麼好可怕的，

別人怎麼做，你就怎麼做。

如果有人因為你和我在一起而憤怒，想要殺你；或是你本身想要死去，而希望被神所召時，我也要隨你而去。因此先去吧！這裡有二十錢，當作你度到那世界上度河的費用，請你帶去吧！

當你平安到達那個世界上的時候，和那裡的人踫面的時候，你就帶著飛靶去吧！好射殺那裡的魔女。

是不是也有人與我一樣，要獻上啤酒與雞呢？

如果沒有人要喝，那我只好獨飲了，今日我們的友情就到此告一段落。」

由以上的歌可知，最愛的人死亡，在舉行喪禮時，要獻上死者生前所喜歡的東西與雞等供物。同時要獻上與日本一樣，要度三途河的費用，並要在遺體旁邊放置除魔的箭。

幾內亞比紹

幾內亞比紹位於非洲西海岸，一般而言國土的標高相當低，資源匱乏。一九七三年，脫離葡萄牙而獨立，首都為比紹。居民以巴南提人或福拉尼人佔大多數，信奉伊斯蘭教。

死亡的時候，在清真寺舉行喪禮，埋葬在墓地。他們相信對神阿拉虔誠的信徒，在死後會得到幸福。

幾內亞

幾內亞面對大西洋。一九五八年十月，脫離法國而獨立以來，反對帝國主義、新殖民地主義，以及反對人種差異的旗幟非常鮮明。不論在政治或經濟上，都採行社會主義的體制。

居民除了馬林加、福尼拉、斯斯以外，還分為十五個部族。人口約四分之三是伊斯蘭教

徒，也有信奉土著宗教與基督教者。白人的基督教傳教師由於違反國策，而被流放國外。

幾內亞人同部族之間，同志意識非常強烈。對於外國人是閉鎖性的，幾乎很難接觸。半數以上的居民是文盲，各自使用各自的部族語言。知識分子之間，則以法文為公用語。

與近鄰諸國一樣，在地方上信奉土著宗教的咒術與祖先崇拜，相信神靈的人很多，在首都科那克里近郊，則以伊斯蘭教佔大多數。尤其是迪亞倫克、撒拉庫雷、斯斯族，以伊斯蘭教徒居多。

當地的伊斯蘭教徒死亡的時候，清洗遺體以後，用白色的布覆蓋，橫躺在草蓆上。當天若遺體只有男性，會運往墓地，在墓穴上鋪上樹葉，然後把屍體安置其上，頭朝麥加的方向，再蓋上泥土。墓地大都是綠地很多的地方。

從墓地回來的時候，因為怕惡靈上身，而不能回頭。死後第三天、第七天、第四十九天，在喪家舉行追悼的聚會。若是小孩子死亡，以雞待客，若是大人死亡，則以羊待客。如果是富豪人家，則招待牛。與會者與鄰居們分而食之。

象牙海岸

象牙海岸面對南非的大西洋，長期以來是法國的殖民地。顧名思義，當地以切割象牙風行。居民以幾內亞系的黑人佔大多數。一九六〇年獨立以來，成為一個新興國家，但是文盲率太高，前途多舛。

一九六三年頒布的修正憲法中，明文規定信仰自由，但是政府的方針是為了要掃除土著信仰的迷信，而勸人民改信伊斯蘭教或基督教。教會學校可接受國庫的補助。當地有所謂的哈利斯教會，是基督教與土著宗教混淆的一種獨特的民族宗教，在地方上有很多信徒，但是在首都阿比讓則越來越衰微，被其他的基督教派所合併。

約由六十個部族所組成的象牙海岸，各有不同的生活習慣，不能一概而論。一般而言，他們相當喜歡祭典與舞蹈，喪禮也相當盛大。

例如：最近崩逝的前總統菲利克斯胡荷艾保艾尼的喪禮，則在其故鄉椰姆斯克羅的羅馬天主教會，舉行了二個月的時間，後來遺體放入青銅製的棺木內，同時由許多相當於亞康族首長的陪葬品，如貴重金屬的陪葬品一起陪葬。

住在該國北方的杜拉族，死亡的時候，是由村落的長老舉行安撫死靈的法術，但是今日則有廢除的傾向。

都市地區的基督教徒，埋葬在劃分好的墓地內。在地方上則埋葬在部族所指定的場所。東部的有錢人會為死者製作等身的人偶，來看守墓地。

到外國去旅行的非洲人，不像歐洲人一樣，會帶著守護旅行者的聖克里斯多福神像，所以他們希望能夠死在故鄉。要長途出門旅行之前，一定要準備得非常週到，即「在離開祖先之地的一個星期以前，要為祖先犧牲奉獻。人們要殺黑貓獻給祖先之靈，以保佑外出旅行的旅行者不會死在異鄉」。

肯亞

肯亞位於非洲的中央，在赤道最下方，面對印度洋。國土大部份是高原與山地，被稱為是野生動物的寶庫。國土中央的肯亞山（海拔五千九百九十九公尺）萬年積雪。

居民是由班圖系的黑人，基克幽族、奧族、奈羅提克族等部族所組成，各自信仰不同的土著宗教，內陸地區主要是基督教，印度洋沿岸則以伊斯蘭教居多。

部族社會的互助組織相當發達。當地人死亡的時候，在各首長的支配下，部族居民會互助合作，準備喪禮，但是由於地處熱帶地方，所以必須很快地埋葬在指定墓地。居住在首都內羅華的人死亡時，會為遺體進行防腐的處置，然後用卡車運往故鄉，埋葬在故鄉。這地方相當尊敬年長者，必須要按照年長者的吩咐去做。

住在地方上的人們，對未來的觀念很淡薄，頂多只知道有神的存在而已，因此認為死是現實生活的最後，而只好逆來順受。喪禮的時候，會唱歌跳舞、祈禱。例如：卡年金緒族等部族，近年來人們死亡的時候，並不予以埋葬，而且放置在草叢中，或流放到河川裡。另外，特梭族在除喪的時候，會舉行儀式，以完全忘卻死者。

他們對於西方人所帶來的宗教，也有所批判，而諷刺道：「西方人帶著聖經來到了非洲，那時候非洲人擁有土地；但是現在西方人擁有土地，而非洲人只有聖經。」

在都市地區，有很多來自印度的移民者，他們掌握了當地的經濟實權。然而由於未能融入當地人中，而仍保持固有的宗教習俗，信奉印度教。死亡的時候，則在露天火葬場予以火葬。由於肯亞貧富懸殊，因此居住在都市地區的有錢人大都是基督教徒，會在教會舉行有如西方人一般盛大的喪禮。同時埋葬在公共墓地，墓地上還豎立了石碑。地方上大多數的貧困人，只能夠把遺體放入非常粗糙的靈柩內。在親友的看守下，埋葬在距離喪家不遠的草叢裡，與會者一同蓋上泥土，供上鮮花。然後豎立墓標，在喪家提供簡單的齋飯。儘管如此，對貧窮的家屬而言，是很大的花費。因此在互助的精神下，親朋好友會拿出一些金錢來，致贈賻儀，其中還有人是借款舉行喪禮。

從該國到凱撒尼亞之間，有很多零落的馬賽族，死亡的時候，會舉行相當簡單的喪禮，而他們沒有死後的世界觀念。如果是沒有繼承人的死者，經常會被詛咒。

南吉族的幼兒或老人死亡的時候，才予以埋葬。成年人則是火葬。死亡的時候，會由家族的長老來占卜在何時會重生成為幼兒。

內羅華市的公共墓地

特爾卡那族死亡的時候，一般而言放置在附近的叢林裡，但是只會埋葬母親或成功者的遺體。這時候，由於害怕死靈會危害生者，會使用魔術或妖術。

賴索托

賴索托是南非共和國中的獨立國家，是一個黑人的部族國家，仍然保持著傳統的風俗習慣。尤其是茲爾族，如同原始人一般，過著狩獵的生活。當地人死亡的時候，則由命運共同體的部族單位。來舉行喪禮。尤其是首長死亡的時候，為了誇耀其權力，會獻上非常多的家畜。

當地外國人死亡時，只有在首都馬謝爾有一殯儀社，可以代為處理殯葬事宜，同時把遺體運往國外。

利比里亞

利比里亞面對中非大西洋，由於對船的課稅便宜，因此有許多外國船掛籍在此，號稱是擁有世界第一的商船量。

居民大都是土著黑人，信奉部族宗教，文盲率很高。但是美國的博愛主義者在利比里亞廣傳福音，以後為了要讓在非洲解放的黑人有地方可住，因此建了很多收容所，在首都蒙羅維亞等都市地區，有很多信奉基督教或伊斯蘭教。在內陸地區的部族，則盛行祖先崇拜或精靈崇拜，非常害怕死靈的作祟，因此舉行喪禮時，會舉行各種傳統的法術或秘密的儀式，同時供奉各種犧牲以解除厄運。

當地人死亡的時候，在都市地區，一般是在喪家找來各自的宗教祭司舉行喪禮，同時儘早埋葬在墓地，幾乎沒有職業性的殯儀社，是向傢俱店購買棺木。死者是有錢人或著名人士時，則在教會或清真寺舉行喪禮，同時埋葬在公營墓地或教會墓地。

當地的日本人大都是從事政治或從商者，萬一在當地死亡時，則必須要領取蒙羅維亞市內國立JFK醫院醫師，或檢警的死亡證明書，然後到海岸附近，印度人所使用的露天火葬場火葬。火葬以後，把骨灰帶回國內。

社會主義人民利比亞•阿拉伯

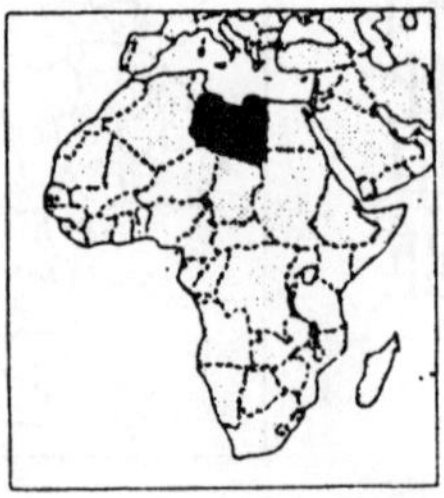

利比亞•阿拉伯面對地中海，地處北非。第二次世界大戰由統治國義大利降伏之後，屬於英、美、法的屬地。一九五一年獨立。大部份國土是沙漠，是良質石油出產國，因此經濟迅速地成長。拒絕外國資金，達成國有化，希望能自給自足。

居民大都是阿拉伯人或貝貝爾人種，以伊斯蘭教遜尼派為國教。阿拉伯語為公用語，採行拒絕外國文字的國粹政策。但是由於絕對的勞動力不足與不夠熟練，因此從鄰近的埃及與圖尼西亞，引進了許多外勞。他們占人口的一成左右，但是與他們的國家風俗習慣，有很多共通處。

當地人死亡的時候，喪家會用水與肥皂清洗遺體，然後用白布包裹入殮。喪禮是在喪家或清真寺舉行，棺木由近親者抬在肩上，組成送葬行列，走向墓地。遺體從棺木中取出來，頭向麥加的方向埋葬，在上面再放上石板或水泥製的石磚，蓋成土饅頭型或豎立墓碑。一些虔誠或有錢的家屬們，在埋葬後數天，會在自宅請來導師，唱和可蘭經。利比亞與阿拉伯一樣，都是伊斯蘭教戒律森嚴的國家，在所有的場合都不招待酒或飲酒。

馬達加斯加

從非洲大陸東岸到四百公里之遙的印度洋之間，懸浮著馬達加斯加島，是世界第四大島，為日本面積的一·五倍。一九六〇年脫離法國而獨立。在此之前，有許多來自東南亞與非洲的移民，因此有許多印度尼西亞族與黑人，或是阿拉伯人的混血兒。馬拉加西語與法語為公用語。

居民由十八個部族所組成，各自信奉不同的土著宗教。都市地方也有許多基督教（尤其是天主教）徒與基督教徒。

首都安太那那利保市有人死亡時，要領取醫師死亡診斷書，到區公所辦理登記。在喪家則由近親者親自清洗遺體，然後裹上絹製布。如果是基督教徒，就直接入殮，喪禮則各自依照自己的宗教與習俗來舉行，一般而言相當盛大。有時候，甚至是當地居民全體出動，來到墓地飲酒唱歌，以安慰死者。其花費相當多，因此為時下年輕人所詬病。

這島嶼有許多東南亞的馬來、印度尼西亞族的居民，經常互相扶助。有人死亡的時候，不是埋葬在個人墓地，而是埋葬在像琉球的門中墓一樣，以家族為單位之共同墓的石室中，用絹布包裹遺體全身，綁好以後安置於其中。然後每年七月或八月，稱為死者復活之日，這時候舉行有如琉球的盂蘭盆會一樣，親屬聚集在墓前，打開石門，然後取出遺體，在遺體前舉行宴會。重新用白布包裹已經呈木乃伊狀的遺骨，宴會結束以後，再重新安置在墓地中。

遺體為數衆多的墓地，會在這時候一起合體，因此墓地不會不夠用。如此一年一度，死者與生者交歡的情況，不禁令人莞爾。

另外，在莫龍達瓦附近的撒卡拉巴族墳墓，留有古代巨石文化的風俗。他們會用木柵圍著非常豪華的方形石所組成的墓地，在墓地上刻有幾何學模樣，或是非常多樣化，動物形態的墓標，豎立在墳墓上，十分罕見。

當地的日本人大都從事遠洋漁業。除了首都之外，還有塔馬塔布、馬任加、貝島、安比爾貝港等基地。萬一有所不幸的時候，親友會聚集在一起，舉行守夜。取得官警的特別許可，在海岸等人煙稀少的地方舉行火葬。只有在安太那那利保市，有印度人所使用的聖丘拉爾火葬場。但是沒有現成的骨灰罐，而要特別訂購。

在此要特別一提的是，他們沒有公共墓地，當地人的先祖死亡時，仍然與生者共同生活。墓就建在附近的地方，每一天要逐一報告一天所發生的事。馬達加斯加語的「死」即「成為先祖」之意，因此死並非斷絕當世的所有一切，而是仍舊活在這世界上。

有人死亡的時候，要清洗遺體，穿上最好的衣服，橫躺在草席上。然後一般則裹上紅色絹布的壽衣，縫合七處。守夜的時候，用牛、火雞、鴨、駝鳥、雞等所作成的料理，來招待親友。如果是王室或富豪人家，會持續好幾天。這時候弔問客要奉上「賻儀」。一定要在黃昏的時候，才舉行埋葬。

從家裡出棺的送葬行列，男性要戴上纏著黑色帶子的帽子，女性則不梳頭髮，參與送葬行列。到達墓地時，從靈柩中取出遺體來，埋葬在墓穴中，但是二、三年以後，呈白骨的時候，要改葬在先祖的墓地。

這時候會舉行正式而盛大的喪禮。墓地正面要朝西，很多石棺室都相當豪華。然後從墓地取出遺骨來，在乾季的五月至十月，選擇一個良辰吉日，舉行先祖的祭典。同時聚集親朋好友來舉行，通常會持續三天。

對當地人而言，在故鄉能加入「先祖」的行列，是最大的願望，因此外出的時候，在訂立合約時，一定會加上「萬一在國外死亡時，要把遺體立刻送回馬達加斯加」一項的要求。他們認為最大的侮辱就是「直接埋葬在泥土裡」，其理由為若直接埋葬在泥土裡，而不埋在墓中，不穿壽衣的話，那麼就不能成為先祖。

撒卡拉巴族與其他民族不一樣，埋葬以後不再改葬。一般人死亡時，喪禮非常簡單，墓地也很樸素，大部份都埋葬在家族的墓地，若是因異常事故死亡的靈魂，相信會危害生者，所以敬而遠之，埋葬在偏僻的森林中。王族的喪禮會非常盛大，有的時候連續數個月，甚至數年。遺骨則放入骨灰罈中，改葬在特別的墓地之後，要舉行供奉祭典。

貝切雷奧族人死亡的時候，靈魂會往天國或地獄去，其他靈魂則在死亡的地方徘徊。舉行喪禮時，要藉助供物來鎮住靈魂。

住在該國南方的坦德洛伊族，喪禮被視為人生盛事，所以相當盛大舉行。有人死亡時，在埋葬以前，遺體要安置在喪家數週，喪禮之後，再埋葬遺體，但是墓地上要供上家畜的角。喪禮的規模依社會地位而有所不同，但是他們相信死後的世界會帶著家畜。

西米黑提族人死亡的時候，清洗遺體以後，穿上壽衣。近親者會在其周圍號哭。喪禮時，要屠殺死者所有的家畜，來招待與會者。埋葬後三年，要清洗遺骨，並予以改葬，合葬在祖先的墓地中。

馬拉威

馬拉威是東南非的內陸國家，地處高原地帶，國土約五分之一是馬拉威湖，以前是英國的殖民地，在一九六四年獨立，首都利隆貴。大部份居民是馬拉比群黑人，嚴守傳統的習俗。在切亞人之間舉行喪禮的時候，會戴著象徵先祖之靈的面具跳舞。

馬里

馬里是中非的內陸國家，流經尼日爾河流域，有廣大的平原，是非洲最貧窮的國家之一。居民以黑人幫巴拉族居多，信奉伊斯蘭教或土著宗教，生活水準很低，國民大都是文盲。

馬里位於南北非的貿易要道，其中以尼日爾河畔的延巴克圖為交易中心，而聞名海外，至今仍有用駱駝載運鹽、食物、日用品等貨物的商隊，從北而來。商隊所信奉的是伊斯蘭教，因此土著民從很早以前，就改信伊斯蘭教。國內各地到處都可以看到用泥土建築而成的清真寺，但是首都巴馬科則有沙烏地阿拉伯運過來的材料，所建立的豪華清真寺。

當地人死亡的時候，地區部族居民會全體出動，舉行盛大的喪禮。喪禮會維持數天之久，由於害怕死靈會作祟，因此找來咒術師進行祈禱，遺體則埋葬在人煙稀少的地方。他們盛行精靈崇拜，同時會舉行部族單位的祭儀。

少數部族圖格雷族，喜歡穿藍色的衣服，作為沙漠的勇者，而到處移動。死者則直接埋葬在沙漠裡。住在馬里西部的多公族，有二十五萬人。多公族人相信人死亡時肉體與靈魂會分離。非常重視喪禮與除喪的儀式。在這期間，死靈會徘徊在村落南方的叢林或住宅中，然後死靈會前往偉大的神祇安瑪的國度。

多公族的喪禮，與會者戴上豪華的面具起舞。他們相信死後故人的靈與活力會從肉體中抽離，呈不安定的狀態，因此要關閉死者的家，同時予以隔離。因此村子內的男性要武裝集合，在死者的家附近與村子的廣場，舉行模擬戰。然後經過一定時間以後，除喪時，再舉行盛大的面具舞蹈會，使死者的靈魂與活力再次統合，同時送他到另外一個世界去。

在這裡要注意的是，一般而言喪禮要分為二個階段。第一階段的喪禮是悼念死者之死，與生者分開，到另外一個世界去。第二階段則是死者轉化為祖靈，確立了與死者之間的社會關係。

毛里塔尼亞伊斯蘭共和國

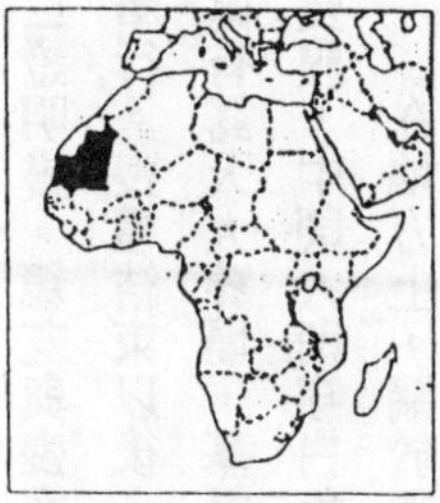

毛里塔尼亞面對大西洋，大部份都是撒哈拉沙漠的不毛之地，居民大都是阿拉伯與貝貝爾人的混血，以及姆亞人。他們穿著青色的木綿服，外國人稱之為「青衣人」，非常容易辨別。對於遠來的客人非常親切，只要是遠來的客人，都會親切地招待他住上三天。

首都奴瓦克休特與南部恆河流域的居民除外，都是張著帳篷的遊牧民族居多。喪禮之後，直接在沙漠挖個洞埋葬，不留下任何痕跡。

毛里塔尼亞的墓地

毛利求斯

毛利求斯位於馬達加斯加島的東方，為印度洋的火山島，從印度來的移民佔了半數以上

，也有許多從非洲大陸與馬達加斯加島移來的居民。一九六八年，脫離英國而獨立，是一個新興國家，意氣風發。但是由於人口過密，而且有熱帶性低氣壓所引發的龍捲風侵襲，所以危害甚大。

在此，信奉印度教、基督教、伊斯蘭教的人非常多。當地人死亡的時候，要取得醫師的死亡診斷書，到區公領取死亡證明書。親友與喪家同心合力準備喪禮，在教會或殯儀場舉行。喪禮結束以後，則埋葬在墓地。印度教徒則在每個地區有露天火葬場，基督教徒與印度教徒則予以土葬。喪禮或埋葬時，基督教徒是穿著黑色的喪服，中國人則穿白色。

在地方上，關於葬送禮儀方面，有各式各樣的祭禮與儀式，甚至有在火上步行的亞克巴那的儀式，在該島的東北部可以看得到。

毛利求斯華僑的墓地

摩洛哥

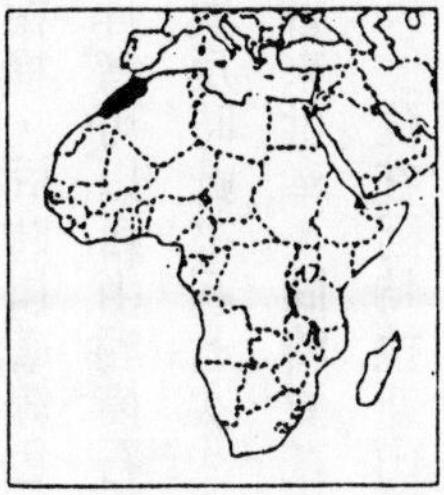

摩洛哥隔著直布羅陀海峽，與西班牙遙遙相對，是屬於北非的西部，是由高原與平原所組成的國家。氣候良好，畜牧業與農業相當盛行。居民約半數為貝貝爾人，其他有阿拉伯人與黑人。阿拉伯語為公用語，居民約四成是講貝貝爾語，屬於伊斯蘭教遜尼派的人相當多。一九五六年獨立，在此之前是法國的殖民地，因此在風俗習慣上，與鄰國的阿爾及利亞或圖尼西亞，有許多共通的地方。這三國被稱為馬格雷布諾國，但是近年來各自走向獨立的路線，因此未必採取保持同一型態。

當地人死亡時，納在舟形的棺木內，在喪家或清真寺舉行喪禮，同時埋葬在免費的公共墓地。這時候沒有供花的習慣，喪服只要是穿清潔的服裝，任何衣服都可以。未亡人則要穿白色的衣服，服喪四十天。

他們認為死者之靈是被真神阿拉所召，因此並不執著於其遺骸，除了聖星期五以外，很少去掃墓，墓地則依宗教別來分開，伊斯蘭教徒的墓地，不能夠埋葬異教徒的遺體。

伊斯蘭教在人死亡以後，在墓地裡等待最後的審裁，同時相信得以復活。復活的時候，必須要保持相同的狀態，出現在神面前不可。因此遺體埋葬以後，要直接保持那狀況，不得改葬遺骨或分骨，否則死者不能復活，是屬於一種背教的行為。聖者遺體的靈寢被稱為札烏伊亞，相信有靈力的存在，接觸聖者的靈寢，會得到利益。因此有許多人到此來膜拜。

在地方上，有許多人把自己的墓地建立在這有靈力的墓地旁，其他在郊外上，有圓形屋頂，稱為庫巴的祠廟。在這裡不能埋葬遺體，而是放置遺體之外，有關聖者的遺物，稱之為「有幫助的地方」。

一般而言，聖人廟是祭祀聖者或聖者遺物的地方。墓大都在地底下，其上放置長方形的棺桶，同時掛著綠色的絹布。另外，在棺桶前則放置圓形的石頭。如果找不到乾淨水時，膜拜者可以藉由觸摸石頭來淨身。一邊摸著綠色的布一邊祈願，同時繞著棺桶的四周，順時針與反時針來回七次。這是模仿麥加巡禮時，繞神殿七次相同的意思。這時候，要帶著蠟燭與香來供奉，同時要在捐獻箱中捐獻。

住在阿特拉斯山脈的貝貝爾人，依其地區而有不同的殯葬習俗。一般而言，男性死亡時，由男性來清洗遺體，女性則由女性來清洗，再為死者穿上壽衣。死亡日的當天或翌晨，遺體的頭要朝麥加的方向，置於墓地中來埋葬。只有男性會參與埋葬的祭祀。一般而言，一週以後要進行供養，服喪四十天，他們深信死者會在斷食的齋月引上天國。

莫桑比克

與印度洋上的馬達加斯加島對峙的南非東部的莫桑比克，長期以來受到葡萄牙人的支配，一九七五年終於獨立，是一個新興國家，居民幾乎都是班圖系的黑人。葡萄牙語是公用語，文盲率很高。大部份人都信仰土著的部族宗教，但是首都馬普特等地方，也有伊斯蘭教或基督教的信徒。

由於向來受到白人支配的殖民地政策與基督教的傳教運動有密不可分的關係，因此基督教的傳教士被流放到國外。現在則採取社會主義的體制，在經濟上與位於南方的鄰國南非有密切的關係，由非洲最大的卡保拉哈撒姆水庫的水力發電所，供應南非的電力。但是由於游擊隊的活動相當活躍，因此對於白人所統治的南非，也帶來相當大的威脅。

當地人死亡的時候，由部族來舉行喪禮，但是由於地處熱帶地方，必須要儘早土葬在墓地中。一般人都非常害怕死靈，因此咒術師的祈禱也相當流行，同時有許多的禁忌，當地人

津巴布韋哈拉雷市的公共墓地

非常害怕接觸屍體，同時忌諱照相，外國人要特別注意。沒有火葬的習慣，喪禮時也沒有供花的習慣。

納米比亞

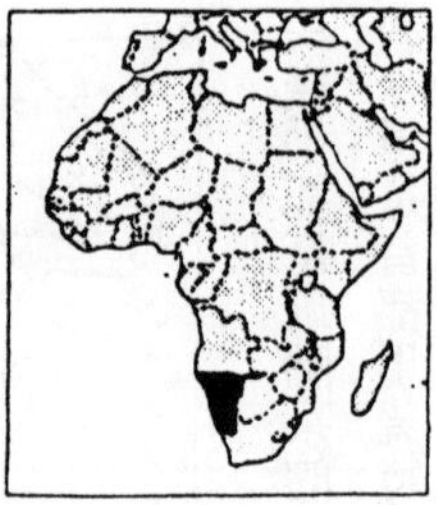

納米比亞是西南非新興國家，國土大都是納米布、卡拉哈利沙漠與高原地帶。主要是土著班圖系的茨瓦那族，以及未開化人種的叢林人，還有好天特托族與一部份的白人。

當地人死亡的時候，政府一律發給三千納米比亞錢的慰問金。以前是德國的殖民地，因此當地人死亡，在都市地區會委由民營的殯儀社，舉行像歐美儀式的喪禮。首都溫德福克近郊，有新舊的公共墓地。新的墓地有火葬設備，設備非常齊全，同時在墓地上有許多豪華的墓碑。居住在偏僻沙漠地帶的納瑪族與黑雷洛族，以前過著相當原始的生活，現在兩族都受到文明的洗禮。住在該國北部的奧亨巴族，至今仍舉行傳統的喪禮。部族人民死亡時，要宰殺牲畜，把畜牲的角供奉在墓地上。

當地人相信死靈會寄宿在埋葬的地方，為了避免死靈在作祟，所以他們會選擇很遠的地方來埋葬。回來的時候，不可以用手指指埋葬地，否則死靈會作祟，埋葬的翌日，喪家的小屋或死者的所有物，就直接放置在那裡，原本居住在那裡的人，則移到其他的地方。

喪禮的時候，宰殺羊來招待弔問者。同時羊的胃袋要像項鍊一樣，掛在繼承者的身上，羊胃會放入一些芬芳的葉子，在腐敗以前都要掛在其脖子上。

居住在納米比亞到保茲瓦那之間的黑雷洛族，相信死後靈魂會昇天，以前死亡者是舉行傳統的喪禮，然後埋葬在偏僻的地方。現今則文明化了，埋葬在公共墓地中。

尼日爾

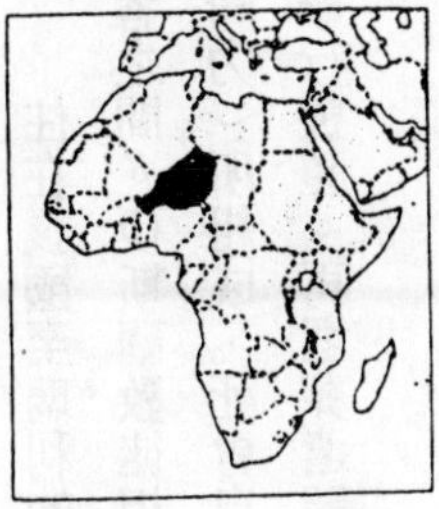

一九六〇年，脫離法國而獨立，是一個新興國家。位於非洲內陸地方，國土大都是沙漠與熱帶草原的不毛之地。

自古以來就居住在北方的遊牧民族特亞雷格族，有時候會搶奪旅行者身上的財物。現在則沒有這種情形，通常他們是穿著青色的衣服，覆蓋覆面，騎著駱駝疾走，相當地驃悍。

占居民大多數的哈烏撒族等，信奉伊斯蘭教。喪禮依照部族的習慣，盛大地舉行，他們非常忌諱拍攝喪禮的情形，而深信攝影機會奪去死者的靈魂。因此，觀光客遇到這種情形時，絕對不要勉強去拍攝。

松蓋族是非常熱心的伊斯蘭教徒，每天都不忘禮拜，除惡靈的儀式非常盛大。

住在該國至瑪利的遊牧民族特亞雷格族，認為死靈除了在睡眠時間以外，經常徘徊在生者之間。伊斯蘭教徒相信死後世界的存在，札爾馬族認為人分為三個部份（肉體、個性、生命力）所組成，死會自然形成或由冷靈解體。死亡的時候，會依照伊斯蘭教或傳統的習俗來舉行喪禮。再埋葬遺體。

奈及利亞

面對中非大西洋，一般是高溫多濕，中央部的喬斯高原以北有熱帶稀樹乾草原綿延不絕，成為一面無的世界。曾盛行奴隸貿易，自從成為英國的殖民地以來，商業振興，直到今日。

奈及利亞是多元種族國家，全國大大小小共有二百四十八個部族。北部信奉伊斯蘭教，南部信奉基督教，勢力在伯仲之間，也有信奉土著宗教的。

當地人死亡時，在都市地區要領取醫師死亡診斷書，再到區公所辦理登記，然後委託民營的殯儀社準備殯葬事宜。伊斯蘭教則把遺體運往清真寺，喪禮之後土葬在墓地。

居住在地方的部族，則依地方與部族而有所不同。部族首長對於喪禮的取決有絕對的權力，並聽從其指示進行。

例如，約爾巴族死亡時，近親者清洗遺體以後，為遺體塗上紅色的染料，換上壽衣，安置在喪家三天。家屬要找來祭司，聽從其指示，把死者埋葬在寢室的地下或墓地裡。為了怕死者死後貧困，因此要供奉衣服或食物。若不舉行則死靈會作祟，喪禮時，喪家的女性們會把白粉塗在臉上或手腕上。

南部的伊保族只有老人會埋葬在墓地裡，其他死者則放置在叢林中。

當地人沒有火葬的習俗，但是在當地的日本人死亡的時候，可以經由州政府發給的特別火葬許可，來委託殯儀社在郊外的叢林內堆積柴木予以火葬。首都拉格斯市內有教會附屬的民營墓地，甚至也可以購買墓地，尤其是民營的墓地，甚至連外國人也可以埋葬。出入當地的歐洲人，有專用的墓地散佈在各地，也有非常豪華的石碑。

居住在該國北方的哈烏撒族信奉伊斯蘭教，他們相信死後的命運是由生前的信仰與善行，由神阿拉來審判，判別是前往天國或地獄。

居住在奈及利亞的伊格保族，對於社會有所貢獻的死者，喪禮非常盛大。他們相信來世會與今生一樣。

也庫族死亡的時候，為了怕死者成為惡靈，因此找來祈禱師或妖術師來除妖或施術。祈禱師與妖術師的死靈與其他死靈不同。他們相信他們是居住在生者世界的地下。

居住在該國至貝寧之間的約爾巴族死亡時，相信亡靈是居住在空中，或是在這世界上重生。社會上重要人物的喪禮相當盛大，這時候其影響力在死後，也會影響到生者，為了祈求其恩惠，而會進行供養。

盧旺達

盧旺達為非洲內陸國家，一九六二年脫離鄰國布隆迪而獨立，是一個新興國家。居民是由圖切族與非圖族等部族所組成，公用語為法語與金雅盧旺達語。國土大都是山地，靠近赤道，所以非常高溫。但是由於基維湖周邊的濕度很低，因此，被稱為是非洲最適合居住的地方。

以前，也許是由於歐洲人採取的殖民地政策，首都基加利市附近，有很多天主教的信徒。在地方上，土著宗教信徒則佔壓倒性的多數。

以前，盧旺達是由圖切族的國王，長年支配尼安札等城市。獨立以後，由這桎梏中解放出來。一般居民的生活水準也漸漸提高。

通常喪禮是由全體居民出動來舉行，一般人都害怕死靈作祟，而找咒術師來除惡靈。遺體則大都合葬在附近的公共墓地，墓碑的形式依地區而有很大的差別。喪禮時，人們著正裝，繞著圓圈跳舞，尤其圖切族人身材魁梧，以跳舞時的身手俊敏著稱。

國內沒有專門的殯儀社，但是都市地方有教會附屬墓地與公營墓地。一部份的基督教徒在喪禮時會供花，除此以外沒有供花的習慣。

從日本輸入機械等，僅次於比利時，居於第二位。在當地除了少數日本商社的人民以外，只有少數的觀光客。

聖多美普林西貝

聖多美普林西貝是由非洲西海岸南面的聖多美島與普林西貝島所組成的國家，一九七五年，脫離葡萄牙而獨立。

大部份居民都是班圖系的黑人，信奉天主教，女性的地位很高。喪禮大都在教會舉行，遺體埋葬在墓地。

塞內加爾

塞內加爾面對非洲中央的大西洋，在一九六〇獨立，以前是法國的殖民地，所以在政治、經濟、文化方面，都受到法國的影響。首都達喀爾有「非洲小巴黎」之稱。

居民由渥羅非族、塞雷耳族、普耳族等多種部族所組成，幾乎都是信奉伊斯蘭教。都市地區也有天主教徒，並奉行法國的風俗習俗。

塞內加爾的宗教被稱為黑人的伊斯蘭教，混合著土著宗教的精靈崇拜。因此被稱為馬拉布的伊斯蘭教導師，也兼任法術與治病。戒律不會非常嚴格，原則上不吃豬肉與喝酒。從齋月起到第七十日為止，舉行犧牲祭。低所得的家庭至少要宰殺一隻羊，以奉獻給神阿拉。

有人死亡的時候，在都市地區要辦理各種法律上的手續，同時可以委託民營的殯儀社來辦理殯葬事宜。但是一般而言，則是親友聚集在喪家守靈，在清真寺或教會舉行喪禮以後，埋葬在墓地。沒有火葬的習俗，因此沒有火葬場。

居住在該國或甘比亞的渥羅非族死亡的時候，遵從伊斯蘭教的習俗埋葬，他們認為自殺者會直接下地獄去。

塞舌爾

塞舌爾位於馬達加斯加島的北方。在印度洋上的九十二個島嶼所組成。島嶼由白色珊瑚所圍繞，附近的海浴則是海天一色，非常美麗。一九七六年，脫離英國而獨立，爲一個新興國家，是東西交通的中繼站。

居民以非洲系人種或法國人混血居多。英語與法國語為公用語。幾乎是信奉天主教。首都畢科利亞市的馬椰島，有設備完整的國際機場，開放以後擁入許多觀光客。但是其他島嶼則不太看得到觀光客的蹤影，而留有未開拓的自然美。

一般而言，塞舌爾的喪禮在教會舉行，遺體埋葬在附近的墓地。一部份印度人的印度教徒，則在露天火葬場火葬遺體，然後把骨灰流放到海上。

塞拉利昂

塞拉利昂位於西非的西南部。一九六一年四月，脫離英國而獨立，首都非利湯恩。居民

是緬戴族或特姆內族所組成，信奉土著信仰或伊斯蘭教遜尼派。

住在塞拉利昂的特姆內族死亡的時候，親屬聚集在一起。舉行喪禮以後，遺體埋葬在喪家的四周。社會地位很高的人，會舉行非常盛大的喪禮，為了怕死靈危害生者，所以會舉行鎮魂的儀式。

索馬利亞

索馬利亞位於紅海入口，突出於印度洋海面，國土大都是山地與沙漠，一九六〇年，由英屬的索馬利亞與義大利信託統治的索馬利亞，分別獨立而合併，由社會主義革命黨統治國家至今。

居民大都是索馬利族，以畜牧業維生，大都是遊牧民族。他們是屬於伊斯蘭教遜尼派，但是國家則認同信教的自由。

如果是意外死亡，遺體必須要經過警察驗屍，同時運到最近的醫院接受診斷。在醫院病死的時候，要由醫師發給死亡診斷書，到區公所辦理登記。同時交付遺體埋葬場所與時日的埋葬許可書。

若死者是伊斯蘭教徒，清洗遺體以後，則用布包裹。在喪家或清真寺由導師舉行喪禮，然後埋葬在墓地。一般而言，喪葬的費用由喪家來負擔，有時候親屬也會分擔，低所得者偶爾由國家來負擔，但是金額並不多。埋葬以後喪家的親友會聚在喪家，同時吃齋飯。每年舉行追悼會。

首都摩加迪沙有民營的殯儀社，在地方上則由親屬協助舉行喪禮。伊斯蘭教徒以外的人們，依照各自的信條來舉行喪禮。但是索馬利亞沒有火葬的習慣，當然也沒有火葬場。

索馬利亞是一個貧窮，到處可見飢民的國家。當地人大都是屬於伊斯蘭教的遜尼派。死亡的時候，用水或香水清洗遺體，再用白布包裹之後，舉行喪禮，一般的喪禮甚至偶爾會被省略。遺體在送葬行列下，運到墓地，同時男女有別地分別埋葬。這時候，與會者會唱「偉大的阿拉真神垂憐」等詩句。

埋葬時，遺體的頭部要朝麥加的方向埋葬，其上堆積石頭，頭部放置尖的石頭。在摩加迪沙的義大利人的墓地，則使用歐風式的墓碑。

住在該國或鄰近諸國的索馬利族，大部份都是伊斯蘭教徒，有人死亡的時候，為了怕遺體會危害生者，而要儘早埋葬。喪禮則祝福神阿拉的榮光，墓地則在偏僻不顯眼的地方。

南非

南非位於非洲大陸的南端，有太陽國之稱，大部份國土是海拔九百公尺以上的高地，一年四季日照時間很長，空氣乾燥，開滿了各式各樣的花朵。居民大都是班圖系的黑人，在三世紀前，由荷蘭移民的初期移民子孫，以及南非白人、少數的歐洲白人，則掌握了支配權。在此之前，採行黑人種族歧視的種族隔離政策，近年來則廢除。這國家的公用語為英語與荷蘭所衍生的南非語，居民大都信奉荷蘭教改革教派的英國國教會或天主教。

有人死亡的時候，要領取醫師的死亡診斷書，到地區的法院去登記。除了保守的猶太人以外，大部份人都利用民營的殯儀社來舉行喪禮。殯儀社從入殮、死亡通知、守靈、殯儀場、主祭場、埋葬墓地的協助等等，都可以代為處理。非白人很少使用白人所經營的殯儀社，但是大都是使用自己所專用的殯儀社。

除了少部份墓地以外，大部份都是公營，以夫婦為單位的墓地較受喜愛。但是以前自殺者的墓地與一般的墓地則隔離開來，頭朝西側埋葬，而今日卻沒有如此的區別。

利用殯儀社的禮拜堂來舉行喪禮，非常地簡單，但是有一些非常熱心的信徒，希望能夠在自己所屬的教會舉行喪禮。一般而言，則是簡單地在殯儀社禮拜堂或墓地，舉行簡單的喪禮。因為是一個花卉非常多的國家，所以喪禮的會場有的時候從數十種，甚至堆滿了上百種花圈與花束。

一般而言，當地人都信奉某種宗教，但是最近黑人則要比白人、南非白人對宗教更加熱心。屬於獨立系的教會，同時傳統的祖先崇拜與疾病治癒等現世利益，也更加暢行。近親者死亡時，多半都市有為數衆多的民營社，二十四小時可以代為處理從入殮到喪禮等事宜。除了著名人與有錢人以外，大部份喪禮在殯儀社的會堂舉行以後，則到墓地去。白人或南非的白人之間，遺體的火葬率越來越多，黑人則不多。由於前者是荷蘭出生的，因此殯葬習慣與歐洲並沒有太大的差別。雖然墓地廢止了種族差別政策，但是還是依各人種別埋葬在不同的地方，死者忌日時，會帶花來掃墓，通常也會在地方的報紙刊登死者生涯等紀事。住在邊境地帶的原住民殯葬習慣，則非常分歧，各部族有所不同。大部份男性會舉行喪禮，並獻上家畜。尤其是首長的喪禮更盛大舉行，同時持續數日，喪家的日子由巫師來決定。住在東南內陸部特蘭斯凱地方的梭族之間，女性的咒術師相當活躍。

當地的茲爾族人死亡時，女性扮演了相當重要的角色，一旦被確認為死亡，則像生產一樣，已成婚的女性在喪家清洗遺體。他們認為死後的世界與現世界是完全相反的，因此所有的動作要與平常相反。例如：女性的衣服要倒著穿，同時用左手來清洗遺體，抬棺木出去的時候，要由喪家的後門出去。他們相信舉行喪禮一年以後，死者完全到了另外一個世界，這才算結束，在這期間，喪家必須要服喪，在西洋文明流入的同時，像這樣傳統的殯葬習俗也越來越簡化。

南非是非洲大陸火葬率最高的國家，有錢人喜歡火葬。大多數的公營墓地有火葬場與殯儀場的設備，約哈內斯布爾格在史密特街有火葬場。火葬費用為三百南非幣，骨灰罈則為三十南非幣（一九八五年至今）。通常喪禮在死後二、三天舉行，花費很多，所以有的人在事前買殯儀保險，在事後來理賠。

南非白人被譽為「樸素而親切、信仰深厚」，在喪禮上也聚集很多親屬，同時盛大舉行，一般而言，用白布包裹遺體，然後塞香，不入殮而直接埋葬。不論是白人或是南非白人，在埋葬以後會回到喪家，招待與會者咖啡或紅茶，以及簡單的食物。黑人、印度人、中國人則各自依其風俗、習慣來舉行喪禮。

蘇丹

蘇丹就是黑人之地的意思，位於非洲東北部。一九五六年，由英國與埃及的領地而獨立，阿拉伯語與英語為公用語。居民大都是阿拉伯人與黑人的混血，信奉伊斯蘭教遜尼派與可普特基督教。由於南北遼闊，風俗習慣因地域而有所不同。除了首都喀士穆等以外，在地方上有一部份部族還是過著原始的生活。

都市地區有人死亡時，必須要領取醫師死亡的診斷書，到最近的保健局所屬的誕生、死亡登記事務所，取得遺體處理許可書。

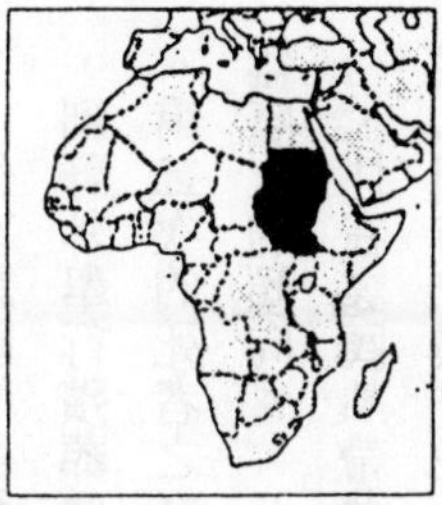

在此主要介紹住在蘇丹西部的貝爾提族的殯葬習慣。當地人死期將近時，環繞在其周遭的近親者把床橫擺，身體朝南，一旦被確認死亡以後，會通報附近的鄰居。受到通知的人，當日會舉行喪禮，最慢則死後三天會舉行祭禮。大部份遺體在死亡當日，埋葬在喪家附近的墓地。喪禮在黃昏時分舉行。但是黃昏以後死亡的，則在第二天埋葬。如果死者是男性，則由村落的長老或年長的男性；如果死者是女性，則由年長的女性為其清洗遺體。在遺體的穴竅部份塞著香料，同時塞棉花，用白布包裹。

墓地方面，年輕人會由北向南挖掘土，再把由六位男性抬棺的遺體埋葬在其中。這時候，參加搬運遺體的人會很幸運，因此有很多男子來交互搬運棺木。遺體的腳先下去，頭則朝向南方。埋葬時則依照伊斯蘭教的習俗，女性不參加。遺體的頭部朝南，臉部則朝向麥加的方向。村落中長者簡單祈禱以後，參列者把遺體埋入土中，並蓋上泥土，在頭與腳的部分豎上墓標，為了怕動物來侵擾，會在土堆周圍圍上有刺的枝。

回到喪家以後，女性準備由羊或山羊所做的燒肉，之後三天服喪。三天後不能夠參加生祭禮的人，在七～四十天後出席追悼會，這時候有致贈賻儀的習俗，其他人則攜帶食物。生祭的家畜動物由喪家男性的近親者來宰殺、烹調。女性則做其他的副食品。與會者在這村落長老的引導下，唱可蘭經。有錢人的喪禮也是如此，但是專門唱可蘭經的人，係由十五～二十人所組成。與其他的與會者一同朗誦可蘭經，宰殺喪家的牛供食用，有時會殺好幾隻。

文盲的與會者撥弄伊斯蘭教的念珠，同時反覆唸著「杜亞」真神之名。唸完一遍則唱「撒拉姆」（有和平）以後，連續唱上七千次，稱為加利。如此一來，死者的罪孽得以消弭，唸唱的人會得到祝福，然後再唱上七次，共唱四萬九千次。死後第七天、四十天或第一年，會舉行比較小型的生祭禮，以祈求故人的冥福。近親者的服喪期為六、七個月，在這期間不能夠參加任何喜慶。未亡人必須待在家中四個月又十天，村落的人也要服喪三個月。

住在該國的發利族人死亡時，要讓遺體坐著，再用棉或獸皮來包裹，然後在一、二天內，到野外舉行殯葬儀式，在墓地也是直接讓死者坐著埋葬，但是死者的祭日則在一個月舉行。第二次的死者之祭，男性是在三年後舉行，女性則是在四年後舉行，這一類傳統習俗有日益廢止的傾向。

住在該國熱帶草原的巴加拉族人死亡時，凡與喪家有關係的人會聚集在一起，女性會號哭，同時守靈一晚，翌日埋葬。在此之後服喪四十天，同時舉行盛大的供養。

住在蘇丹、札伊爾、中非地方的彰戴族，有人死亡的時候，認為是惡靈在作祟，這死靈會危害生者，所以必須要找巫術師來除靈祈禱。

史瓦濟蘭

史瓦濟蘭是南非中的獨立國家，一九七三年脫離英國而獨立，是由黑人部族一家所支配的世襲君主制度國家。在溫金巴山上，有其各代祖先的墓地。崇拜者會每年一次穿著傳統的服裝來掃墓。當地人死亡時，由命運共同體的部族單位來舉行喪禮，埋葬在附近的墓地。若外國人在當地死亡，在其首都姆巴巴內有殯儀社。殯儀社代為處理殯葬事宜或把遺體送往國外。

住在史瓦濟蘭的史瓦濟族人死亡時，依其社會地位，喪禮的規模有所不同。部族之長則會舉行盛大的喪禮以後，埋葬在其所有家畜入口前，死靈會一直保守著其家屬，所以備受尊敬，婚喪喜慶的時候，要獻上供物。

多哥

多哥位於西非幾內亞灣，南北狹長的國家，首都洛美。居民大多是蘇丹系的威族，一九六〇年八月獨立，以農業為主，信奉土著宗教與天主教。

住在多國的艾貝族相信有人死亡時，其靈魂會暫時留在這個世界上。如果不舉行慰靈儀式，會危害生者，喪禮被視為是人生大事，會請來樂隊，招待與會者食物與酒，同時圍繞在喪家連續跳舞好幾天。

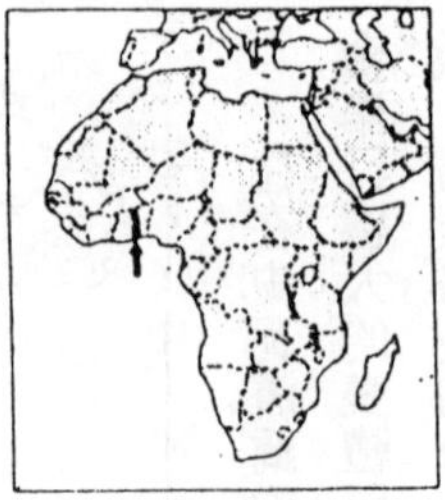

突尼斯

突尼斯面臨北非地中海，以前在羅馬帝國的時代，有羅馬穀倉之稱，土地肥沃，在強烈

突尼斯內夫塔郊外的墓地

的太陽光下，櫛比鱗次的房屋，白色的牆壁配著藍色的窗櫺，非常奪目。居民由阿拉伯人與少數貝貝爾人所組成。大部份是伊斯蘭教徒，也有猶太教、希臘正教徒，由於與歐洲諸國交流密切，風俗習慣相當西歐化，伊斯蘭教對於年輕人的影響日益淡薄。

當地人死亡的時候，必須要取得醫師的死亡診斷書，到區公所辦理登記，都市地區有民營的殯儀社，代為處理殯葬事宜。在喪家清洗遺體以後，裹上白布，在喪家或清真寺舉行喪禮，然後運到墓地埋葬，女性則不參與埋葬。沒有供花的習慣，埋葬以後不太掃墓。墓石大都是由矩形的石灰石堆積而成，沒有墓碑，有很多墓並沒有墓碑銘，非常地簡單。

首都突尼斯有一座非洲最早的清真寺——卡伊爾安寺，與市場內的橄欖寺同為觀光勝地。在拉馬撒有第二次世界大戰當時聯合軍戰歿者的軍人墓地，市內中央墓地清一色都是白色的墓碑，非常漂亮。隔一條道路就是綜合醫院，遺體直接經由地下道運到墓地來。

另外，地中海沿岸的都市莫納斯提爾前，有大總統布爾吉巴的靈寢，據說在生前就已經建好了，而且是挪用海外的援助資金所建的，是一座非常漂亮的靈寢，圓頂閃耀著金黃色，目前用作清真寺。

烏干達

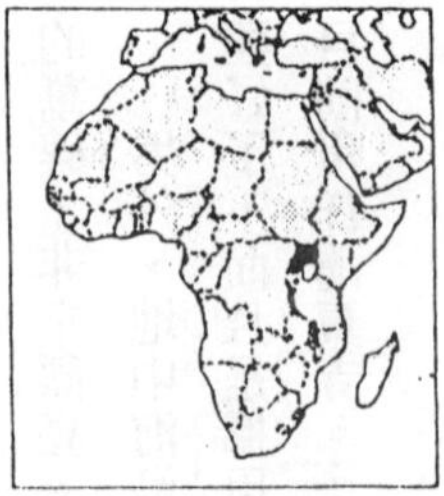

烏干達擁有世界第三大的維多利亞湖，這湖占烏干達國土的七分之一。因此雖然位於赤道正下方的內陸地區，氣候卻並不炎熱，易於忍受。

居民大都是巴士達族，其中大部份信仰基督教，也有伊斯蘭教徒與土著宗教的信徒。

以前首都坎帕拉等都市地區，是英國的殖民地，所以留有許多英國的習俗。英語為公用語，但是地方上則使用史瓦非利等部族的語言。

當地人死亡時，要通報警察接受驗屍。驗屍完畢以後，由聚集在遺體旁的親屬清洗遺體以後，用白布包裹。他們認為死是惡靈作祟的結果，因此會找來咒術師為之祈禱，讓惡靈轉移到其他地方去，不要纏繞在遺體上。喪禮在部族長老的引導下舉行，死後二十四小時以內，一定要埋葬。

通常是在香蕉樹林旁，挖一個洞予以土葬。埋葬以後，與會者一同撒上泥土。

以前，印度人掌握當地的經濟實權，只有印度人會露天舉行火葬。一九七二年，他們把印度人流放到國外以來，火葬被視為禁忌。在當地，他們認為火葬會把靈魂都燒盡。

住在該國的伊特梭族人死亡時，他們相信靈魂會離開肉體，盤據在叢林中，死靈因為貪慾而屢屢危害世人，因此要供奉食物與飲食。埋葬以後遺體的頭蓋骨，洗骨後予以改葬。

居住在該國的南哥族人死亡時，死靈會離開肉體，徘徊在附近的草叢中，但是不會作祟，男性的死靈與生前一樣，備受重視。北方少數民族亞切利族認為，死是無可避免的一件事，因此不會做無謂的掙扎，很早就準備埋葬。喪禮的規模依其社會地位與年齡而有所不同，在此之前會在喪家進行簡單而隆重的喪禮，同時招待饗宴與跳舞。他們相信死靈的存在，但是不認同天國或地獄死後的世界。同樣住在東北部的亞魯族，在喪禮的時候，會宰殺生畜或飲啤酒且跳舞。

坦桑尼亞

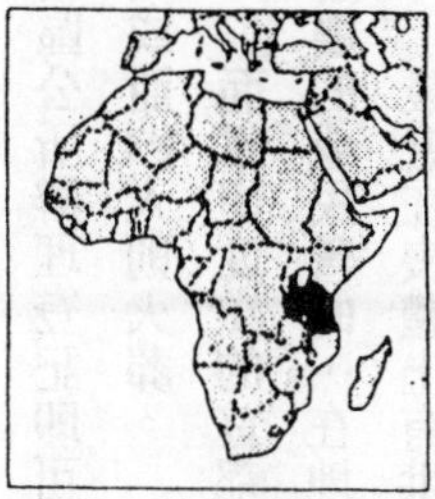

坦桑尼亞境內有海拔五千八百九十五公尺，為非洲最高峰的乞力馬扎羅山，是一個新興國家。史瓦非利語與英語為公用語。居民大都是班圖系的尼格羅人種，是一個少數民族的國家，大都信奉伊斯蘭教或基督教，也有信仰土著宗教的人，保障信教的自由。

若有人因意外事故或非自然死亡，則必須要驗屍官，但是一般到區公所辦理登記即可。喪禮在喪家或教會、淸真寺舉行，土著人是土葬，但是歐洲人、白人或亞洲人則火葬。

面對印度洋的首都達爾艾斯撒拉姆，有火葬的設備，可以特別訂購骨灰罎。墓地是教會附屬的或民營的，在地方上則要埋葬在部族所指定的場所。

最近在喪禮上有供花的習慣，在都市地區一般相當普及，尤其是基督教徒，已經成為習俗。居住在內陸地區的遊牧民族馬賽族人死亡時，並沒有舉行類似喪禮的儀式，也不考慮死後的世界，因此，會把遺體直接放在偏僻的地方。

扎伊爾

扎伊爾位於非洲大陸中央，赤道的正下方，在境內有世界數一數二的大河扎伊爾河，因此有盆地，在那周圍都是一些未開發的熱帶草原地帶。居民大都是班圖系的土著民，在東北部住著皮格米族。法國語為公用語，但是大部份都是使用各自的部族語言。

當地崇拜祖先的土著宗教非常強，也有人信奉已經土著化的基督教金班基督教、天主教、基督教、伊斯蘭教。

首都金沙薩市等都市地區，已經有相當程度的現代化。因此在醫院死亡時，會與喪家聯絡，而且有職業的殯儀社，只要委託便可以代為處理殯葬事宜。這裡的殯儀社都是事前申請備用，但是工作效率很低。

沒有火葬的習慣，也沒有火葬的設備，除了基督教徒以外，喪禮大都在喪家或墓地舉行。這時候要供奉白色的花，但是並不十分普及。在地方上，各自有其部族的習俗，親友會聚集在廣場上舉行盛大的喪禮，並埋葬在指定的地方。

他們相信死靈的存在，唯恐死靈作祟，會找咒術師來除靈。另外，巴曼加拉族等北部諸民族所用的棺木，是依人體形狀所雕刻的木製棺木。

住在該國東北部的艾菲人死亡時，會敲大鼓通知附近的鄰人。男性死亡時，其妻會被異母兄弟或同腹兄弟所敲擊；反之，妻子死亡時，先生會被娘家兄弟撕裂衣服。如果拜訪喪家的近親者是女性，會自行在身上塗上泥，男性則直接坐在地面上。遺體會終日放在喪家的床上，接受近親者或弔問客的弔問。近親者或弔問者會號啕大哭，然後用布重新包裹遺體，予以入殮，埋葬在村落的墓地中。家屬或近親會連續一、二星期直接坐在地面上，在那裡飲食。但是服喪期間，家屬不洗澡，也不飲水。然後再清洗身體，配上短劍、短槍以及銅鑼，穿著白色或黑色的喪服，同時舉行喪禮。喪禮並不一定要占卜日子，只要收集了足夠的現金，就會在當天舉行，與會者帶來布、雞、酒、現金等。

住在該國的爾巴族人死亡的時候，相信死靈會危害生者，因此必須要做一些除靈的儀式。他們相信無緣的死靈來世仍會住在地下。斯庫族死亡的時候，會在當日埋葬，他們仍然相信死靈會保護家屬，而備加尊崇。死後也和生前一樣，相信死靈仍然生活在他們之中，因此在墓地的周圍會佈置家具等。

桑比亞

桑比亞位於南非內陸地區，除了有桑貝吉河與盧安加河流域以外，都是位於海拔一千公尺以上的高原地帶，因此氣候比較不炎熱且宜人。

居民是由東加系、娘家系、班巴系、盧思達系多數的部族所組成，各自信奉各自的土著宗教。但是首都盧撒卡等都市地區，也有信奉基督教、伊斯蘭教與印度教者。

幾乎都是土葬，但是來自印度教徒移民者，有一部份則是火葬，基督教徒有供花的習慣，但是並不普及。

也許以前是英國殖民地，因此英語為公用語，都市地區可以看到許多歐洲式的風俗習慣，在地方上採取舊式的大家族主義，在婚喪喜慶時會盛大舉行。有時喪禮拖得很長。

有強烈的國家與部族意識，因此，會被誤會具有排他性。外國人在當地參加各種儀式時，想照相要特別小心。

住在該國桑貝吉河畔的羅吉族人死亡時，會屈折遺體，然後搬出去。埋葬在附近的墓地，把遺體搬運到墓地的途中，為了怕死靈再回來危害生者，所以會唱咒文。遺體旁放著死者的遺物，由近親者來挖掘墓穴，然後置墓標。會把死者的故居破壞殆盡，以免死靈徘徊其間。首長死亡時，為了要誇耀其權威，通常舉行非常盛大的喪禮，同時墓地周圍會圍上柵欄。

住在從該國至金帕非的東加族，幼兒或小孩死亡時，會舉行簡單的儀式，他們相信藉由這儀式，死靈能回到母體中再生。成人死亡時，則會舉行盛大的喪禮，把遺體撒上啤酒，埋葬在喪家附近。以前也是屈葬，但是今天則廢除了。

津巴布韋

津巴布韋位於南非內陸地區，以前稱為南羅德西亞。國土有一半以上位於海拔一千公尺的高地，氣候溫暖，居民主要是班圖系的非洲人。一九八○年脫離英國而獨立，但是經濟、行政、司法、軍隊都掌握在少數派的白人手裡，黑人的激烈分子游繫隊活動相當活躍（一九八五年）。

大部份白人是屬於英國國教會，也有信奉天主教、基督教各教派的。黑人大都是信仰土著宗教的姆瓦利神。

有人死亡的時候，要有通知驗屍官的義務，另外，首都哈拉雷有殯儀社，可以委託代為辦理一切殯儀事宜。喪禮在喪家或教會舉行，大部份都是土葬。首都有火葬場，墓地是購入制的，喪禮則要穿黑色的喪服。

當地人死亡時，一般喪禮是在喪家或教會舉行，遺體則埋葬在最近的墓地。各都市都有民營的殯儀社，可以代為處理殯葬事宜。該國的第二大都市布拉巴約有克羅卡殯儀社，具有火葬設備。在地方上，通常是地方上的全體居民出動來幫忙，依部族而有所不同。有的妻子死亡時，其財產會由娘家要回來。

佔該國大部份的燒那族，相當重視祖先的崇拜，但是對於他世的觀念很稀薄。死亡時，在舉行喪禮以後，要儘量埋在離村子越遠的地方，傳統的家族在死亡一年以後，會舉行追悼儀式。

第四章　中東地區

阿富汗

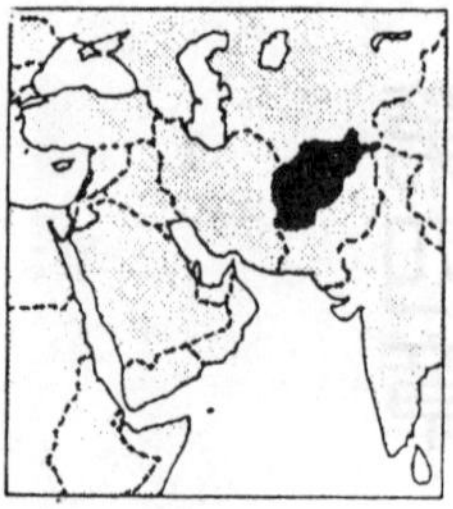

阿富汗位於北接蘇聯，東接巴基斯坦，西接伊朗，東北緊鄰中國，內陸地區則大部份是山岳與沙漠地帶，是屬於乾燥的大陸性氣候。一般而言，夏熱冬冷。國民大都是帕坎族（阿富汗人），信奉遜尼派的伊斯蘭教。通用語為普什圖語或達利語（波斯語）。

信仰非常虔誠，一天要膜拜麥加的方向五次。至少也要在日出與日落的時候膜拜。膜拜時不得交談，同時不吃豬肉、生魚、貝、蝦、螃蟹等，也很少人喝酒。婦女要戴著面紗，除了近親者以外，不能直接與男性交談。

他們認為人死了是「全能真神阿拉的寵召」，因此他們不會做無謂的掙扎，遺體依照習慣，用肥皂與水清洗，再用白色的布包裹，中產階級以上的喪家，在把棺木抬到墓地的途中，會在清真寺舉行喪禮。

外國觀光客死亡的時候，必須要當場接受警醫的驗屍，然後在醫院解剖，了解死因以後，才由警察交付驗屍證明書，再處理遺體。若是火葬，必須要添附駐外公使館的驗屍證明書，然後在火葬場的登記簿上簽名。

伊斯蘭教徒全都是土葬，但是在首都喀爾布有為印度教徒所準備的卡拉查火葬場。在露天堆上柴火火葬，在市場上能購買得到棺木，骨灰罎則沒有。但是在市場上可以買得到陶製，有蓋子的壺，可以當作骨灰罎來使用。

墓地都在居住地區的近郊，棺木則埋葬在二尺深的墓穴中，上面蓋上石板，然後再埋上泥土。

中產階級以上的家庭會在墓地上豎立石碑或水泥碑，有權者被當作聖者供奉在聖廟中，成為崇拜的對象。

歷代王家的墓都相當豪華，一五二六年，占領印度德里的莫臥爾王朝，第一代皇帝巴希爾的石棺是非常珍貴的材質。目前這石棺放置在科布爾市郊外，通風良好的白亞建築物中。另外，足跡遍及西亞、印度、中亞的考古研究學家、英國探險家，奧雷爾史泰因（一八六二～一九四三年）的墓地，也同樣放置在卡布爾市北端的外國人墓地內。

巴林

巴林位於波斯灣沿岸地區，由大小三十三個島嶼所組成。一九七一年，脫離英國而獨立，是一個新興國家。居民大都是阿拉伯人，阿拉伯語為公用語。信奉遜尼派或什葉派的伊斯

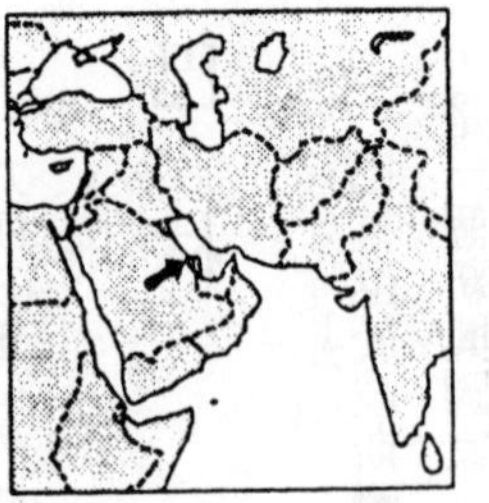

蘭教。

由於油田開發的利潤，而帶來加快腳步的近代化，有許多從印度與巴基斯坦來的外勞。

葬送習慣和其他信奉伊斯蘭教的國家相同，但是幾乎都是土葬，喪禮依其各自的宗教、習俗來舉行。社會福利完備，醫療費用等都由國庫來補助。死亡的時候，則埋葬在市內或郊外的公共墓地，是免費的埋葬。在首都麥納麥市郊外，有西元前二千年所作的多達十七萬個人類最古老的墳墓群，是考古學調查最好的地方。

塞蒲路斯

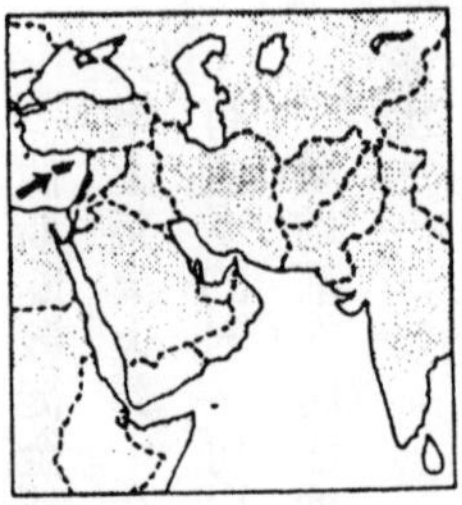

塞蒲路斯位於土耳其以南，地中海位置的島嶼，北部是由土耳其，南部則由希臘來統治，是一個分制的政體。南部是希臘人，北部則以土耳其人占大多數。

因此，希臘人信奉希臘正教，土耳其人則信奉伊斯蘭教。死亡的時候，依照其各自的風俗習慣來舉行喪禮。

伊朗

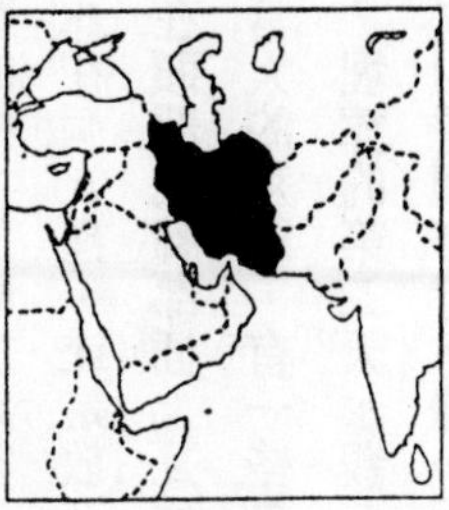

伊朗自從把帕雷比國王流放到國外以後。一九七八年成立了革命政府，與鄰國伊拉克的戰爭終止以來，政情與治安都不穩定。大部份居民是信奉國教伊斯蘭教什葉派的信徒，也有基督教徒、穆斯林教徒與瑣羅亞斯德教徒等。

殯葬習慣是依宗教與場所而稍有不同。什葉派的信徒在危急的時候，會找來導師唱可蘭經。

伊朗人臨終的時候，由於近親者太過悲哀，會扯全身的頭髮，然後跑到街上大聲地哭泣，並撕裂穿在身上的衣服。死亡的時候，如果是被視為聖日的星期五，就會更加悲傷。遺體由近親者親自來清洗，用蓮水、樟腦水、薔薇水洗三次，然後讓死者含著從伊拉克的聖地卡爾巴拉或麥加取來的聖水，裹上白色的布。死者的嘴上會放上什葉派所認同，刻有伊斯蘭教十二個聖人名字的紅色石頭。在都市地區，遺體的清洗可交由遺體處理人來處理，然後把遺體放置在搬運用的擔架或靈車上，運往清真寺或墓地。

舉行喪禮以後，遺體要在墓地上下來回四次，然後土葬。這時候要朗誦可蘭經的章句，與會者往下走七步，然後回家，墓地被視為不潔淨的場所，所以不會在墓地舉行喪禮。喪禮後一個星期，喪家會點燈，把食物供在墓前。喪禮時，把用奶油、蜂蜜、小麥粉烘焙成的食物分給與會者。

在伊朗，「帕達雷死非提」（你的父親是火葬的）這句話是最侮辱人的話，因為伊斯蘭教把火葬視為神的處罰，使死者墜入地獄中，所以只有犯罪的人才會火葬，其心情是可以了解的。

有時候，遺體會入殮在木製的棺木內，運到墓地，但是樹木在伊朗是非常稀少的，所以木製的棺木是屬於非常貴重的物品，必須要再使用。到達墓地以後，用白布包裹的遺體會直接葬在洞穴裡，或是放在用曬乾的瓦片所做的洞裡，在上面再蓋上泥土，墓地蓋上泥土以後，在頭部或腳部插上瓦片或石頭，非常簡單。也有一些圍著鐵柵的靈寢形的墓地，墓碑則有非常大的差別，有一些墓碑甚至鑲上遺照。

埋葬的第二天，親友會聚在喪家，舉行追悼儀式，唱和可蘭經。這時候，男女是分別在不同的房間舉行。這一天，要唱完所有可蘭經三十卷，同時獻到清真寺去。埋葬後第四天，親友會一同帶花去掃墓，追悼儀式在一週以後、四十天以後，或一年後再舉行。

但是分布於全世界的伊斯蘭教徒，大部份是屬於正統派的遜尼派，唯有伊朗是屬於別派的什葉派。他們除了奉行伊斯蘭教獨特的宗教慶典（斷食月）以外，還有殉教月的儀式，稱為穆哈拉姆。這是什葉派第三代伊瑪姆的殉教月儀式。所謂穆哈拉姆就是胡申於西曆六八〇年（陰曆十月）十日，在目前伊拉克領土的卡爾巴拉受難的紀念日。每年五月左右，全國各地穿著黑衣的男子雙手捶胸，一邊用鎖打背，一邊向前行進，街上的人看到這情景，莫不淚流滿面，追悼慘死的殉教者。

伊朗約有二萬名拜火教徒，主要是住在也茲德市。以前拜火教徒死亡時，就會置於沉默之塔予以鳥葬。但是近年來由於衛生方面的考量，而予以禁止。通常在市內舉行喪禮以後則用土葬。掃墓的日子大都是在他們相信天國之門大開的星期五，前一天星期四下午去掃墓。

伊朗博黑休特撒哈拉軍人墓地

伊朗最著名的墓要屬抒情詩集『魯拜集』的詩人，也是天文學者聲名遠播的奧默加亞謨（一一二三年歿）的靈寢，位於伊朗東北部邁謝德近郊的尼歇池旁，在附近的拓斯，有伊朗最偉大的詩人菲爾德西的壯麗靈寢，也在池子的一旁。

此外，首都德黑蘭以西南十六公里處，是聖都庫姆的大道沿岸，有被稱為貝黑休提扎哈拉的革命戰士的公共墓地。在這褐色的地平面上，鋪著水泥板，非常整齊，在旁邊有四隻腳支撐的祭壇，插著為革命殉死的紅色與黃色袖珍旗幟，同時裝飾著生前的相片。與戴著黑色面紗前來掃墓的伊朗婦人，呈現非常強烈的對比。

最近，德黑蘭郊外更有荷梅尼大師豪華的廟，有很多伊朗人到此膜拜。

伊拉克

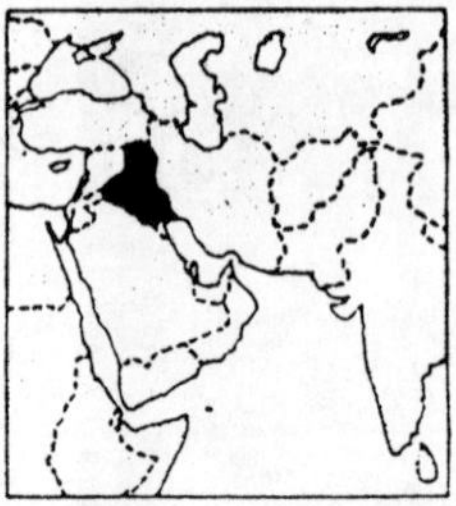

伊拉克國土中央流經底格里斯河與幼發拉底河二條流域，面臨波斯灣，與許多的國家接鄰，至今仍舊紛爭不斷。伊斯蘭教為國教，信奉遜尼派與什葉派的信徒幾乎同樣多，也有少數的基督教徒。

以前是古代文明的國家，留有許多歷史性的遺跡。從薛尼達爾所出土的尼安德特人。在遺體四周發現了八種花的花粉，相信是最早在埋葬時獻花的人類。

當地人死亡的時候，遺體要塗上香油，裹上白布予以安置。同時找讀經師來祈福。喪禮在清真寺舉行，但是伊斯蘭教徒死者並不是膜拜的對象，因此與會者並不像膜拜阿拉真神一樣，不是五體投地（兩膝、肘、頭著地，拜人的足下），而是站著行禮。終了之禮並非向左右行走，而是直走右肩的方向。

另外，伊斯蘭教徒非常重視身體的清潔，禮拜的時候，一定要在清真寺或墓地洗手的地方，洗淨雙手、口內、鼻、臉、肘、頭，稱為小淨。

遺體大都是埋葬在土裡，但是這國家的伊斯蘭教徒，非常希望能葬在幼發拉底河西岸，卡爾巴拉的胡申廟旁，或是納傑夫的亞里（始祖穆罕默德的女婿，什葉派的始祖）廟，或是首都巴格達郊外的薩馬拉亞爾卡汀曼等聖地。但是由於發生波斯灣戰爭，導致國內治安惡化，生活越來越苦，因此不太重視掃墓。

也許是因為美索布達米亞乾燥的泥土，經常在空中飄舞的關係，伊拉克的天空總是讓人感覺是呈黃渴色的，在墓地內用瓦片蓋成半圓錐體的墓地與水泥墓地，沒有絲毫濕氣。散居在伊朗、伊拉克的巴格達族，是遊牧民族。死亡以後，會立即在清真寺舉行喪禮，清洗遺體以後，裹上白色的壽衣，埋葬在附近的墓地，頭部要朝麥加的方向。然後與會者在喪家食用簡單的食物。服喪期間，喪家不得外出。

以色列

以色列被四個國家所包圍，在第二次世界大戰以後，由內外相應，建立了一個以猶太人為主的新興國家。大部份國民都是猶太教徒，一部份是阿拉伯人（巴勒斯坦人），信奉伊斯蘭教。以色列在一九六七年的中東戰爭中大獲全勝，敍利亞領土哥蘭高原成為其國土。同時還占領了約旦河西岸、地中海加撒地區等，是世界上唯一的猶太國家。

猶太人死亡的時候，與其同住在一起的人，就要撕裂衣服，並要把周圍裝有水的器皿的水倒出來。然後再清洗遺體，抹上香油。但是亞休克那吉系的猶太人，則會用葡萄酒與生蛋混合在一起，擦抹在遺體的頭部。結束以後，則為死者穿上麻製的壽衣。披上披背

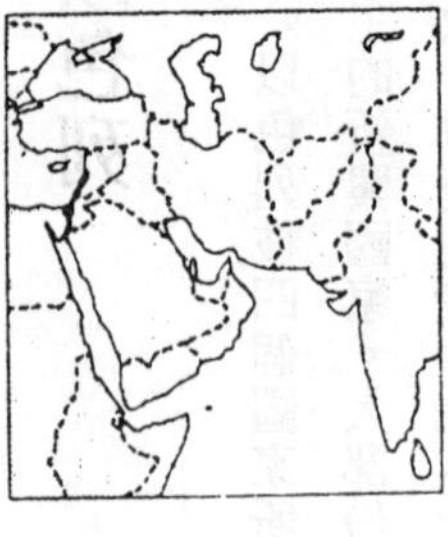

，頭上戴著白色的圓帽，腳上穿著白色的靴子。同時在頭與腳的部份安置燭台，點上火。

猶太教徒的聖經舊約聖經中，『摩西五章』（第二十一章與二十三章）規定遺體在死亡當日就要埋葬，保守的猶太教人非常嚴守這戒律，在喪家或醫院，遺體放在棺台上運往墓地。若途中經過會堂，與會者會一同站立，然後唱祈禱句，這也是猶太教徒的習俗。

在此都是土葬，主祭（祭司）會蒞臨，埋葬以後與會者一同在墓地撒上泥土。在離去墓地時，一邊祈禱著「神知道我們不過是塵土」，一邊摘草撒在對方的肩膀上。埋葬的時候，沒有供花的習慣，猶太人認為花是代表喜慶之意，掃墓也沒有供花的習慣，頂多是在墓棺上放置石頭。

服喪會服「夏娃修行」的七日喪，服喪期間要穿著撕裂的上衣，同時除了皮靴、手足與臉部以外，不能用水洗。飲食方面，除了肉以外，葡萄酒要從外面送進來。另外，早晚二次

要做「卡迪休的祈禱」（用阿拉伯語來讚美神的祈禱）。結束夏娃修行以後，是連續二十天的服喪期間。這時候不得剃頭髮或刮鬍子。接下來的十一個月期間，要唱卡迪休的祈禱。周年忌時，家族要聚集在一起，然後禁食，到猶太教堂去膜拜祈禱。

談到以色列，特別值得一提的是猶太教特有的「聖兄弟協會」。這是猶太人主動發起的組織，是一種互助團體，負責殯葬的一切有關事宜。

墓石的建立也可以透過這組織來建，可以依照各人的預算，從豪華的以至樸素的，一應俱全。墓碑上會刻上象徵猶太的大衛星，但是不豎立雕像。

耶路撒冷・猶太山麓的墓地

建立的時候，這些協會的成員們在中午以後要斷食，然後所有與會者一起繞著墓地七次以後，才開始建立式。

猶太人在進行這儀式時，不喜歡別國人窺看或攝影，所以要特別注意。以色列的阿拉伯人（巴基斯坦人）則信奉伊斯蘭教，依照伊斯蘭教的習慣來舉行喪禮，他們有專用的墓地，埋葬在專用的墓地中。鄰國的沙烏地阿拉伯禁止偶象的崇拜，但是這裡的伊斯蘭教徒墓石頭部會裝飾遺照。

約旦・哈西米特

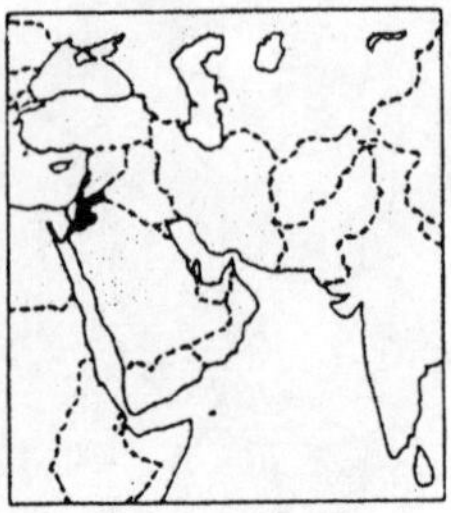

中東的約旦・哈西米特，是在第一次世界大戰以後，由奧斯曼帝國交由英國委任統治，於一九四六年獨立，一九四九年，改稱為現在的國名。

一九五二年，根據頒佈的憲法，把伊斯蘭教定為國教。

居民大都是阿拉伯人，屬於伊斯蘭教的遜尼派。自巴勒斯坦移民的難民非常多，人數高達七十萬人。他們的歸屬問題成為國際性的話題。阿拉伯語為公用語，首都安曼等英語可以通用。公立學校會實施伊斯蘭教的宗教教育。在都市地區也有基督教徒，但是大都與政府有關，有時候他們會負責調停伊斯蘭教徒之間的紛爭。

殯葬習慣大致與敍利亞、阿拉伯相同。占居民大多數的伊斯蘭教遜尼派人，會在清真寺舉行喪禮，或是在墓地埋葬的時候，唱可蘭經句「阿爾發太」。死後第四十天，在喪家或餐廳舉行追悼會，招待親友。基督教徒主要是希臘正教與天主教徒，他們舉行獨自的喪禮。首都安曼有伊斯蘭教用的莫斯達爾、謝喜特、撒巴布公共墓地，基督教徒則有瓦喜達德公共墓地，伊斯蘭教徒沒有在墓地供花的習慣，一律非常簡樸，但是會經常長時間停留在墓前，以思念故人。通常夫妻倆不會埋葬在相同的地方，就這一點而言，基督教徒的墓地墓石形狀富於變化，甚至有一些人把遺照燒在陶版上，鑲在墓前，並在墓前供花。

伊斯蘭教徒幾乎不與當地的人打交道，墓地與沙烏地阿拉伯的伊斯蘭教徒不太一樣。每逢星期四或周年忌都會掃墓，在墓地常看到擦著香水的女性。

科威特

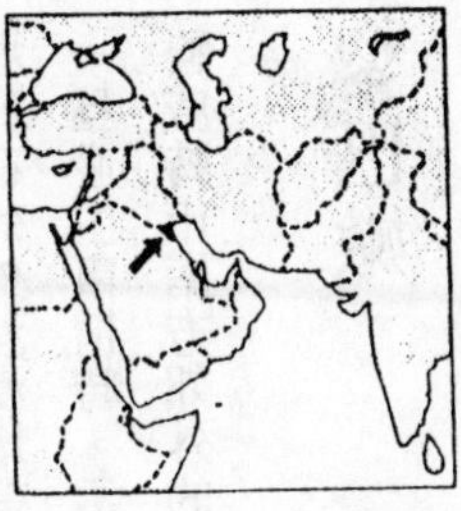

科威特位於波斯灣內的深處位置。受到伊拉克攻擊的科威特，是一個相當急速近代化的國家，在波斯灣沿岸的產油國家中，對於石油的依賴度相當高。居民大都是伊斯蘭教遜尼派教徒，戒律森嚴。

虔誠的伊斯蘭教徒一天要禮拜五次，否則至少要在黎明時分、正午時分、傍晚時分，以及晚上八點鐘時，朝麥加的方向禮拜。星期五是休息日，這一天下午會聚集在清真寺，舉行各種禮拜儀式。如果在禮拜中途受到打擾，就必須重新再來過，因此外來者要特別注意。雖然從國外來的移民很多，但是他們不吃豬肉、不喝酒，甚至在齋月時，也跟著斷食。

當地人死亡時，清洗遺體以後，為遺體穿上白衣，運到清真寺舉行喪禮，埋葬在公共墓地，拜原油之賜，這國家所有市民的教育、醫療等費用，都由國庫支出。死亡以後，通常是埋葬在郊外沙漠地帶的公共墓地，也是免費提供的。有很多來自印度、巴基斯坦等的外勞，一旦發生事情時，這些人就會回到故國，在此之前的波斯灣戰爭有許多犧牲者，遺體埋葬在科威特市南方郊外的里加墓地。

黎巴嫩

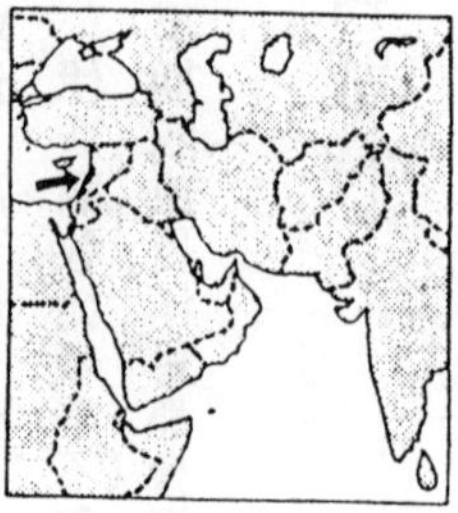

黎巴嫩面對地中海，是中東的要道。自古以來紛爭不絕，今日也有基督教徒所組成的右派與伊斯蘭教徒所組成的左派，兩派嚴陣對峙，而使以色列軍有可趁之機。再加上聯合國和平軍的介入，使這國家陷入混亂的狀況。

居民由馬龍派的基督教徒與遜尼派、什葉派的伊斯蘭教徒各占一半，他們各自居住在不同的生活空間，一般而言，文盲率很低。

基督教徒死亡的時候，家屬在清洗遺體以後，為其穿上衣服，橫放在床上，頭部放上十字架與燭台等裝飾。與殯儀社聯絡，同時寄發訃聞給相關人員，或是把訃聞揭示在教會或街角。弔問者聚集在喪家，入殮以後由主祭者為前導，男女有別地組成送葬行列，走向墓地，埋葬以前，在墓地打開蓋子，作最後的敬禮。

伊斯蘭教徒死亡的時候，在喪家清洗遺體，同時包裹白布，納入松製的棺木內。送葬行列由喪家到墓地，家屬們希望送葬的人越多越好，家屬以外的人，也希望有機會抬棺木。喪禮在導師的主導下，在喪家或清真寺舉行，而不在墓地舉行。因為他們與基督教徒不一樣，認為墓地是一個污穢的地方。

與基督教徒相比，伊斯蘭教徒的喪葬費用較廉宜，一般而言很樸素。

墓地則依其宗教別來分開，首都貝魯特是基督教徒的墓地，在西南郊外的松林或仙人掌林中，以家族為單位，採用石造墓碑，其上立十字架，伊斯蘭教徒的墓地在市內巴斯塔街的一角，由鐵格子的高圍牆所圍繞。市內達馬斯卡斯大道的附近，則有猶太教徒的墓地，在這裡有許多石棺形的墓石。

住在南部山岳地帶的德魯茲族人，在喪禮時有雇用哭女的習慣。

當地的伊斯蘭教徒死亡的時候，會儘早舉行喪禮，由於他們不用乾冰來保存遺體，死亡當日的第二天就要埋葬。用稱為卡芬的布包裹遺體，到最近的清真寺借來擔架，舉行稱為撒拉特亞爾吉那扎的送葬儀式，然後走向墓地。大部份墓地是用水泥所圍成的，蓋上蓋子以後，然後蓋上土，舉行稱為塔爾金的儀式，祭司代替姆思卡爾與那吉爾的二個天使，而詢問死者一些事。埋葬後，由喪家提供咖啡、蛋糕等簡單的食物給與會者。在此之後的第三天以內接受弔問，死亡後的下一個星期四會招待親友吃羊肉。

阿曼

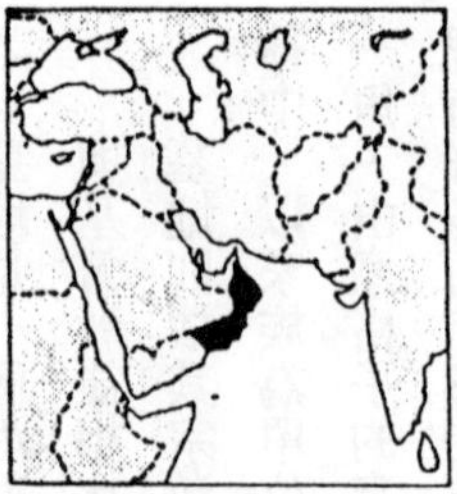

阿曼位於阿拉伯半島的最東邊，隔著阿曼灣與伊朗對峙，一年四季高溫多濕，內陸地區有廣大的阿爾盧布與阿爾哈利沙漠，居民以阿拉伯人占大部份，也有伊朗人與印度教人，大都是屬於伊斯蘭教的伊巴迪派。

以前是葡萄牙與英國的殖民地，於一九七〇年獨立。在獨立以前，採取長年的鎖國政策，但是自從國王卡布斯賓賽德採取現代化開放路線以來，經濟得以迅速地成長。國王一心想要把首都馬斯卡特等都市，建立成與歐美諸國不相上下的社會資本主義國家。最近在市區郊外，建立了廣大的公共墓地，與葉門國境鄰近的第二都市薩拉拉郊外，黎巴嫩山頂有預言者約伯的廟。在白天堂內的墓旁，有伊斯蘭教的讀經僧在朗誦可蘭經。

當地人死亡的時候，親屬會聚集在喪家，先清潔遺體，再用布包裹，然後唱和可蘭經。

喪禮在喪家或清真寺舉行，並儘早埋葬在墓地。

巴基斯坦

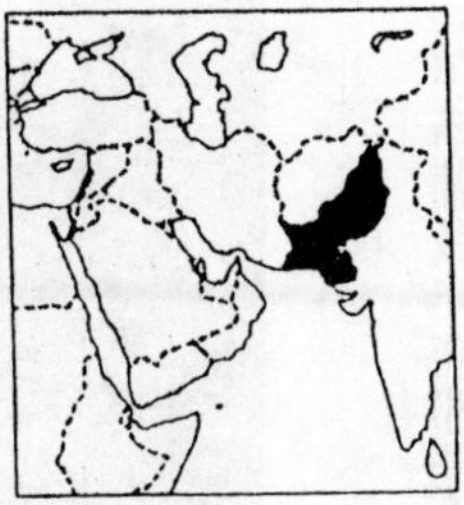

巴基斯坦位於印度教的西邊，在歷史或民族上都是構成印度的一部份，但是就如國名所示，是以伊斯蘭教為原理，而建立的國家。居民不論是北部、中部的印度人或阿富汗人，同時都是屬於印度、雅利安系的旁遮普人，以烏爾都語為公用語。

伊斯蘭教徒相信有來世，所以死不是一個終點，而只是與相愛的人暫時別離，死者會在審判日再度復活，同時得以再度相見。

當地人死亡的時候，要領取醫師的死亡診斷書，到警察署去辦理登記，若是因事故死亡例如在卡拉奇市意外死亡時，要到市立醫院或金納醫院驗屍，再由警察署發給死亡診斷書。

有人死亡的時候，遺體的大拇指要繫上白布、穿著壽衣，然後蓋上綠色的披風，飾以薔薇花，然後燒沉香。在最近的清真寺尖塔上，用擴音器通知鄰近的人死亡的訊息，遺體則運到清真寺去，在此舉行禮拜，然後再把遺體運到最近的墓地。墓穴大都長約二公尺、寬六十公分、深二公尺，把遺體的頭朝北側，臉朝麥加的方向埋葬。與會者要三次用兩隻手蓋上泥土，再奉上花圈或水。然後讀可蘭經的序章，喪禮才算結束。喪禮結束以後的第三天，近親者要聚集在喪家，找祭司來唱可蘭經，然後再掃墓，在第十天、四十天、第一年，以後的每一年的忌日，或是陰曆十月的星期四要掃墓。

埋葬的儀式則在墓地舉行，這時死者的頭要深垂，而不是平伏。禮拜的最後，要唱祈求死者平安的歌，唱完以後才埋葬，也就是要唱「在地上所有的一切都會消滅，唯一永遠不變的是充滿尊嚴與榮耀的主的慈顏」（第五五仁慈者章二六——二七節）

卡拉奇市郊外的墓地

伊斯蘭教徒全都是土葬，遺體要頭朝麥加的方向埋葬，伊斯蘭教為國教，但是他們認同信教的自由，在當地也有印度教、拜火教、基督教等。印度教徒則是火葬（一部份土葬）、錫克教徒則是鳥葬、基督教徒則一般是土葬。如果要火葬，在卡拉奇市只要到芒哥皮爾街，有印度教火葬場。在這裡沒有現成的棺木或骨灰罎，要個別訂製。

墓地依各宗教別而分開，伊斯蘭教的聖者或有錢人的墓，是呈靈寢狀，或用磁磚蓋得非常豪華，一般的墓地是在埋葬的地方放上石頭，頂多在前面樹立一個木樁而已。在班保雷特地方上，遺體納棺以後，直接放在附近的山上，印度教徒不建墓，在露天火葬以後，直接把骨灰撒在附近的河川中。

當地的日本人死亡的時候，要在各都市的警察醫院領取醫師的證明，到最近的印度教火葬場火葬，然後把遺灰帶回國內。

卡拉奇市以東約一百公里，有個他塔遺跡的馬克理山，在這山上有百萬個以上的墓，其中有一個是在一六七四年，由撒扎藩帝所興建的，然後在其子奧蘭格傑夫的手下完成，是一座非常大的清真寺，在建築學上，是非常有意思的建築物。

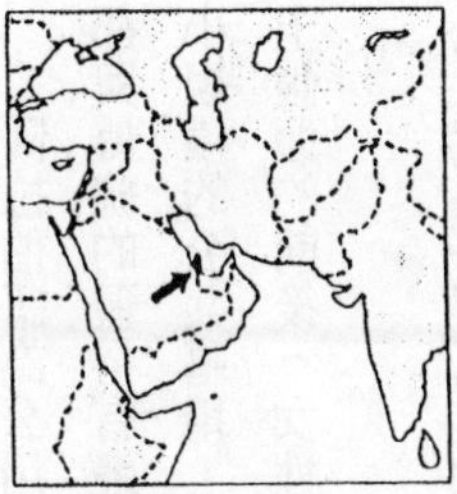

卡塔爾

卡塔爾位於卡塔爾半島，居民以阿拉伯人為主，大都住在首都多哈及其周圍，由於茲芬油田的開發，在石油收入的增加下，國家達到近現代化，它是波斯灣沿岸諸國中，最嚴守伊斯蘭教戒律的國家，即使是異教徒，也不能從海外攜帶酒精類，不能夠在旅館內飲酒。

阿拉伯語為公用語，居民大都是屬於伊斯蘭教的遜尼派。但是隨著時代的進步，有許多都與傳統的習俗有違背處，喪禮大都在清真寺舉行，同時儘早埋葬在墓地。首都多哈附近有小規模的公共墓地，最近在郊外的沙漠地帶，建立一個廣大的墓地，墓碑非常簡單，頂多在土饅頭的前後（女性則在前、中、後）放置石頭。

沙烏地阿拉伯

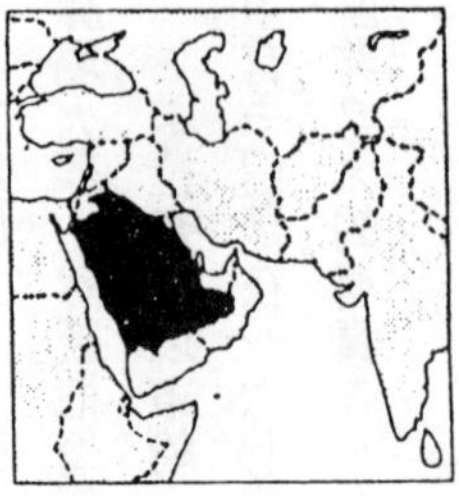

沙烏地阿拉伯是一個酷熱而乾燥的國家，國土九五％是屬於沙漠地帶。這裡是伊斯蘭教始祖穆罕默德麥加所在地，國民大都是可蘭經最忠實的信徒，哈瓦比派的伊斯蘭教徒。其戒律非常嚴格，不但禁止食用豬肉與飲酒，女性在外出時，也要戴黑色的面紗，他們必須奉行伊斯蘭教的五行，即①對神絕對的皈依、②一天膜拜五次、③齋戒月的禁食、④喜捨、⑤膜拜，而且血緣的連帶感非常強。

當地人死亡時，會由附近的清真寺遺體處理人清洗遺體，同時近親者會聚集在喪家，對伊斯蘭教徒而言，死是蒙神寵召，而不是一件悲哀的事，反而應該是件喜事。但是儘管如此，實際上最愛的人死亡的時候，還是難免悲哀、哭泣、甚至大聲嚎哭，鄰居聽到這聲音，就會來到喪家，把遺體用擔架載到最近的清真寺去。遺體清洗人一邊唱著可蘭經，一邊清洗遺體的手腳七次，同時撒上類似樟腦的香水。然後把遺體裹上沒有縫線的白衣，再蓋上白布。由男性抬著載著遺體的擔架走向墓地，女性則不同行。在墓地會掘約一公尺的深坑，但是並不放入棺木。埋葬時，掘墓的人要代替二位天使，詢問死者一些信仰的問題，然後右脇腹朝下，臉朝著麥加的方向向下蓋土。不豎立墓碑，然後在頭與腳的部份放置石頭。

之後三天為服喪日，要焚香並著白衣，最後一天會供應參加者飲食。有二十日忌、四十日忌、周年忌的名稱，但是並不會特別邀請人，同時也未必會去掃墓，對伊斯蘭教徒而言，除了神以外，是絕對禁止膜拜人的。

埋葬後，在土饅頭型上蓋上土砂，在頭的部份放上小石頭，非常簡樸。法伊撒國王死亡的時候，也是如此辦理，埋葬在首都利亞德市內的墓地，死是阿拉所命定的命運，只是暫時的睡眠而已。

埋葬之夜，在喪家會整晚點燈、焚香，然後服喪四十天，在這期間，近親者要避免所有的喜慶事宜。如果前來弔問者是男性，他會說：「阿拉安慰你的悲哀。」女性則會說：「阿拉給你好的回報」。服喪期間，近親者女性不戴深色的面紗，只穿白色的衣服。

對伊斯蘭教徒而言，死是回到神的應許，是毋須悲哀的事，即不管是往天國或地獄去，完全是依照神的旨意，也是把死者的善行與惡行放在天秤上稱過以後，所下的判決，相信若積善，可以成為穆罕默德。雖然如此，在近親者死亡時，還是非常悲哀。尤其經常看到女性號啕大哭的場面。教理與現實矛盾的地方，是經常可以看得到的。例如：可蘭經嚴戒血緣的連帶與女性不得戴深色的面紗，但是在現實上並沒有如此嚴格的遵守。

敍利亞

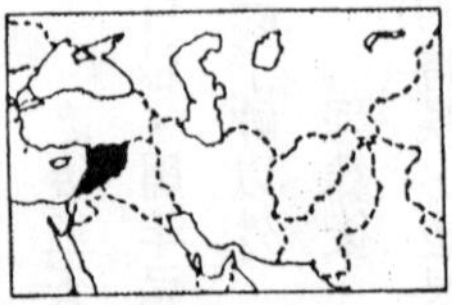

敍利亞的西邊是地中海、黎巴嫩，北為土耳其，南為約旦，東為伊拉克，由這些國家所包圍，是中東的東西要道。大部份居民為阿拉伯人，也有許多巴基斯坦的難民。憲法保障信教自由，但是大都屬於伊斯蘭教的遜尼派，也有基督教徒。在這裡，還有混合著伊斯蘭教與基督教，獨特的亞拉威派信徒。他們特別尊崇五個伊斯蘭教聖者。

當地為古文明國，留有許多歷史遺跡，首都大馬士革，有約翰墓的烏邁爾清真寺，以及十三世紀的沙拉汀石棺等，值得一看。

伊斯蘭教徒的喪禮與埋葬，原則上是找來祭司主持，如果附近的地方沒有。則由當地的長老或一家之長唱一節可蘭經，或是放錄音帶。通常死亡後三天為服喪期間，在這段期間，親戚朋友會聚集在喪家一同進食，這時候費用各出一半。任何時間都可以掃墓，但是通常會在齋月斷食前後的亞德非特祭，以及三個月後的亞德哈祭，一家人會聚集在一起追悼死者。這時候一家之長會致贈女性金錢等。沒有火葬設備，所以基督教徒也是全部土葬，不用靈柩，遺體撒上沒有酒精的香料，然後用白布包裹，放在擔架上，運到墓地。即使是用靈柩的時候，在埋葬時也不會把靈柩一起埋葬在墓地內。

首都大馬士革的區公所有埋葬客，會協助埋葬的準備事宜。在巴布艾爾撒吉爾有伊斯蘭教徒的專用墓地，基督教的專用墓地則在阿爾亞明。

遊牧民族沒有固定的墓，因此沒有墓碑。遺體放置在荒野的一角，把頭朝麥加的方向埋葬，然後在頭部的地方放置一塊石頭。

土耳其

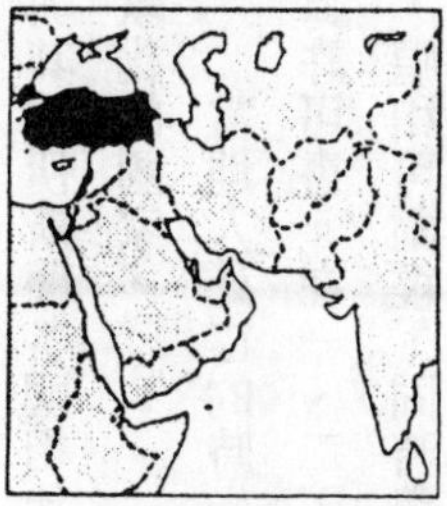

土耳其是由巴爾幹半島的東邊與小亞細亞半島的大部份所組成。地中海沿岸地方屬於海洋性氣候，冬天也非常溫暖，但是內陸地區夏天與冬天氣溫的差距很大。居民大都是土耳其人，其他也有庫爾德人、希臘人、猶太人等。

大部份都是伊斯蘭教遜尼派的信徒，也有基督教與猶太教徒，與其他伊斯蘭各國相比，宗教性的色彩較薄弱，禁止一夫多妻與女性覆蓋面紗等，是相當西歐化的國家。

當地人死亡的時候在喪家要領取醫師的死亡診斷書，到區公所辦理登記，才可以取得埋葬許可書。在一、二天內就會埋葬，清洗遺體以後，用白布包裹，在伊斯蘭教導師的主導下，唱和可蘭經，同時舉行守靈，入殮後的遺體運到清真寺，在舉行喪禮以後則埋葬。

土耳其人臨終的時候，要含水在口裡，以及在遺體的腹部上放置刀子等，這殯葬習俗與日本的相似之處很多。要用新的肥皂與布來清洗遺體。依據可蘭經的教義，要用水把鼻子、口、臉、手、前腕、腳各洗上三遍，再用白布包裹遺體，同時綁上繩子，放置薄荷或萘球，撒上薔薇香水，這些事情大都是由親友來做的，在這地方上也有殯儀社，但是殯儀社只協助棺木與埋葬事宜而已。棺木上要蓋著繡有可蘭經章句的布，女性則蓋上綠色的布。

以前女性不參加送葬行列，但是今天女性可以自由參加。不過在清真寺內舉行喪禮時，不得與男性同席。

一般而言，喪禮都是在一天膜拜五次以外的時間舉行，有時候也會一起舉行。將棺木安置在清真寺內，講壇前的棺台上，在導師的主導下舉行喪禮。這時候，不會在鐘樓用阿拉伯語廣播要做禮拜，與會者在進入清真寺時，也不必淨身。

喪禮舉行以後，則把棺木抬出清真寺，組成送葬行列朝向墓地。這時候，每個人都希望至少抬棺木七步，並以參加喪禮行列為喜。埋葬的時候，家屬與與會者會把泥土撒在遺體上，由於他們在等待復活之日，因此埋葬時，泥土上不能夠放置石頭，而要放在墓石的兩端。墓地上會栽植花卉，他們認為花是被神阿拉所祝福的，但是他們沒有供花的習慣。

墓地大都是公共墓地，在居住地的附近，在墓碑的頭部與足部放置一些平埤，在喪家為了不讓死靈回來，死後四十天，日夜都會點著燈火。在這段期間，要避免所有的喜慶事宜，過了這段期間以後，會召開追悼會，同時唱預言者故鄉之歌，招待與會者或致贈薔薇香水。每年忌日的時候，都會在喪家舉行這儀式。

土耳其沒有火葬的習慣，因此沒有火葬場的設備，若外國人在當地死亡，可以在醫院接受冷凍保存的處理，同時納入密閉棺中，把遺體送往國外，當然也可以埋葬在當地的國內，但是異教徒不得埋葬在伊斯蘭教徒的墓地內。

地中海沿岸的梅爾辛市，有一座紀念艾爾特格羅號乘員五百八十七名的慰靈碑。艾爾特格羅號於一八九〇年從土耳其到日本，作親善航海的訪問，但歸國途中，在和歌山縣串本町洋面上，遭遇颱風而罹難。

安卡拉阿塔邱爾克建國之父靈廟

阿拉伯聯合大公國

阿拉伯聯合大公國面對波斯灣，是由阿布達比與杜拜等七個世襲君主國家所組成，近年來，由於成為石油出產國，而名聞世界，一年四季氣溫相當高，大部份國土地處沙漠地帶。沿岸的都市由於經濟急速成長，相當地現代化，有許多從外國來的外勞，這國家是波斯灣沿岸諸國中，經濟最發達的國家，都市中高樓林立，而且高速公路網非常發達，很像美國的佛羅里達州與邁阿密一樣。

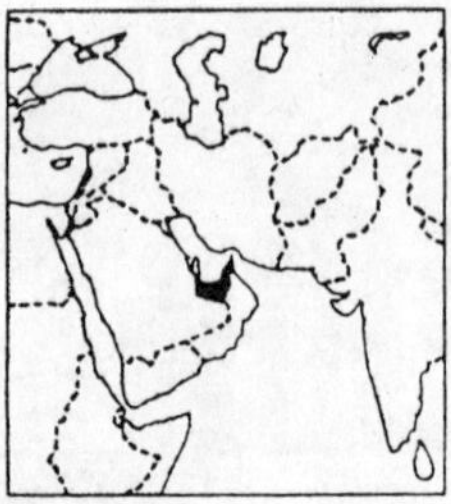

公用語為阿拉伯語，伊斯蘭教徒遜尼派佔壓倒性多數，嚴格遵守伊斯蘭教的各種戒律，一天五次的膜拜絕不可少，同時在齋月（斷食月、陰曆的九月）白天禁止飲食，而且絕對不吃豬肉等等，女性也忌諱照相。

當地有人死亡時，要到區公所去通報，殯葬習慣非常簡樸，死後立即清洗遺體，同時抹上香油，裹上白布，放到最近的墓地埋葬。日落以後死亡，在第二天早上埋葬。通常服喪為三天，丈夫死亡的未亡人，要回娘家服三個月又十天的喪，這是為了避免在這段期間內有懷孕，所以服喪完畢以後，就可以再婚，在杜拜市內有伊斯蘭教徒與基督教徒的墓地。

越盟共和國

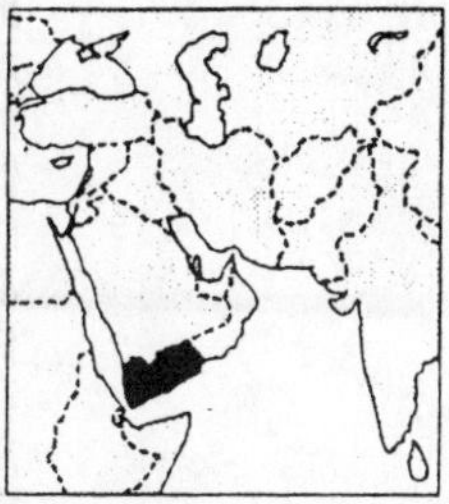

越盟共和國位於阿拉伯半島南邊的位置，居民幾乎都是阿拉伯人，信奉伊斯蘭教遜尼派與什葉派者各半。一九六二年的改變，打倒了國王體制，成立共和國，是為北越，一九六七年，南越脫離了英國而獨立，在此之後，兩國的武力衝突不斷。一九九〇年，越盟・阿拉伯共和國（北越）與越盟人民民主共和國（南越）宣布統一，新興國家誕生。

由於地處熱帶地方，因此按照伊斯蘭教徒的風俗習慣，當地人死亡時，會儘早埋葬遺體。首都沙奴亞等都市地區，可以利用民營的殯儀社，有人死的時候，喪家清洗遺體以後，男性裹上白布，女性則裹上綠布，再塗上香油，找來導師唱可蘭經。大部份在清真寺舉行喪禮以後，則埋葬在公共墓地，沒有供花的習慣，豎立在砂地上的墓碑，大都非常簡樸。

不需要購買墓地，如果是伊斯蘭教徒，則有專用的墓地。沒有火葬的習慣，因此也沒有火葬場與骨灰罎。女性的與會者要穿著黑色的喪服，男性則沒有特別的規定，只要穿著清潔的衣服，任何衣服都可以。

自古以來，階級意識就非常顯著，分為聖職者、軍人、商人、奴隸階級。南越認為必須打破這種封建體制，所以他們採取共產主義路線。政府先實施土地的全面國有化。儘管如此，傳統的習俗與風俗習慣，並不是一朝一夕所能夠改變的，大多數人對於穆罕默德後裔的聖職者階級，仍抱持尊崇之意。

該國之中，也有中國人、索馬利亞人、印度人等，各自依照自己的宗教習慣來舉行喪禮，另外，內陸地區的遊牧民族貝督因人，由於是在沙漠地帶行走，所以沒有固定的墓地。

當地的外國人死亡的話，如果希望把遺體運送回國內，必須要採取法定的程序，同時要把遺體做冷凍保存處置以後，才能夠把遺體運到國內。

第五章　歐洲地區

阿爾巴尼亞

阿爾巴尼亞位於巴爾幹半島的西南部，面對亞得利亞海洋，以前有七〇%的國民為伊斯蘭教徒。但是第二次世界大戰以後，成為社會主義共和國而獨立，採取反宗教色彩。一九六六年，在第五次共產黨大會上，正式宣佈成為世界第一個無神主義國家。因此所有的教會由國家接收，祭司們則還俗。最近才採取鎖國政策，拒絕所有外國人的入境，與日本也沒有外交關係。

以前非常嚴格地遵守伊斯蘭教的風俗習慣，現在則可以吃豬肉，也沒有遵守斷食與禁酒的習慣。現在白天時分，都可以看到當地的人在喝著葡萄酒（蒸餾以後的酒）並乾杯。他們認為「否定宗教，才能對封建制度與歷史的怨恨有一了結」。當地人死亡的時候，喪家或集會場所舉行無宗教儀式的簡單喪禮，其內容非常簡單。由代表者致弔辭以後，把遺體埋葬在公共墓地，同時視需要來舉行追悼儀式。

首都地拉那西南山丘上，有個民族解放戰爭烈士之墓。在那中央有一座氣勢雄偉的婦人雕像，稱之為「阿爾巴尼亞之母」。從這裡可以看到全市的景觀，是一個觀光勝地。

阿爾巴尼亞人死亡的時候，近親者會哀悼而號哭，同時拉扯自己的頭髮。地方上的埋葬，是在教會舉行喪禮以後，在死亡當天或第二天早上舉行埋葬之禮。出棺的時候，女性會在喪家的大門親吻。為遺體換上最好的衣服，甚至會讓死者口含煙斗，手上拿著枴杖。服喪要持續四十天，在這期間要掃墓。東方教會信徒的遺骨，三年以後從墓地挖掘出來，供奉在納骨堂內。

安道爾

安道爾是位於橫亙於西班牙與法國的庇利牛斯山脈中的觀光小國。居民大都是卡塔羅尼亞系的西班牙人，羅馬天主教徒佔壓倒性多數。

由於這國家風光明媚，再加上是個關稅自由的國家，所以一到夏天就擠滿了來自歐洲各地的觀光客。

喪禮大都在天主教堂舉行，遺體則埋葬在教會附屬的墓地。幾乎都是土葬，在國內沒有火葬設備。

奧地利

奧地利位於歐洲中央的內陸國家。大部份居民都是德國人，但是也有克羅地亞人、匈牙利人、斯洛文尼人，以及捷克人。天主教徒佔壓倒性多數，也有基督教徒、猶太教徒與希臘正教徒。

當地人死亡的時候，檢察官要陪同確認死亡的事實。若在醫院死亡，解剖以後由醫師開出死亡診斷書。自瑪麗亞•泰勒莎女王（一七一七～一七八〇年）施政以來，便明令若在醫院死亡，有為遺體解剖的義務。

喪禮在首都維也納等都市地區，由公營的殯儀社代為處理，但是在地方上有一部份也有民營的殯儀社。一八八〇年代，有二家民營的二大殯儀社，競相比較豪華，使殯葬費用成為一般人所無法負擔的地步。後來約有八十個小的殯儀社成立，但是一直未能有一全盤性的制度。直到一九〇七年六月二十一日，制定了維也納社會共濟法。後來殯儀社才採取許可制，逐漸由公營的殯儀社取代了民營的殯儀社。

在當地死亡的時候，要連絡殯儀社，會立即派遣相關官員來確認死亡。遺體納棺以後，然後放在公營墓地內的遺體保管所內。死亡後三天～一週以後，會置於保管所，然後再移到禮拜堂去。在那裡依死者或喪家的宗教舉行喪禮。喪禮以後，把棺木運到墓地，大部份都是土葬。天主教徒則是在數日以後，在所屬的教會舉行追悼彌撒。

奧地利的人們經常掃墓，他們對於死的意義考慮得非常深刻，並不認為死是命運在作祟而已。他們特別重視十一月一日的掃墓，這時候要獻上象徵永世常存的常綠花圈。奧地利人會在死者的生日、忌日、基督教的祭日（聖誕節或復活節等），會在墳前點燃蠟燭，然後追悼死者。獻上薔薇或康乃馨的花束，有一些人甚至一個月掃三次墓。

維也納中央墓地

火葬以前，和德國與法國一樣，都是勞動階級才會火葬。最近則廣為普及，在各都市的公營墓地都有火葬場設備。遺體在火葬以後可以埋葬，或是供奉在納骨塔內。土葬則依地點與條件而有所不同，例如：北奧地利的哈爾休他特市的墓地，埋葬後十五年會再合葬。

現在首都維也納有十個教會墓地和四十六個公營墓地，其中規模最大的是建於一八七四年的維也納中央墓地，佔地約二百四十萬平方公尺。

這裡是電影『第三男』的舞台，非常著名。

另外，奧地利有許多世界級音樂家的名譽墓地也在此，非常著名。從中央口進去左邊的一角（三二區A），是貝多芬、舒伯特、莫札特、休特拉斯父子、布拉姆斯、蘇佩、佛胡等的墓碑，是一個觀光勝地。

但是，莫札特的墓只是一個紀念碑，據說其骨骸是埋葬在卡爾馬爾克斯墓地。至於貝多芬與舒伯特，是在一八八八年從威靈頓墓地移到這裡的。

維也納市中心鬧街凱恩特納大道上，有一座長一百三十七公尺的大尖塔，是休特芳教會。在這附近有卡布汀教會的地下墓地。哈普斯布魯克家歷代的豪華棺墓，均安置於此。一九八九年四月一日，長期統治奧地利的哈普斯布魯克帝國最後的皇帝，福拉茲卡爾之后圖太的喪禮，就是在休特芳教會盛大地舉行。這棺木也安置在卡布汀教會的地下墓中，這場喪禮也許是維也納最後一場傳統式的喪禮。

市內的高爾德加西街有喪禮博物館，要了解喪禮殯葬等歷史的變遷，是必到之處。同樣在格拉邦大道上，有一座在一六八三年，由雷奧婆爾德一世所建，紀念黑死病流行終結（一六七九年）的佩斯特紀念塔。在這地下埋葬了數萬名不知名的黑死病者的遺體。另外，在薩爾茨堡市內，聖佩他教會裡的墓地兩旁，有為數衆多供奉遺體的壁龕。

比利時

比利時位於歐洲的中央地帶，面對北海。國土幾乎都是平緩的平原丘陵地帶。人口密度與日本差不多，荷蘭系的夫拉曼人與法國系的瓦龍人占大多數。大都是天主教徒。

有人死亡的時候，要依據醫師的診斷書，到附近的戶籍登記所辦理死亡登記。同時由主辦人員遞交證明死亡已經二十四小時的死亡證明書。有許多大大小小的民營殯儀社。一般而言，遺體不做整形保存術，通常是穿著衣服（有時候是白衣）來入殮。

通常喪禮是在死後二、三天，在所屬的教會舉行。在此之前，棺木則安置在喪家或殯儀社，周遭飾以十字架或鮮花。喪禮以後則組成送葬行列，埋葬在墓地。

如果死者沒有特別的交代，大部份都是土葬。在首都布魯塞爾有火葬設備，但是對於充滿信心的天主教徒而言，除非是因傳染病而死，否則一般都希望能夠土葬。在布魯塞爾

比利時布魯塞爾的市內墓地

市內的卡雷維德，有莫念鼻克公共墓地。在地方上如果希望火葬，遺體則必須送到鄰近的德國或法國。

波斯尼亞黑塞哥維那

波斯尼亞黑塞哥維那是舊南斯拉夫聯邦的一員，是由北部的波斯尼亞地方與南部的黑塞哥維那組合而成的國家。首都為薩拉熱窩。舊聯邦解體以後，一九九二年三月宣佈獨立，但是由於居民是以穆斯林、塞爾維亞、克羅地亞各佔三分之一而組成，因此三大民族的民族糾紛不斷。甚至要由聯合國介入調停。

對於塞爾維亞人而言，有人死亡的時候，要在第二天舉行喪禮。死後通常是在一個星期、四十天、六個月或一年後舉行追悼儀式。

保加利亞

保加利亞位於東歐的東南端，是巴爾幹半島的一國，中央橫亙著山地，占國土的二分之

一。南邊是屬於地中海型氣候，氣候溫和。北邊則是屬於內陸型氣候，冬天非常嚴寒。大多數國民是保加利亞人，其他也有土耳其系的吉普賽人。信奉保加利亞正教與伊斯蘭教。但是一九四六年成為共產主義國家以來，國民顯著地脫離宗教，通常喪禮也是脫離宗教色彩而舉行。一九八九年，要求民主化的示威事起，長達三十五年的傑夫苛夫政權終於畫上了句點。由傑雷夫新政權邁向民主化中。

現在的喪禮通常在公營墓地內的禮拜堂，有親友聚集在一起。由代表者致弔辭以後就結束，非常地簡單。喪禮結束以後，則到墓地去，把遺體埋葬在墓地內。如果死者與家屬有所希望，可以在教會舉行喪禮，同時在祭司的陪同下埋葬。地方上的宗教性色彩較為濃厚。埋葬的時候，會在喪家提供與會者一些簡單的食物才散會。

如果是知名人士，會由團體在其忌日主辦追悼儀式。

革命以前的墓地，可以看得出一些傳統性各宗教別的墓碑。但是最近的墓碑則統一規格化，例如：共產黨的墓地則是在紅色三角形的墓碑上，印著星印，非常簡單。儘管如此

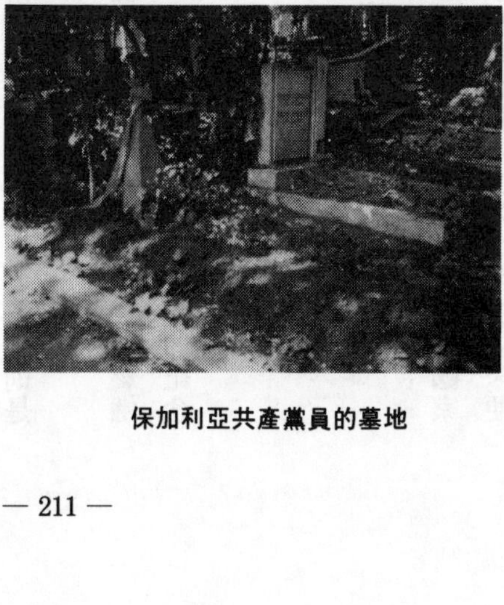

保加利亞共產黨員的墓地

，對國家有功者則另當別論。例如：保加利亞的首任元首蓋爾基特戴米特羅夫的遺體，則是在蘇菲亞市內，九月九日廣場前，有一棟黃色的陵寢。

保加利亞人比較能夠接受死亡，不太相信死後的世界。儘管如此，埋葬的時候會點燃蠟燭，同時在墓前添飲食與金錢。死後三天、四十天、六個月、第一年，以及東方教會的紀念日會去掃墓，同時在墓前撒上葡萄酒。

克羅地亞

一九九一年六月，克羅地亞脫離聯邦而獨立，是一個新興國家，首都為薩格勒布。哈普斯布魯克家族的影響力很強，自古以來便與鄰國的塞爾碧亞互爭主導權。天主教徒的克羅地亞人占大部份，但是同樣住在該地的塞爾維亞正教徒的塞爾維亞人，呈現內戰的狀況。雖然聯合國曾出面調停，但是似乎並無結束之日。是以工業立國，在亞德里亞海沿岸，有杜布羅夫尼克等觀光聖地，但是現在已經呈毀滅的狀況。

克羅地亞人相當重視結婚的儀式，會盛大地舉行，但是喪禮卻非常簡單。喪禮的時候，會追悼死者，高唱哀歌，同時有進餐的習俗。

克羅地亞人由於羅馬、天主教的習俗很深，但是受到共產黨政權時代反宗教政策的影響，而逐漸世俗化。聖誕節是唯一的節日，因此喪禮也非常簡單。

捷克

捷克是作曲家德保爾扎克與斯美塔那的誕生國，位於東歐中心地帶。人種為捷克人與斯洛巴克人等，是一個多種族的國家。以前受到天主教深刻的影響，自一九四六年建立共產黨政權以來，禁止違反國策的宗教活動，教會、神學院、修道院等，都轉為其他用途。一九八九年，發生大規模的民主化示威遊行，繼胡撒克之後的椰可休體制瓦解，而產生了聯合政權。同時選出反體制作家的哈貝爾為大總統。

有人死亡的時候，要領取醫師的死亡診斷書，到區公所交付死亡許可書。

在喪家舉行守靈，在都市地區公營墓地內的火葬場舉行喪禮以後，則埋葬在墓地或放在納骨塔中。在地方上依照喪家的希望，會找來主祭者舉行宗教性的儀式，但是會嚴守這風俗

普拉哈市的公共墓地

習慣的人日益減少。在都市地區，火葬的人達二十五％。在地方上一般還是以土葬為主。墓地可以用很便宜的價格租借五年，借用期間還可以延長。如果墓地沒有後繼者，則撤去重新合葬。

一些歷史性重要的宗教建築物或墓地，是利用國家的費用保存下來。在普拉哈城內的聖彼特教會等，有時候會作為音樂會的場地。歐洲最古老的猶太人墓地（舊市政府的廣場旁），或是德保拉扎克與斯美塔那所長眠的維拉謝拉紀念墓地等，管理得非常完善，是著名的觀光聖地。

一般市民的公營墓地，在市內有奧爾香斯奇墓地。在這裡的死亡通知會刊登在街角的公報板上，註明死者的出生日期與死亡日期，其家屬、家世、信仰宗教的有無等等。另外，在道路旁還有一座紀念第二次世界大戰中，與德軍作戰陣亡士兵們的紀念碑，經常有人在此獻花，引人注目。

公共墓地上，有許多非常個性化的墓碑。有的會飾以石頭打造的和平鴿；或是在戰爭中殉職的飛行官的墓前，則擺著墜落機的螺旋槳殘骸等等，令人不禁佇足觀看。

每到春天，這國家的各個墓地就開滿了鬱金香、三色堇等各式各樣的花草樹木，非常漂亮。復活節前後，會有很多人去掃墓。秋天的十一月一日，被稱為「杜西切基」，是追悼死者的日子。就像日本的彼岸一樣，會有許多人來掃墓。人們相信在這一天，死者的靈魂會從另外一個世界回到這世界來。

丹麥

丹麥位於波羅的海的入口處，隔著海峽與瑞典遙遙相對。雖然是小國，但是人口密度很高。基督教的路德派福音教會為國教。

有人死亡的時候，要依照醫師的診斷書到區公所辦理登記，同時由區公所交付死亡證明書，與其他文明國家一般無異。喪禮的手續事宜，都由殯儀社來代為處理。

男性遺體大都著西服，女性著婚紗。入殮以後，便運到所屬教會或墓地內的火葬場去。這時候會找來牧師，只有近親者參與入殮的儀式。數日後，喪禮在教會或火葬場舉行。若死者是公會的會員，與會者很多時，則在工會會館或市民大廳舉行。

數年前，丹麥國內有二十四個火葬場，現在應該會增加。首都位於哥本哈根，火葬率達六六％（一九八五年）。在地方上仍然採行土葬，希望把火葬後的遺灰埋葬在草皮下，合葬

哥本哈根的公共墓地

的人有增多的趨勢。這數目在哥本哈根達到四〇%。

若是王公貴族，則是埋葬在羅斯吉爾德大教堂的靈廟內。一般而言，靈廟形的墓地並不多。通常是埋葬在寢棺或立碑形的墓石下。在地方上，則通常是埋葬在教會附屬的墓地。

埋葬後，喪家會在餐廳或聚會處供給與會者一些簡單的食物，然後解散。遺族沒有訂定嚴格的服喪期間。喪葬的費用包括火葬，約二千克朗（一九八五年）。要給主祭的牧師一些謝禮。但若是路德福音派教徒，則由國庫來補助，信徒的喪葬費用會比較少。

哥本哈根市內有亞西斯汀墓地，花木扶疏。這墓地正面的入口處，是安迪森與哲學家邱爾克葛爾的墓地。

國民所得的八%由國家徵收作為教會稅，因此在結婚典禮或喪禮的時候，在教區內舉行的一切費用都免費。所以無宗教者也有權利在教會舉行婚喪儀式，教會沒有拒絕的權利。決定好喪禮的日期以後，大都會透過報紙的死亡廣告欄來通知親友。在都市地區，這一切都是委託殯儀社來辦理。大部份居民都是屬於路德教會，但是教會出席率只有四、五%，非常低。喪禮非常簡單，與會者穿著平常的服裝即可。以前墓碑有非常個性化的設計，最近由於火葬增加，墓碑也逐漸統一，非常簡單。哥本哈根市內有三個公共墓地，幾乎都是戰前的古老墓石。有一部份無緣墓地則改葬，或是在郊外建立新的墓地。

當地人基於現實來看待死與死後的世界，婚喪喜慶等事宜都相當個性化，只有在家族與朋友之間舉行。法羅群島的喪禮很簡單，埋葬在教會的附屬墓地或村落的公共墓地。

格陵蘭

格陵蘭位於北極，是一個非常大的島嶼。一九七九年脫離丹麥而獨立。除了沿岸地區以外，大部份地區終年是雪。人口約六萬人，居民幾乎都是伊奴伊特族（愛斯基摩為蔑稱），以格陵蘭語與丹麥語為通用語。首都位於西南沿岸的奴庫。島嶼與島嶼之間的交通是靠船或直昇機。也許是受到丹麥的影響，路德教會也相當於國教，居民的信仰十分虔誠。各村都有教會，講壇很低，天花板上掛著船的模型。人死亡時要到區公所辦理登記，由近親者或朋友進行喪禮事宜。喪禮在教會舉行，同時埋葬在公共墓地。居民對於死並沒有太多的嫌惡感，有時候會待雪融化時去掃墓。

在西部格陵蘭伊奴伊特，有人死亡的時候，近親者非常多禁忌，所以非常謹慎。他們相信死後的世界，而且認為死者在彼世也是過著狩獵的生活。如果在海中死亡，認為會到下方的世界去。死後在新生兒誕生以前，不能把死者的名字掛在嘴上。

愛沙尼亞

一九九〇年三月，愛沙尼亞脫離蘇聯而獨立。九月加入聯合國，是一個新興國家，首都為他林。國民為芭爾特芬特的民族愛沙尼亞，語源為古代非利吉亞語的「艾斯特」（東方之意）。人種與芬蘭人相當密切。在文化上對於北歐有強烈的歸屬感。因此與芬蘭一樣，都是以基督教福音路德派系者居多。

隔著芭爾特海與芬蘭遙遙相對，因此這國家的風俗習慣與語言和芬蘭有許多共通之處。殯葬習慣也非常類似。首都他林的郊外，有三個公共墓地。其中最老的墓地是拉菲馬艾墓地。最近則新設了美國墓地。在蒼鬱的森林中，這墓地樹立了大大小小的墓碑，相當整齊，可以免費使用。當地人死亡的時候，要服喪四十天，可以委託殯儀社代為處理殯葬事宜。日俄戰爭之際，俄羅斯的巴爾截庫艦隊，就是由這港啟航。在對馬海峽的戰役上，被日本的東鄉元帥所率領的海軍打敗，而俄羅斯海軍戰亡者的慰靈祭，就在一九〇五年，在他林市舊市街山丘上，俄羅斯正教的亞雷基桑德爾內夫斯基教會舉行。最近在他林有最古老的德姆教會（建於十三世紀）。一般庶民的墓也可以埋葬在教堂內，會堂像靴子的形狀，同時把墓碑也刻成有如靴子一般的形狀，令人不禁莞爾。

芬蘭

芬蘭位於歐洲北部，國土約七成都屬於森林地帶，散佈著許多湖沼。居民大都是芬蘭人，也有瑞典人與拉普人。鄰國緊鄰著社會主義體制的蘇聯，所以至今雖然受到該國的許多影響，但是仍屬於自由主義國家圈，社會福利相當完整。居民大都信奉路德派的基督教。首都赫爾辛基市中心，聳立著一座聖尼可拉斯大教堂，這是路德教派的大分堂。總堂監督廳位於托爾庫。

當地人死亡的時候，要領取醫師的死亡診斷書，到區公所辦理登記，取得死亡證明書。喪禮則委託最近的殯儀社代為處理。

守夜在喪家舉行，第二天則在所屬的教會舉行喪禮，家屬或與會者要穿著黑色的喪服。

赫爾辛基市的公共墓地

喪禮之後，則埋葬在教會附屬的墓地，但是最近火葬有增加的趨勢。也可以在公營的火葬場火葬以後，埋葬在墓地。鮮花可向花店購買，大都是採用百合花。

赫爾辛基市內在西側沿海附近，有公共墓地。依宗教派別墓地有所區別。在這裡有芬蘭的建國之父，馬奈爾赫姆的墓地，他是令人尊敬的國父。每年聖誕節的晚上，在墓前會點燃許多蠟燭，與周圍的雪景互相輝映，非常莊嚴肅穆。市容留有許多中世紀俄羅斯的面貌，如：希臘正教的威斯偏斯基與超現代的天帕利亞威開教會等。

住在北極圈的拉普人，大都信奉俄羅斯正教或路德派教會。以前死亡的時候，死者的遺物要裝袋，然後放在遺體旁，一起埋葬在墓地內。遺體也會埋葬在土裡。有時候會放在有如屋簷形的木棺內，直接放在地上，頭部再架上木製十字架。

生於該國的偉大作曲家西貝流斯紀念碑，是以管風琴為造形，在赫爾辛基市內的西貝流斯公園內。

大部份居民屬於路德敎派，路德敎派相當於國敎；也有人信奉芬蘭正敎與猶太敎。人死亡的時候，要到區公所去辦理登記，這與其他文明國家一樣。這些手續可以委託殯儀社來辦理。死亡通知主要是在報紙上刊登死亡通告，親族的名字一併列於其上，並通知喪禮的時日。與其他國家的猶太教徒不太一樣的是，這裡的猶太教徒的墓碑有種植花木的習慣。這習慣可見是與當地的風俗習慣同化了。

他們認為人死後，是由這世界移到另一個世界。喪禮的時候，女性要清洗遺體，為死者穿著壽衣，唱哀歌。通常會依照羅馬正教會或俄羅斯正教的習俗，在六個星期或一年後舉行追悼式。

法國

法國位於歐洲的中央，北有英吉利海峽，南接地中海，境內有許多平緩的丘陵地帶，居民大都使用法語。居住在布列塔尼的居民，一部份則使用布列塔尼語。現在的法國人本來都是凱爾特族與拉丁族的複合混血人種，天主教徒占壓倒性優勢，本世紀已漸漸進入世俗化。尤其是在都市地區工作的人，宗教越來越形式化。但是在地方上的銀髮族，有許多虔誠的信徒。對於人生最後的通過儀式，會舉行盛大的喪禮，同時莊嚴地舉行。

當地人死亡的時候，要由醫師開立死亡診斷書，到區公所辦理登記，同時交附埋葬許可書。死亡以後二十四小時以內不得埋葬。殯儀社都是民營的，一般在喪家舉行守靈以後，則在教會或墓地的靈安室舉行喪禮。

拿破崙統治的時代，喪禮是教會的獨占物。一九〇四年在政令之下，把這權利委讓給地方自治體。今天教會以外的殯葬業務，也可以在教會的監督之下，交由殯儀社代辦。

法國有世界最大的殯儀社，朋普菲奈布爾幾乎獨占了市場。擁有五千五百位從業人員，年營業額多達二十億法朗（一九八九年），最近與英國的保特松保爾汀格茲，以及凱娘西居利特公司合併。

但是在美國所盛行的遺體保存術，在這裡除了名人以外，一般很少進行這遺體保存術，手續相當繁雜。但若美國人在法國死亡的時候，會先把遺體施予遺體整形保存術以後，再用貨機運回美國。

首都巴黎喪禮的預算，總共可以分為六個階段，而喪禮的預算，也視用具而有所不同。棺木都是舟形棺木，材質相當多，一般而言都選用橡木和松木，更貴的還有黑檀木與桃花心木等等。喪家的守靈會場或殯儀場內，棺木旁會放置燭台，而周圍垂釣著黑色的布幔。成人的棺木是掛著黑色的布，小孩則掛著白色的布，同時放著刻有死者名字的棍。

通常死亡後四十八小時以內，要埋葬在公共墓地。超過四十八小時，或是死亡地與埋葬地相距一百二十五公尺以上的時候，棺木的內側要附上密閉用的金屬板，同時必須要得到警官的封印。

以前喪禮的當日會組成送葬行列，用靈車把棺木從喪家運到殯儀場。但是有鑑於今日凡事講求效率，靈柩大都用汽車。墓地都是用公營墓地，通常是採取五年的租賃形式，最長可以簽訂三十五年的契約，同時還可以更新。埋葬後五年，沒有人前來續約的無緣墓石，佔了全體的六十五％。在此之後會撤去墓地，把遺骨合葬。

法國革命之前的巴黎，在中央市場旁邊，有一般市民所用的伊諾桑墓地。人類的遺體與家畜一樣，未經加工就直接埋葬在土裡。經過一段時日以後，再挖掘出來把骨片收納在墓地外壁的屋頂內。

巴黎的培爾拉休墓地

革命前歷代國王的墓，就在巴黎郊外的聖東尼聖堂內。石棺上會刻著與死者等身大，稱為「芝彰」的橫臥像。但是芝彰慢慢地就消失了。不過有錢人還是刻他們稱之為特南西的立像，置於棺旁。革命之後，聖堂內安置的墓像與石棺，逐漸移到屋外。現在在歐洲各都市的廣場上，經常看得到的英雄與著名人的銅像、石像，就是由此而來的。一般家庭裝飾品的青銅像，以及大理石製的男女半裸像等，相信是溯源於在聖東尼教堂內，路易十二世（一四六二～一五一五年）及其王妃安奴德布列塔尼（一四七七～一五一四年）豪華的石棺座台上，坐著四座像維納斯一般的四個女人像（象徵著古典的四大美德，剛毅、節制、正義、賢明）。

埋葬方法在今日，大都以土葬為主，但是也可依死者或家族的希望，予以火葬。例如：在巴黎二十區的培爾拉休墓地，一般火葬場附屬了很大的墓地。思想家薩爾特就是在這裡火葬，名演員約翰姜班也是在這裡火葬以後，依其遺言將骨灰撒在布爾他妞的海岸上。

當地人相信在十字架上的基督，埋葬以後又再度復活，因此若把遺體燒成骨灰，就無法產生奇蹟，所以基督徒向來都採取土葬。尤其是天主教徒，更是嚴守土葬的規定，「即使死者希望能夠土葬，但是也不能按照死者的遺言來執行」（教會法一二三〇條），「若死者不撤回火葬的遺言，則可以對死者說，火葬的人拒絕為其舉行喪禮」（同一二四〇條）。對天主教徒而言，火葬是相當嚴重的背信行為。但是十九世紀以來，一部份知識分子為了打破基督復活的神秘性，因此自己要求火葬。例如：撒爾特等人也是為了打破基督教的傳統風俗習慣，而以火葬作為最後抵抗的手段。

前述的培爾拉休墓地，有許多名人之墓，例如：文學家莫利艾爾拉豐奴巴扎克、作曲家羅西尼、蕭邦、畢傑等，都長眠於此。蒙馬特山丘以西的墓地，則有貝爾利歐、奧芬巴哈等著名的墓。每年到了十一月一日萬聖節，或是第二天（十一月二日）萬靈祭，這裡的墓地就會獻上許多掃墓者的紀念花束。

巴黎的街角有紀念第二次世界大戰中，抗德運動的犧牲者的墓碑或銘。

在廢兵院的圓頂教堂中央，供奉了拿破崙的遺體入殮的石棺，放在綠色花崗岩的祭壇上。據說是由俄羅斯皇帝尼可萊一世所贈，長三•九六，寬一•八二，高二•二七公尺的一塊紅色雲斑石所做成的。石頭的周圍則是其兄，西班牙王約瑟夫，以及第一次世界大戰的名將戴洛克貝爾特男將軍等，安置的八具石棺。每到了夏天晚上，廢兵院的前庭會有露天秀，演奏貝多芬的交響曲『英雄交響曲』。

住在布列塔尼的布列塔尼人，有在生前準備喪禮的習俗，如墓地或喪服等。有人死亡的時候，喪家的門戶與窗口要完全打開，好讓靈魂飛去，家中的鏡子都要反過來。埋葬遺體以前，要先在教會望彌撒。同時在回到喪家以後，則供應簡單的食物，死後經過一年，會舉行追悼儀式。

住在佛蘭德的佛拉曼人，壓倒性地遵從天主教的習俗。有人死的時候，親朋好友會聚集在一起，舉行喪禮。墓地大都在教會旁，由死者的遺族來維持。

住在科西嘉島的科西加人，則遵從天主教或傳統的習俗來舉行喪禮。以前他們相信精靈與惡魔等的存在，現在則逐漸不相信。

德國

西德位於歐洲中央地帶，除了南部緊鄰瑞士國境以外，其餘都是一望無際的平原。第二次世界大戰以後，於一九四九年成立。戰敗後，成為工業國而有顯著的復興。居民大都是基督教徒，北部為基督教徒，南部為天主教徒。一九四九年公布，一九六六年修訂的該國基本法的序文上，提倡信教的自由。但是路德派福音教會與天主教會，則接受國庫的補助。不過年輕人在星期日出席教會的比率越來越低。一般人對於宗教的關心度，也越來越薄弱。

有人死的時候，要與其他文明國家一樣，由主治醫師開立死亡診斷書，同時到區公所辦理登記。殯儀社依地區而分為民營與公營，可以自由選擇。一八六〇年，制訂自由貿易法以後，獨立的殯儀社得以開業。一九二八年，柏林有八十個公營墓地與三個火葬場。三個公營殯儀社處理該市六〇%的殯葬業務。第二次世界大戰以後，獎勵民營產業，殯儀社也有許多的民營公司。在慕尼黑市，取代了所有公營的業務。民營殯儀社遍佈全國，而組成了德國殯葬協會。

伽買奴特支給殯儀社是大規模的殯儀社，總公司在柏林，全國共有二十家分公司。同時，在東柏林也有分公司代為處理殯葬業務。民營的殯儀社中，有一些也是殯葬保險的代理店，只要支出小額費用，就可以為你支付殯葬的所有費用。

一般而言，棺木使用松木或柚木，通常是黑色與褐色的八角形的舟形棺木，內側會飾以紙或絹布。同時把遺體枕在塞了木屑的枕頭上。納棺之後的遺體，會施以保存術，安置在喪家數日。但是通常會利用靈車運到墓地內的靈安室去，同時放在有冷凍裝置的房屋內，弔問者隔著玻璃與死者面對面。在地方上教會附屬墓地的一角，有稱為「死者之家」，用來安置遺體的小屋。在進行喪禮與埋葬之前，都安置在這裡。

東柏林的公共墓地

如果是附近的親友，就用電話通知死訊。一般而言，會在當地的報紙刊登訃聞。

在都市地區比較看不到送葬行列。但是在地方上，從喪家或教會到墓地，會經常看到穿著黑色喪服的家屬和與會者組成的送葬行列。教會還會打喪鐘，棺木由六個人靜靜地抬著。這種光景非常莊嚴肅穆，令人印象深刻。喪禮通常是在教會或墓地內的殯儀場，依所信奉的宗教找來主祭者舉行。最近，都市地區則通常是在墓地內舉行。依喪家的希望，連絡教會或殯儀社，也可以代為安排演奏送葬曲的樂師或歌手。

不論是公營墓地或教會附屬的墓地，非常整齊劃一，覆蓋著白樺等常綠樹木，宛如公園一般。墓地採取租賃形式，簡單的埋葬墓租賃期間為二十五年，家族墓為三十～六十年，堅固的墓地則訂立六十年的契約。契約可以更新，更新的時候，費用可以減半，或是分期繳納。租賃契約屆滿，若無人續約則可以改葬，同時撤去墓石。

一般而言，墓地是由掘墓人掘了坑洞以後，再舉行埋葬儀式。主祭者在儀式之後，會在棺木上撒三次土，家屬與與會者也會在棺木上撒上土。撒滿泥土以後，在棺木上與周圍會種上薔薇。墓碑通常是十字架或大理石製的各式各樣的形狀，可以向石材業者訂購。自古以來，墓地就依宗教派而有所不同，例如：基督教、天主教、猶太教各有其墓地等等。

東德向來信奉路德派福音教會。自採行社會主義以後，政教分離。一九六八年公布的東德憲法三九條規定，認同體制內信教的自由（最近廢止）。不像其他社會主義國家一樣，對於宗教進行鎮壓；而與西德一樣，路德派福音教會或天主教會，都可以由國家給予某種特權。

一九五五年以後，東德青年的成人禮，原本是在教會舉行宗教性的堅信禮，但是取而代之的則是成為對國家效忠的儀式。但是一九九〇年柏林圍牆倒場，東德與西德合併以後，社會主義體制便逐漸瓦解。

在當地死亡的時候，領取醫師的死亡診斷書，到區公所辦理登記，同時交付死亡證明書，委託公營的殯儀社代為準備殯葬事宜。家屬在公營墓地內的殯儀場，舉行無宗教式的喪禮。如果說有特別信奉宗教，則按照其希望，請該派的祭司前來舉行宗教儀式。

火葬相當普及，在柏林死亡的人，約有四〇%是採行火葬。但是基督教徒人數衆多的漢堡，則達六〇%，而且有增加的傾向。大部份的墓地內，均沒有火葬場。

火葬以後埋葬在墓地。但是墓地採租賃形式，每十二年更新契約。喪禮與埋葬所需的費用，比西德便宜，墓碑也簡樸多了。但是對國家、科學、藝術等有貢獻的人則例外。例如：一七五〇年七月二十八日（六十五歲）的樂聖巴哈，則埋葬在聖約翰教堂內。一九四三年遭到空襲而破壞，因此一九四九年，在他的紀念日把棺木移到聖湯瑪士教會，之後則安置在豪華的祭壇上。一九六四年公開。

以前，喪家的鐘全部要停止，鏡子與窗戶要全部蓋上東西，但是這種習慣也逐漸淡薄了。住在德國的巴巴利亞人，對於死的看法是很現實的。大部份都是依照羅馬天主教或基督教的習俗來舉行喪禮。十一月四日的全聖節，則獻花去掃墓。

希臘

希臘是由巴爾幹半島南端的本土，以及散佈在愛琴海或愛奧尼亞海上，無數島嶼所組成的國家。自古以來，就是一個文明的發祥地。居民大部份是希臘人，但是一部份是猶太人與土耳其人。希臘正教為國教。在這裡，宗教深入地影響了生活各層面，例如：甫出世的嬰兒一定要在教會接受洗禮，否則不能取名。如果不在教會舉行婚禮，也不會受到正式的承認。

有人死的時候，要領取醫師的死亡診斷書，到區公所辦理登記，領取死亡證明書。同時由警察署發給埋葬許可書。另外，要與教會連絡，同時委託殯儀社代為準備殯葬事宜。

遺體由近親者或殯儀社清洗，然後包裹上稱為撒瀆的白衣再入殮，安置在喪家二十四小時。遺體的周圍飾以鮮花，額頭要裹上有基督與聖母瑪麗亞、施洗者約翰的像，稱之為「小榮冠」的布，胸上要安置聖母像。守夜的時候，親友聚集在一起，為死者的安息而祈禱，同時要唸舊約聖經大衛「詩篇」。

希臘正教的喪禮是絢爛而豪華的。

首先把棺木運到教會，然後會由著正裝的主祭者站在棺木前，唱主的讚美詞，即「尋求主道，遵行主律法的人有福了。遵守神的啟示，預備心尋求主的人有福了。哈利路亞！」唱完這短調以後，則由輔祭進行禱告。禱告以後，則唱一短調的聖歌。然後再朗誦約翰福音，由祭司把所寫的祭文「書籤」，放在死者的手中。這是代表當死者面臨神審判的時候，生前所犯的罪，都得以解脫的印記。接著則是聖歌隊唱別離歌，再由祭司讀「贖罪的祭文」。接下來，對祭司的神作最後的許願，輔祭則朗誦死者永遠安息的詩歌。聖歌隊則唱「永遠的記憶、永遠的記憶、永遠的記憶」，是旋律優美的歌，然後才把棺木抬出教會。

組成送葬行列走向墓地時，女性家屬要戴黑色的面紗並著喪服。埋葬的時候，要點燃蠟燭，同時在棺木的周圍祈禱。這意味著死者要走向永恆之光，也就是神的旁邊去。在祭司的主持下，埋葬儀式以後，撒上聖水，同時把遺體土葬。希臘沒有火葬的習慣。埋葬經過三年以後，再取出遺骨，予以改葬。

墓碑的形狀形形色色。不愧是愛好美術的國家，所以有的墓碑相當豪華。墓地內宛如博物館一般。例如：首都雅典國立競技場的第一

雅典第一墓地

墓地，有許多白色大理石所雕刻的豪華墓碑，非常值得一看。

虔誠的希臘正教徒在離開教會或墓地時，必須要向基督慚愧贖罪，同時招待弔客麵包與葡萄洒。在喪家的門前，會豎立黑色的弔旗，家屬著喪服，一看就可以知道這家人是在守喪之中。

一般而言，當地近親者死亡時，服喪期間很長，男性要戴黑色的臂章，女性則要穿黑色的衣服與戴黑色的面紗。服喪期間依親疏關係而有所不同。若是雙親、兄弟、小孩，服喪三年，親戚則是四十天。未亡人在丈夫死後，就穿著黑色的喪服，有的人甚至穿著一生。不過鰥夫通常只服喪四十天。

有人死亡的時候，把遺體安置在喪家三天，女性要唱哀悼歌。喪禮的時候，要發麵包。男性近親者在四十天內，不得剃鬍鬚。女性則要服喪一年，穿著黑衣。死後三天、九天、四十天、第一年，要舉行追悼儀式。

住在庫雷他島的克里特人死亡的時候，則依照希臘正教的習俗來舉行喪禮。這時候，女性的與會者要唱弔歌。通常，未婚女性的遺體是著結婚禮服來入殮或埋葬。

散佈在愛琴海諸島的錫克拉人，有人死亡的時候，現代的年輕人很少穿著黑色的喪服，老式的習俗漸漸式微。但是近親者則會持續服喪三年，把遺骨改葬在納骨塔以後再除喪。通常遺體在二十四小時以內埋葬。這時候，會在喪家或教會請神父主持儀式，同時在女性唱哀歌時舉行喪禮。四十天或一年後，在墓地舉行追悼儀式，同時把遺骨改葬在納骨塔。不過在愛奧尼亞島，則沒有改葬的習俗。

匈牙利

匈牙利位於歐洲的中央地帶。第一次世界大戰以前，為奧地利、匈牙利王國的一員。自一九一八年獨立以來，一度淪為德國的占領屬地，以及蘇聯型人民共和國。今天則採取西歐的市場經濟，而成為共和國。

居民大都是亞洲系的馬扎爾人，以前隸屬於匈牙利教會，但是年輕階層不太關心宗教。蒙古人來襲的時候，當時的國王讓他的女兒馬爾吉特，到首都布達佩斯的某個修道院，也許是祈禱得蒙垂聽，而使國家與國王得以拯救。由於這故事，而使馬爾吉特被視為匈牙利的守護神。

當地人死亡的時候，要到區公所辦理死亡登記。同時由公營的殯儀社代為處理殯葬事宜。在地方上，留有傳統的習俗，在教會要鳴喪鐘。天主教徒會找來神父，為其做終油的秘跡。為了象徵死後靈魂的他界，遺體的足部要朝向大門口，並打開窗戶，但是家具類的門窗則要關閉。棺木內收納死者的愛用品，未婚女性則穿著結婚禮服。馬扎爾人非常喜歡明朗的顏色，因此棺木通常是藍色、綠色、紅色、白色等，只有老年人才使用黑色的棺木。

守夜的時候，會招待與會者一些餐飲，同時僱用哭女。第二天早上，由喪家把棺木從頭部先抬出去，大門要開關三次，持著黑白槍的男性，作為送葬行列的前導。家屬與與會者一同走向墓地。歸途中要繞他道而行，再回到喪宅，飲葡萄酒後用餐。

但是這些古老的傳統逐漸式微，以前土葬以後豎立的墓標，相當多采多姿。但是今日大都是單調而統一的小墓碑，或是供奉在納骨塔中。布達佩斯市有崁佩西墓地等，數個共同墓地。但是由於土地難求，戰後佩斯特地區郊外的拉科斯克雷斯特利，有廣大的公營墓地。這墓地掃墓的人，終日絡繹不絕。

冰島

冰島懸浮於北大西洋，是世界最北的島國，以冰冷與火山而聞名。也是世界數一數二的長壽國。由於有墨西哥灣流通過，因此氣候相當溫暖，冬天平均氣溫為攝氏一度。有許多來自挪威與丹麥的移民者，冰島語為公用語。

路德派福音教會為國教，大多數居民隸屬於該派，牧師的薪水與教會的費用大都是由國庫來負擔。當然，也認同信教的自由，有天主教、路德自由教會，以及守望塔的信徒等。這些不屬於國教的人所納的教會稅，則轉用在冰島大學的營運資金上。

當地人死亡時，立即向教會提出申請，同時委託代為處理殯葬事宜。國家會徵收個人所得的十％，作為教會稅。因此在教會中舉行的結婚儀式與喪葬儀式，都不需另付費用。如果要提出特別的要求，則只要付給主祭與聖歌隊象徵性的費用即可。在冰島語中，教會是吉爾霞，墓地則是吉爾霞加爾德，即墓地為教會的附屬公園之意。

大部份教會都附有墓地。首都雷克雅未克共有三個墓地（其中一個緊鄰教會），喪禮大都是採土葬的方式，但是最近火葬有增加的趨勢。在市區內有一個佛斯保格斯共同墓地，即前任大總統艾爾達倫的墓地，相當簡樸。死亡通知是利用電話，或在報紙刊登訃聞。與會者會透過花店，在喪禮時致贈鮮花。喪禮與埋葬之後，在喪家會招待簡單的食物。喪禮時，除了近親者以外，不穿著黑色的喪服，只要穿著平常服裝參加即可。

從春天到夏天，墓地上開滿了各式各樣的花草，掃墓沒有特定的日子。墓石的設計有很大的差別。有一些是十字架，有一些則是石碑，其上刻著死者的生日日期與忌日日期。由於地處寒帶，墓碑大都向南建立。

愛爾蘭

除了英屬愛爾蘭以外，住在島上的幾乎都是愛爾蘭人。在這裡天主教占優勢。

天主教徒臨終的時候，會找來祭司授予終油的秘跡。家中有人喪亡時，會在大門口貼上白色的卡片，卡片之下墜著黑色的流蘇，一直貼至喪禮結束為止。棺木大都是榆樹、栗樹、橡樹等木製品，金屬製的棺木除非要移送國外，否則很少使用。

死後的手續方面，要憑醫師的死亡診斷書到區公所辦理登記。入殮以後的遺體，在死亡後二十四～三十六小時以內，運到所屬的教會，舉行喪禮以後便埋葬。送葬行列大都使用汽車，最前導的是喪家，接著是靈車與與會者。主祭是用拉丁語與當地語來讀祭文，埋葬儀式則要不斷地唸玫瑰經。

有關埋葬的規定，與歐美諸國沒有太大的差別。例如：首都都柏林市內與郊外有公共墓地。埋葬地方必須要由衛生局官員陪同，棺木必須要離地面三英呎以下。

埋葬大約十天以後，喪主要在當地的報紙向一般與會者刊出致謝函。喪家服喪期間約半年，在這期間要穿著黑色的喪服或打黑色的領帶，同時要盡量減少社交活動。

殯儀社可以代為處理向區公所辦理登記，準備殯葬用具、靈車、訃聞、埋葬等各種事宜。但是只有聯絡教會與主祭，是由喪家直接聯絡。

向來沒有火葬的習慣。如果真的希望火葬，則必須要把遺體運到英國附近的火葬場，如里巴普爾火葬場。

英屬北愛爾蘭以基督教徒占多數，在宗教上與愛爾蘭不相合，因此是導致糾紛的原因。

都柏林市的共同墓地

在當地死亡，家屬要向醫師領取死亡診斷書，到區公所辦理登記。遺體要保存三、四天，或是運到海外的時候，要作防腐處理。同時為了避免傳染病的感染，要有醫師的證明書，以及驗屍官的海外許可書。

一般而言，喪禮在喪家舉行而很少在教會舉行。喪禮之後則立即埋葬。最近有越來越多人希望能夠火葬，這也許是受到英國本土的影響。

住在高地的吉爾人死亡的時候，則依照基督教的習俗來舉行喪禮。喪禮前一夜的守夜，是一種獨特的習俗。一般人懷疑地獄的存在，但是認為若作惡就會受到處罰。有人死的時候，一般會守靈二、三天，在喪家舉行。

義大利

義大利國土呈長靴形，突出於地中海。該國北部的人們個子高大、金髮，非常勤勞。南部的人個子矮小、黑髮，天生熱情。居民幾乎都是天主教徒，但是未必是虔誠的信徒。特別是年輕人並不關心宗教。

在義大利，一年約有五十四萬人（一九八〇年）死亡。基督教徒在死前會找來神父，受以終油的秘跡。這儀式逐漸成為一種形式。若在醫院死亡，則清洗等要在自宅舉行。從醫院把遺體領取回喪家，清洗遺體以後，換上洋服入殮，接著就是守靈。這時候，與會者會一同唱和玫瑰經。

守靈的第二天早上，則出棺到教會去，舉行喪禮彌撒以後，由主祭為前導，接著是飾以花圈的靈車，緊接著則是近親者。

棺木大都由橡木、桃花心木、松木製成。如果是埋葬在近郊，則棺木的厚至少要二・五公分，每隔二十公分釘一個釘子。埋葬在遠地時，要使用汽車。但是一九二〇年代的米蘭市，喪禮所用的靈車，大部份是採用黑色與黃色的車子。至今水都威尼斯也用手搖小船、馬達、摩托船，作為靈船。

現在，義大利國內約有四千個民營的殯儀社，並於一九六五年成立義大利殯儀協會，但是大都是小規模的殯儀社。為甚麼呢？因為靈車與墓地等，以公營者居多。喪禮也大都是在教會或醫院舉行，而且也有公營的殯儀業者。

在地方上，大都是教會的附屬墓地。在都市地區，則是公營的墓地。其中有羅馬市的維拉諾紀念墓地，米蘭市的波爾塔加利巴爾迪紀念墓地，靠近車站處。這些墓地土地廣大而遼闊，有許多白亞豪華的靈寢以及雕像，非常整齊而壯觀。

羅馬有許多歷史遺跡，市中心的貝乃特大道上，聖瑪麗亞迪拉肯裘乃教會地下，堆積著大約四千名可普汀派修道士的遺骨。這裡有許多觀光客來參觀。

這些墓地是在羅馬帝國時代，基督教徒被迫害的時代所建立的，因此在羅馬周邊就綿延數百公里。地下教會不只是基督教徒埋葬遺體的地方，而且也是互相確認信仰的地下聖堂。另外，在西元三一三年，基督教受到認可，而開始在地上建立起教堂。一般信徒希望競相能埋葬在教堂內部，但是因為收容的能力有限，只有聖俗的有力者才能夠埋葬在教堂內。至今在中世紀所建立的教堂內部的地板下，有許多這些人的墓地，而墓碑銘就直接在地板上，來膜拜的人走在上面，也毫不介意。

另外，貫穿市內的特韋雷河旁，即在梵蒂崗入口處的聖坦爵羅城，是建於一三九年。巴德利亞奴斯帝（七六～一三八年）等羅馬皇帝，都埋葬於此。羅馬與拿波里的中間點，蒙地卡羅西諾有在第二次世界大戰中戰亡的美軍與德軍士兵的軍人墓地。

墓地大都是土葬。在都市地區的大公營墓地，也附屬了火葬場，然而火葬率不滿全體的一％。墓地是採取租賃的方式，大部份是十年至三十年的契約，然後再改葬。三十年內保存在納骨塔中。掃墓時，會獻上白色的菊花。每年十一月一日的萬聖節，各處的墓地都擠滿了掃墓的人潮。

與工業地帶的北部相比，南部的農業地帶比較保有傳統的習俗，在信仰上比較虔誠，尤其老年人更是如此。但是儘管天主教徒佔壓倒性多數，每到了星期日，卻不見得有很多人上教會望彌撒。在都市地區死亡的時候，大都是委託殯儀社代為處理所有的殯葬事宜。雖然有越來越多的人希望火葬，但是在地方上依然以土葬為主，同時在教會舉行喪禮。西西里島的人民每到了十一月二日的萬靈節，會為了要掃墓而回到故里，有為子女或孫輩們準備玩具或糖果的習俗。墓地大都位於遍植杉樹郊外的一角。以前以家族單位的靈寢居多，接著就越來越簡化，也有許多平面墓地與壁龕墓地。

在西西里島，大部份居民都沿襲羅馬天主教的習俗。他們相信死後要先到煉獄去，然後再到天國或地獄。遺體則放在由薔薇花包裹的棺台上，而前往墓地。未亡人會終生穿著黑色的喪服，過著隱居的生活。

撒爾吉尼亞人大都遵從羅馬天主教的習俗，即使信仰不虔誠，也希望能在教會裡舉行喪禮。

拉脫維亞

拉脫維亞的原住民為拉脫維亞人，係由其語義「拉布」（低地之意）的訛音而取名的國家。一九九一年八月，脫離蘇聯而獨立，同年九月加入聯合國。

拉脫維亞是波羅的海三小國中，最強的工業國家。首都利加煙囪林立。從戰前就深受德國與波蘭的影響，居民大都屬於路德教會或天主教會。可是由於與蘇聯合併，年輕人便很少關心宗教。喪禮大都是在墓地舉行。

首都利加面對波羅的海的郊外，有五、六個大大小小的公共墓地，其中最大的是萊那與美扎墓地，二個墓地比鄰相居。大部份的墓地旁都有座椅，供生者坐在那裡悼念死者。墓碑上會刻有死者的肖像，同時把遺照鑲在陶板上面。以前每到夏天，就會有許多人來到這綠草如茵之地來掃墓。最近由於越來越多人習於火葬，所以萊那墓地也有火葬設備。

列支敦士登

列支敦士登位於瑞士與奧地利之間，是一個小國。一八六七年，宣布永遠為中立國，以至於今。居民大都是日爾曼的列支敦士登人，而其他也有義大利人與西班牙人，但是天主教徒佔壓倒性多數。因此喪禮大都在天主教堂舉行，同時埋葬在附近的墓地。

當地沒有火葬的習慣，幾乎都是土葬。墓地是靈寢型的，同時有各式各樣的墓碑。

立陶宛

立陶宛位於波羅的海三小國中，最南端的位置。一九九一年九月獨立，成為一個新興國家，首都為比利牛斯。第二次世界大戰中，舊立陶宛領事館的杉原千畝領事代理，協助被納粹所迫害的猶太人逃出國外。因此在該國卡那斯市的舊領事館前，以杉原為街名，是一個相當親日的國家。

被蘇聯合併的這一段期間，信教不再自由，許多基督教教會被關閉。在一九八八年，立陶宛改革運動的開始，支持同時開放的教會。以天主教會為主，而逐漸復興。喪禮大都是在自己所屬的教會，舉行宗教式的儀式。

首都比利牛斯是一個相當具有田園風味的都市，在其四周有共同墓地。其中最古老的是，位於中央車站南部的拉斯墓地。這裡有許多名人的墓地。其他在聖保羅教會附近，還有安他凱牛墓地，位於山中，有許多各式各樣的墓碑。大概都是虔誠信仰者的墓碑，尤其是天主教或俄羅斯正教的一些獨特十字架，戰沒者大都以方尖塔型為多。另外，在市內中心的帕緬卡牛街上，有在第二次世界大戰中，當地猶太人被德軍所虐待的資料展示紀念館。旁邊有協助猶太人逃離海外的日本副領事，杉原千畝氏的紀念碑。

盧森堡

盧森堡是位於法國、德國、比利時之間的小國。居民大都是盧森堡人，公用語為盧森堡語、德語、法語。貨幣為盧森堡法朗。幾乎都是天主教徒，但是由於勞動力不足，因此有許多外勞移民進來。其中也有伊斯蘭教徒。

喪禮大都在教會舉行，埋葬在附近的墓地。如果利用民營的殯儀社，也可以請殯儀社處理一切事宜。

盧森堡的瓦隆人，有一些人相信死後的世界，會直接埋葬遺體或予以火葬。而且相信死者的靈會在十一月四日回到這世界上來，所以在這一天萬聖節，有許多人會去掃墓。

馬其頓

馬其頓是舊南斯拉夫聯邦的一員，其語義在古希臘語中，為「高原人」之意。一九九一年九月宣布獨立，但是由於使其古希臘傳統的國名馬其頓，所以希臘激烈反對，而很晚才加入聯合國，暫訂為「舊南斯拉夫馬其頓共和國」。首都為斯科皮埃，居民大都是馬其頓的正教徒。

斯拉伯系的馬其頓人，相信靈魂會從聖誕節起，至一月七日的主顯祭期間，回到這世界上。這時候，會舉行除靈的一些舞蹈。

馬爾他

馬爾他位於地中海正中央的位置，是個岩石之島。一九六四年以來，成為英國聯邦的獨立國家。居民大都是義大利人，以信奉天主教者佔大多數。國家人口約有三十五萬人，而天主教會就有三百六十五家之多。一般而言是使用意大利話，公用語則是英語與馬爾他語。

以前是大英帝國殖民地。在第二次世界大戰以後，雖然只是位於地中海的一個小國，但是在軍事上卻占有重要的位置。在這裡的首都巴雷他灣內，是美國的總統布希與蘇聯的總統戈巴契夫，簽訂東西冷戰條約的最初談判地，非常著名。在地理上，由於緊鄰義大利與北非諸國，同時接近中東諸國。自古以來，便受到這些地區文化的影響，是戰爭與貿易的中繼站。因此也看得出其殯葬習慣是受到歐洲與阿拉伯的影響。有人死亡的時候，近親者整整三天待在家中，不升炊煙，餐飲等都是由外面送進來，同時有雇用哭女的習慣。另外，會讓遺體的眼睛閉上，在其腹部上擺置盛鹽巴的器皿，直到近年來都維持著這習慣。女性近親者有四十天，男性近親者則有七天不准外出。在這期間不梳頭髮，同時寢室的燈火要一直點著，最近這些習慣越來越簡化。

有人死亡，要通知醫師與警察單位，同時把訃聞公告在街角上或報紙上。這些業務殯儀社會代為處理，喪禮在教會舉行。通常在街外會有公共墓地。除了天主教徒墓地以外，也有基督教與伊斯蘭教的墓地。每年的十一月一日萬聖節，會有許多人來掃墓。

在巴雷他市郊外的卡爾卡拉，有軍人墓地。在第一次世界大戰的時候，由於英國與日本有同盟關係，在英國的請求之下，為了要突破德國的海軍，日本派了八隻軍艦到地中海來，其中一艘驅逐艦「榊」，受到敵人魚雷的攻擊，損傷嚴重，有組員五十九名因此而死亡，在這裡還建有紀念這些組員的忠靈碑。由此可知，馬爾他對於日本是頗具好感的。

摩洛哥

摩洛哥位於法國的東南部，緊接義大利國境。面對地中海，是一個觀光都市國家。自一八六一年以來，在法國的保護下，成為一個國王制度的國家。天主教為國教，一年四季氣候溫暖。由於免繳稅金，世界各國的有錢人都聚集在此。首都摩洛哥市的中心地，有非常著名的賭場。

當地人死亡的時候，喪禮的協助事宜都由民營的殯儀社代為辦理，在教會舉行。一九八二年九月十四日，摩洛哥王妃，也就是著名的演員格列斯凱莉因交通事故死亡的時候，則在與雷奈國王舉行結婚典禮的同一個摩洛哥大教堂舉行國喪，令人記憶深刻。王妃的遺體埋葬在王室的墓地。

荷蘭

荷蘭位於中歐，有「酪農之國」之稱。就如其國民所言，是海平線下之國，國土的四分之一位於海平面下。平坦的農耕地非常遼闊，但是人口密度很高。使用類似德語的荷蘭語，為公用語。但是四周國家的語言也可以通用，居民大都是天主教徒或基督教徒，也有無信仰者。

荷蘭人有德國人的勤勉與法國人的愛好自由，非常重視家庭生活，是愛好花與清潔的國民。

有人死亡的時候，要到區公所去提出醫師的死亡診斷書，同時領取死亡證明書。這些手續大都由殯儀社代辦。同時在報章上刊登訃聞以通知親朋好友，把遺體移往靈安室等等，這一切由宗派別的殯儀社或鄰人代為辦理。喪禮是在教會、殯儀社或墓地舉行。

在教會的喪禮，是把棺木放在祭壇附近。親屬坐在最前排，兩側則飾以各團體或死者的親友所致贈的花束與花圈。主祭者會祈禱與講道，然後出棺。殯儀社社員戴著黑高帽，穿著黑服，戴著黑手套，默默地把棺木移到靈車上，而走向墓地或火葬場。依照死者的遺言或喪家的希望，來舉行土葬或火葬。

送葬行列的車子可以無視紅綠燈，緩慢地前行，有時候會連續數十輛。主祭者會在墓地祈禱，但若是無宗教式，則由與會者推派其中一人來致弔辭，同時親友代表致謝辭。與會者在離去之前，一定要握著親屬的手說：「謹致哀忱」。

埋葬以後，喪家會提供一些簡單的食物給與會者。這時候不會提供肉類食物，或是肉類加工品，在麵包上塗上奶油或薄片乳酪，以及咖啡。

現在荷蘭國內的都市地方，有七個火葬場。火葬之後，把骨灰置於骨灰罎中，埋葬在墓地或納骨塔中。但是其中也有一些無緣墓地。

最近有很多人不穿著黑色的喪服，是穿著平常的服裝與會。同時在喪禮的時候，懇辭鮮花的喪家也有增加的趨勢。喪家事先要在訃聞上表明懇辭鮮花之意。

喪禮的舉行方面，一些宗教性的習俗漸漸地淡薄。個人化的現象卻越來越顯著，有一些人甚至不舉行喪禮，只在親朋好友的守候下予以火葬或埋葬。非利地亞人一般是遵從基督教的習俗，但是也留有傳統的習俗，例如：把遺體運到墓地的時候，會故意繞道而行，好讓死靈不再回到這世界上來。

英國

英國是位於歐洲大陸西北部的英格蘭、蘇格蘭、威爾茲、北愛爾蘭及其周圍的島嶼。隔著多佛海峽，遙對歐洲大陸。大部份國民是盎格魯撒克遜人，其次是蘇格蘭人與其他的人種。

今日有人死亡的時候，必須經過二道關卡，即在居住地的戶籍登錄所與殯儀社。前者是根據一八五三年所制訂的「出生及死亡登錄法」而規定死後五天（蘇格蘭則是六天）以內，必須要憑醫師的死亡診斷書來辦理死亡登記。若因意外事故而死亡，則要在各地區所在的檢察者接受驗屍。遺體安置在死亡的醫院，或是驗屍事務所的靈安室內，經過司法解剖以後，驗屍事務所才會發給死亡證明書。依據家屬的意向而決定土葬或火葬。如果是外國人，也要依照家屬的意願來決定是否送往國內。

死亡與喪禮的通知方面，如果是近親者就用電話通知。若是遠地方的通知，則在當地的報紙刊登訃聞。如果不希望驚擾太多人而只是舉行一個簡單的喪禮，則在訃聞上只公布死亡的訊息而不公布喪禮的時間與地點。若有衆多親朋好友，則在密葬以後另行舉行追悼儀式。

大都是在一般的墓地或火葬場內的禮拜堂舉行喪禮，很少在自宅舉行。除了聖職人員與名人之外，一般也很少利用都市地區的教會。

棺木的周圍飾以花圈，大部份是親友透過花店或殯儀社來致贈的。然後把這些花帶到墓地或捐給醫院等。如果希望懇辭花圈，則必須事先公布在訃聞上。如果希望把賻儀或花圈的費用轉贈給社會福利團體，也要在訃聞上註明。當然，與會者並沒直接把現金交給喪家的習慣，同時喪家也不致贈回禮；也不招待與會者餐飲，頂多只是準備一些點心而已。

殯儀社會代為處理從死亡，乃至埋葬、事後處理等等。除了猶太人所組成的喪祭互助協會之外，大部份的遺族都是利用附近的殯儀社。現在英國大約有大大小小二千五百家左右的殯儀社，組成了英國殯儀業協會。服務的範圍相當廣泛，從喪禮的時日、場所、規模、用具、棺（柩）的選定，乃至遺體的保存、搬運、主祭者、靈車、埋葬、墓地的選定、齋飯等等，甚至連死亡保險都可以代為處理。

殯儀社員只要一通電話，就會來到喪家，代為保管遺體直到舉行喪禮或火葬時。這時候會清洗遺體，並為遺體穿著壽衣，但是一般人並不流行施行整形保存術。除非是要把遺體移送至遠地，或是在遺族特別的希望下，才會進行遺體的整形保存術。喪禮的時候，通常不喜歡做最後的面對面，因此遺體的保存術並沒有太大的意義。棺木從便宜的合成樹脂到價格昂貴的樹材，一應俱全。可以依照喪家的預算或喜好，從目錄上作選擇。最近傳統的舟形棺木需求較少，一般都是選擇長方形的棺木。

殯葬費用大都由家屬來負擔，但是殯儀社在英國公平交易委員會的規定下，事前必須要提出詳細的書面說明，而且必須要取得家屬的承諾。平均金額為四百英鎊，但是這不包括對於主祭者的謝禮、教會的獻金、樂師、聖樂隊、花的費用，以及埋（火）葬的費用等等。根據一九八二年教會的規定，給予牧師的謝禮喪禮為三十三英鎊，埋葬式則只有二十二英鎊。在公營墓地找來牧師，則為十六・五英鎊。

倫敦的墓地

英國是一個社會福利相當完善的國家。為了減輕家屬的負擔，政府自一九四八年以來，每一次會給予二十英鎊的補助，但是目前議會希望能提高至二百英鎊。同時也有人希望會保死亡險（一九八五年）。

有識者以經濟理由而提倡喪禮無用論。他們認為喪禮只是過去的產物，沒有任何的意義，可說是一種時代的錯誤，只是一種形式化的儀式。所以沒有任何價值，只有讓商人牟得利益而已。喪禮無用論不只是使喪禮越來越簡化，同時也有更多的人採取火葬。

英國的火葬是完全燃燒遺體，最後剩下骨灰。骨灰則納在骨灰罎裡，埋葬在墓地，或是保存在納骨塔中，火葬後也有六五％是撒葬。火葬場的一角有撒葬用的紀念公園墓地，骨灰則撒葬在該地的土中。同時種植薔薇花而旁邊則豎立著合祀碑，也有依照死者的願望，把骨灰撒在出生地或海上。

最近參加喪禮的人很少超過二十個以上，而且都是直接在墓地或火葬場舉行簡單的儀式。追悼形式各式各樣，知識分子與中產階級在這方面的傾向尤其顯著。除了近親者以外，一般與會者並不穿著喪服，只要穿著端正的平常服裝即可。家屬的服喪期間也縮短了，有的人在這期間仍參加婚喪喜慶，有的人甚至在伴侶死後立即再婚。除了愛爾蘭族人以外，一般人並沒有守夜的習慣。

正如瑞士的心理學者楊格在本世紀初時所說的：「越是高明文明的社會，對於紀念死者的習俗會越來越合理化。」英國正如他所說的一般，得到了證實。

現在英國國內大部份的墓地，都依其規則而建立同樣大小的墓石，同樣形式的墓碑與銘文，不准用柵欄圍起來。同時也不許像以前一樣，埋葬在教會的教堂內。

在蘇格蘭地方的喪禮或埋葬方法，大約與英格蘭或威爾斯地方是同樣的。墓地在地方自治體的管理下，沒有禮拜的設施。如果要遵守古時候的習俗再埋葬，與會者要把棺木繫上繩子以後，再放到地裡，把周圍的泥土靜悄悄地放在棺木上。

關於火葬的規定，自一九六五年以來，全國統一。

前世紀的喪家，有人死亡的時候，要雇用喪禮所的職員，協助由出棺乃至看守遺體與大門口的事宜。遺體的腹部會擺上驅除惡魔用的鹽之器皿，通常在遺體旁點著燭火，並在夜半時分舉行喪禮。

依據一六七八年的規定，死者的壽衣是羊毛製的，禁止採用麻或絹製品。小孩或未婚者所用的覆棺是白色，而成人則是用黑色的，由六個人抬棺來組成送葬的行列，走向墓地。中途休息的時候，與會者會一同唱：「主啊！求你保守！基督求你保守！」同時也唱「主的祈禱文」。

自古以來，喪禮與埋葬的時候，便有供花的習慣。喜歡常春藤、桃金孃、薔薇、櫻草等花卉，同時在墓地為了防止風雨與野獸，會種植松柏等常綠樹。有錢人家會在喪禮的時候，雇用職業詩人來禮讚死者，現在則由主祭者來代替。

英國是個個人主義非常徹底的國家，不喜歡麻煩別人，所以在舉行喪禮時，不會像美國人一樣，找來很多人參加喪禮。通常只是家屬參加即可。

至於墓地，有像倫敦西敏寺中，艾德華國王的寢棺一樣，裝飾得非常豪華。但是一般而言，以簡樸為主。大理石是輸入品，價格不菲，因此一般人是用普通的石棺。

但是英國人是非常具有幽默感的國民，這一點也表現在墓碑銘上。例如：在海勒福德墓地，有一對夫婦的墓碑。先去世的妻子墓碑銘上寫著：「親愛的丈夫，請你不要悲哀，我並不是死了而只是長眠於此。我會等待你的到來，請你迎接死亡，立刻到我的身旁來吧！」但是相對地，他的先生的墓碑銘上卻寫著：「最愛的妻子，我不會悲哀，我又娶了老婆，因此我不會去妳那裡而會到她那兒去住。」

一邊走一邊閱讀這些碑銘，是一大樂事，而且這些碑銘也有拓本，稱為Brass Rubbing。在墓碑銘上放上帶絨的厚紙板，用膠帶固定之後，再用石蠟拓出來。在倫敦皮卡戴利街上，聖傑姆斯教堂的地下室，有一拓本中心，在這裡可以取得各種拓本。

採取土葬時，新設的公營墓地的墓碑形式與規模都已經規格化、簡化，所以個性化的墓碑已經很罕見，也不見幽默的墓碑銘了。

蘇格蘭人在臨終以前，會找來神父授以終油的秘跡，喪家會看守遺體一個晚上。通常女性會清洗遺體，然後為遺體穿著壽衣。在地方上前往墓地的時候，是由男性抬著棺柩，由村子的長者為前導。

住在威爾斯地方的威爾人，以前有人死亡的時候，鄰近的人一定要參加送葬行列，同時把名字刊登在地方的報紙上。一般是遵守基督教的習俗，相信死後是到天國或地獄去。

第二次世界大戰以後，英國是個戰勝國，產生了很大的變化。

殖民地大都已經獨立，經濟能力低落，再加上人口的流動與物價高漲，以及來自海外的外勞增加、產業情報的發達、教會權威的低落等等，使得人們的社會連帶感與傳統習俗越來越稀薄，殯葬習俗也產生了很大的變化。最顯著的變化是火葬急速地增加。

火葬在戰前已經合法化。一九四〇年的火葬率占死亡全體的三・九％。但是一九五〇年則提升到十五・六％，一九六〇年達到三四・七％，一九八〇年則達到六四・四八％，火葬的普及率非常快速增加。原本英國的宗教就認為，遺體只不過是沒有靈魂的軀殼罷了！再加上重視環境保護與生活空間的確保，所以認為在狹窄的國土上卻占了廣大的墓地，是相當不盡情理的事，因此火葬是自然的選擇。

儘管如此，依然會有一些尊重傳統的習俗，堅決反對火葬的宗教團體與信徒。反對的理由認為如果神再臨，肉體無法復活，同時認為肉體的腐敗合乎自然天理，或是認為肉體無法急速地消滅等等。

殯葬習慣與對於火葬的態度，依宗教團體而有很大的差異，簡單敍述如下。

1　亞美尼亞正統教會

既不反對火葬，也不鼓勵火葬。

男性在死後穿著黑色，女性則穿著白色的壽衣。入殮後的遺體上，放置祈禱書。死後立即找來聖職人員，儘早把遺體運到教會，舉行喪禮。如果在附近找不到教會或聖職人員，也可以由英國正教會或英國國教會的聖職人員來舉行喪禮。

在喪禮儀式中，聖職人員會來主持喪禮，同時把墓地神聖化，在棺木上蓋上泥土，同時祈禱「期待主的再臨」。與會者在散會以前，會親吻聖職人員所持的十字架，並接受祝福。埋葬以後的掃墓，是在每年的八月十四日、忌日、教會的大忌日前後舉行。

2　浸信會

以前反對火葬，現在則默認火葬。

與英國國教的團體一樣，喪禮在喪家或其所屬的教會舉行，也可以找其他基督教聖職人員來主持儀式。

3　保守的淨禮教徒教會

遺體要土葬。

如果無法找到同教會的牧師，則可以找同信徒或福音派基督教會的牧師來主持喪禮，但是不可以請天主教的神父代替。

4　科學論者

是基於合法化與遺族的希望來舉行埋葬，尊重一般的習俗。棺木不埋葬在教會裡，追悼儀式則由相關的人員來決定。

5　唯靈論者

依照一般習俗來埋葬。若要火葬則要在死後三～五天，才可以火葬。

喪禮最主要是向遺族表示追悼之意，可根據基督教的各種儀式來舉行。唯靈論者認為肉體只不過是靈魂寄宿的地方，所以並不在乎死後的遺體。

6　英國國教會

認同土葬或火葬。

由該派的牧師或接近其教義的教會聖職人員來主持喪禮。與會者會唱讚美歌，同時朗讀聖經（約翰福音一一章二五節、二六節，約伯記一九章二五——二七節，提摩太前書六章七節、約伯記一章二一節、詩篇九〇篇、三九篇、一三〇篇）、使徒書日課（第一哥林多前書一五章二〇——五八節、第二哥林多後書四章一六節——五章一〇節），或是唸主的祈禱文等等，同時舉行聖餐儀式，讚美死者的德行，同時由神所召的牧師來講道、默禱，以及合唱讚美歌。埋葬或火葬的時候，牧師也會陪同舉行主的祈禱或連禱等等。

7　庫拉伊斯特教會

一般都是土葬，但是也認同合法的火葬。

可採用任何基督教的儀式來舉行喪禮，要盡可能找英國國教會或自由教會的牧師來主持喪禮。該派有專用的墓地。

8　組合教會

遺體的處理交由家屬來作決定。

如果喪禮找不到同派的牧師，也可以由其他自由教會的牧師來舉行。

9 東方正統教會

東方正統教會又分為希臘、波蘭與塞爾維亞教會等，殯葬習慣並沒有太大的差別。希臘教會的會員在倫敦有專用的墓地，塞爾維亞教會的會員在梭格賀爾有專用的墓地。

10 耶利姆教會

遺體的處理方式由主祭者來作決定，墓地的選擇則由家屬來作決定。同時也容許採行基督教會方式的喪禮。

11 英國自由教會

埋葬的方法由家屬來決定，不舉行喪禮或利用基督教的儀式來舉行。

12 蘇格蘭自由長老教會

火葬被視為是異教徒的行為，所以被禁止。重視生前的交往，遺體的處理則尊重基督教的習俗，不舉行喪禮亦可。

13 法國基督教胡格諾派教會

關於處理遺體的方法，對於信徒並沒有特別禁止的條項，可以依照其他自由教會的習慣來舉行。

喪禮由家屬來決定。如果找不到同派的牧師，也可以由其他自由教會方式來舉行。

14　耶和華見證人

該派又稱為國際聖經學生協會或守望塔。遺體的處理方式由信徒來決定，喪禮也可以找其他基督教的主祭者來主持。

15　路德教會

不特別反對火葬。

在卡的夫或倫敦有挪威人墓地，但是可埋葬於任何墓地。喪禮也可以採用其他基督教的方式來舉行。

16　衛理公會

對於遺體的處理方式頗有特別的規定，也可以採取土葬、火葬或水葬。

如果找不到該派的牧師，也可以委託其他基督教的牧師來舉行喪禮。

17　摩拉維亞教會

傳統是舉行土葬，但是也不反對舉行火葬或水葬。

該派有專用的墓地，墓地男女有別。每一個墓地埋葬一具遺體。墓碑統一規格，為長十八、寬二十四吋，其上記載著名字、年齡與死亡日期。如果找不到該派牧師，也可以請英國國教會或自由教會的祭司來主持喪禮。

18　基督教福音教會

埋葬方法依照一般的習俗。

如果找不到同派的牧師為死者進行祈禱，可以委託其他基督教會的牧師。

19　普利茅斯兄弟

不特別喜歡火葬。

20　愛爾蘭長老教會

喪禮之前會在喪家舉行簡單的儀式，喪禮之後則埋葬在墓地。

如果找不到該派的牧師，也可以委託其他教會的牧師。

21　威爾斯長老教會

通常喪禮是在喪家或墓地舉行，除非是教會的牧師或重要人物，才在教會舉行。儀式是採用英國國教會與共同作成的典禮集。

如果找不到該派的牧師，也可以委託其他基督教的主祭來舉行。

22　羅馬天主教會

以前禁止火葬，但是根據羅馬教宗保羅六世的教令，一九六三年教會的信條並不在意識上特別予以反對。一九六六年以後，也容許在火葬場為死者舉行儀式。

原則上，喪禮在教會所屬的墓地舉行。在他地死亡的時候，則在最近的天主教地舉行喪禮。一般而言，神父或修女的遺體則埋葬在所屬教會的墓地，或是埋葬在出生地的教會。一般信徒則埋葬在所屬的教會墓地或其他墓地。該派相當重視復活的秘跡，會由神父來舉行最後的聖餐儀式。有時候該派會拒絕參加非信徒、異教徒、無神論者、犯罪者的喪禮，或是埋葬儀式，他們是埋葬在非聖地的地方。

喪禮時，信徒的遺體放置在教會的祭壇前，腳朝內安置，聖職人員則腳朝外。埋葬儀式時，神父會隨同主持儀式。

23　俄羅斯正統教會

一般以土葬為主，雖然不反對火葬，但是教會也不認同。

信徒在嚥下最後一口氣以前，只要有意識就要作罪的告白，同時接受最後的聖餐。聖職人員會在清洗過的遺體的額頭、胸部、手、腳跟、腳上畫十字架，為其換上新的壽衣，手拿聖畫像。

埋葬的時候會唱讚美歌，每一天舉行二次追悼儀式。希臘或羅馬尼亞教會允許英國國教會的牧師舉行儀式，但是拒絕自由教會的牧師。

24　塞爾維亞正統教會

除了在海上死亡，則必須要土葬，死後四十八小時予以埋葬。

他們遵循東方正統教會的習俗，信徒在生前要作罪孽的告白與獲得赦罪。要清洗遺體，為遺體穿上壽衣，手持聖像。他們認同由英國國教會所舉行的喪禮，但是不認同羅馬天主教會所舉行的教會。另外，殺人者、自殺者與異端者不舉行喪禮。

25　安息日會派

對於遺體的處理方式並沒有特別的規定。如果找不到同派的祭司，可以由其他基督教會的牧師來代為舉行。

26　普倫茲協會

喪禮相當簡單；同時也不供鮮花。喪禮是採取追悼儀式的形式，在喪家、墓地或集會場所舉行。自從其他派的教會拒絕埋葬該協會會員的遺體以來，就擁有專用的墓地，但是埋葬在公營墓地則有增加的趨勢。墓碑名有一定的形式，只刻上死者的名字、年齡與死亡日期。

27　瑞典保爾格教會

並不特別在意靈魂離開後處理遺體的方式。喪禮簡單且隆重，在喪家或教會舉行，讀聖經之後，祈求死者升天。

28　瑞士基督教會

喪禮兼備華美與簡單的特質，相信靈魂會再度復活，用基督教會的方式來舉行喪禮。長老教會的教義與這一派相當接近。

29　獨一真神自由基督教會

他們認為不論是否受過洗禮或堅信禮，肉體都不會再復活，所以不反對火葬。如果要由其他教派的牧師來舉行喪禮，盡可能以組合教會或非國教教會的人來主持喪禮。

30 蘇格蘭統一自由教會

喪禮是依據英國國教會的典禮來舉行，否則也可以採用其他基督教的儀式來舉行。

31 佛教

遵從各地佛教徒的習慣，即死亡予以火葬。

西歐的佛教徒並不太拘泥於習俗。一般而言，喪禮會找來僧侶或比丘尼，舉行埋葬的典禮以後，在墓碑上刻上法輪。否則像是舉行類似基督教的追悼儀式，但是並沒有禱告。與會者則會朗讀從佛教經典中，摘取出來的文章。

32 印度教

印度教正確處理遺體的方法是火葬，相信火葬可以使靈魂升天。住在英國的印度教徒死亡的時候，火葬後將其骨灰送回給住在印度的親友，日後再流放在恆河。喪禮會找來印度教的聖職人員，不過也有一些喪禮只是舉行追悼儀式。

33 猶太教

要根據詳細的規定來舉行喪禮或埋葬，通常猶太人殯葬互助協會會協助舉行。

清洗遺體以後，用白色的木綿布包裹。男性頭上則會戴著圓形的帽子，然後入殮。

火葬在舊約聖經（申命記二一章二三節）或猶太法典上並不認同，自由猶太教徒之間，火葬有增加的趨勢。正式的話必須要儘早埋葬，但是猶太教的安息日（星期六）則不得舉行。喪禮不論貧富，都是以簡樸為要，沒有供花的習慣。

家屬在死者死亡以後到埋葬以前，會禁食與禁酒。喪服會穿著一個月，如果遇雙親死亡的時候，則要穿著一年。

34 伊斯蘭教

相信人死後三天至四十天之內，靈魂還留在遺體中，因此火葬被視為不潔淨而不舉行。死亡後開始進行埋葬的準備工作，頭部要朝向聖地麥加，找來導師舉行讚美真神阿拉或預言者穆罕默德的儀式。喪禮在清真寺或墓地舉行，在布魯克伍德有伊斯蘭教徒專用的墓地。

就如以上所述的，在英國有許多的宗教團體，依照教義來勸導其下所屬的信徒們，遵照教義與習俗來舉行喪禮。儘管如此，戰後人們離開教會的情形越來越顯著。

根據一九八〇年所作的宗教世論普查，英國總人口約有五千七百萬人，其中英國國教徒為三千二百萬人，基督教徒有八百六十萬人，天主教徒為七百五十萬人，有其他一百萬人登記為基督教徒。非基督教徒的猶太教徒有四十六萬人，伊斯蘭教徒為八十六萬人，印度教徒為三十八萬人，錫克教徒為二十一萬人，佛教徒為十二萬人。

但是這些人並非都是熱心的信徒，例如：英國國教會的成人信徒定期到教會做禮拜的出席率，只有十五%（一九六五年調查）。到了一九六七年以後十年內，英國國教會所屬的約五百個教會，發生了維持的困難，其中有二百個教會關門，一百五十個教會要仰賴教會維持基金的幫助。

並非只有英國國教會的信徒如此背離教會，其他宗教團體也面臨共同的問題，是屬於一種世界的風潮。尤其是國教會並不積極參與殯葬習俗等世俗的事情，結果使得與殯葬相關的業務，由國家（地方自治體）或殯儀社代為處理。教會或聖職人員只是陪襯的角色，也許這也是使英國國教會的經濟發生問題的原因之一。

背離教會的人與無信仰者有增加的趨勢，但是在面臨死亡的時候，總是會舉行一些儀式，需要主祭者。這時候只要付些費用，英國人道協會、合理主義者協會、無宗教協會等，就會派適當的主祭者舉行喪禮。但是也有人不舉行任何的喪禮，埋（火）葬以後，只由一些親朋好友舉行追悼儀式。

就如同美國的宗教學者湯瑪士路克曼所說的，現代社會隨著社會的世俗化，以前所看到的宗教漸漸地轉為看不見的宗教，認為這是一種「宗教的新興社會型態，就是將不受社會結構所束縛的人類意識的解放，予以神聖化」。

由這一點來看目前的殯葬習慣，是相當吻合的，也就是漸漸地把看得到的死亡，轉為看不到的死亡，同時在個人生活自律性延長的同時，社會生活的連帶性也越來越風化，呈現兩極的現象。人們在今後如何在個人與群體之間，保持互相的調和，或是在疏離的現況下如何應對，相信這是未來重要的話題。

挪威

挪威位於北歐，面對挪威海與北海，以深入內陸的海峽挪威峽灣而聞名。雖然是在北極圈內，但是由於有溫暖的墨西哥灣流的影響，所以比較溫暖。

居民以前是活躍的海盜，個性剛硬而健壯·個人主義相當徹底，大都屬於基督教的路德教派。

在當地死亡的時候，要先取得醫師或醫院的死亡認可，然後聯絡民營殯儀社代為處理任何事宜。

殯儀社把遺體入殮，舉行喪禮之後，即埋葬在公共墓地。一般是在死亡八日以內埋葬，最近火葬比率要多於土葬的比率。與會者會穿著黑色的喪服，來參加送葬的行列。喪禮有獻上各式各樣的花束與花圈的習俗，可以送到教會或墓地。

墓地採租賃形式，如果過了一定的期限而沒有更新，則視為無緣墓地，將遺骨合葬而撤去墓石。以前是以平板的立碑居多，最近則有很多的變化，周圍會遍植花木。冬天冰凍期間，利用電動的掘土機來掘墓地，予以埋葬。

波蘭

波蘭面對波羅的海，國土大部份都是海拔三百公尺以下的平原，屬於大陸性氣候與海洋性氣候相衝突的位置，所以相當不穩定。在政治上經常是處於東西勢力相衝突的旋渦中，而備嚐辛酸。一九八九年，在東歐第一次的自由選舉，獲得「連帶」的壓倒性勝利。在社會主義圈中，第一次產生了非共產勢力主導的政權，國名也刪除了「人民」二字。

居民幾乎都是波蘭人，使用波蘭語，是單一民族國家。對於祖國的熱愛經常不落人後，在外交方面標榜社會主義國家。但是擁有千年的歷史，天主教信徒占人口約九成，是一個相當少有的國家。

有人死亡的時候，要取得醫師的診斷書，到區公所辦理登記。喪禮的事宜由公營的殯儀

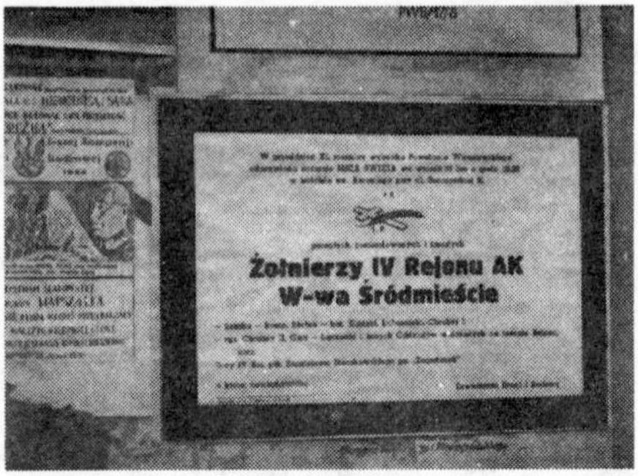

波蘭的死亡廣告

社代為處理，以及代辦埋葬許可與遺體移送許可等事務性手續，一直到棺木的準備等等。喪家的大門口會飾以花圈，並貼喪中的字樣，會找來祭司為遺體舉行終油的秘密儀式。

一般而言，死後第三天會從喪家出棺，組成送葬行列，前往公營墓地。但是近年來由於在醫院死亡的人數大為增加，因此會從醫院用靈車（黑色的小型麵包車）運到墓地，在那裡的禮拜堂舉行喪體以後再埋葬。

波蘭的人們絕對不會忘記過去戰爭的犧牲者或死者，例如：會為觀光客播放戰爭中華沙的電影。在舊市街的史塔雷米亞特斯廣場上，有歷史博物館。在這歷史博物館中，會有第二次世界大戰時，因納粹而成為廢墟的一些街道的樣子所拍攝的電影，可以免費地供觀光客觀看。在市中央的「勝利廣場」前，有撒斯基公園，建有無名戰士之墓。至今掃墓者仍絡繹不絕，在墓前放著許多花束。尤其是每年八月一日的解放紀念日，各地都會舉行盛大的追悼儀式。

代表性的墓地有市內的婆波翁斯基墓地與緊鄰的猶太人墓地。在堪比諾斯的帕爾米里村附近，有一個非常大的無名戰士墓地。

波蘭的冬天非常早就下雪了。十一月一日萬聖節的時候，墓地就好像化了雪妝一樣，而且終夜燭火輝煌，映著銀白的雪，呈現出一個幻象的世界來。

當地的村子裡，會建有看守土地的基督或聖母瑪麗亞的祠堂，也會點著燭火，供花不絕。每當到了星期假日的午後，衣著正式的人們三三五五地到教會或墓地去掃墓。至今他們仍然相信靈魂的存在，為了讓死者不再受困於死後的世界，會有在入殮時把一些金飾放入棺木中的習俗。

理葬方法幾乎都是土葬，在都市地區也有火葬，依死者或家屬的期望來作選擇。墓地分為地上墓地與地下墓地，然後在其上豎立石碑，有很多富有個性的石碑。

葡萄牙

葡萄牙面對南歐的大西洋，緊鄰西班牙，有非常長的海岸線。由於流經墨西哥暖流，所以氣候比較溫暖。居民大都是克魯馬娘、伊比利亞、凱爾特等人種所混血的葡萄牙人，葡萄牙語為國語，其中大部份信仰天主教。

當地人死亡的時候，要依據醫師的死亡診斷書到區公所辦理登記，與其他文明國家一樣。然後在喪家守夜，在教會舉行喪禮以後，再埋葬在墓地。通常都是土葬，在首都里斯本也有一個火葬場。

殯葬習慣與鄰國的西班牙有許多共通點。西班牙規定在死後四十八小時以內要埋葬，但是葡萄牙一般是超過四十八小時以後。除非是名人或住在遠地的情形以外，一般都很少採用遺體保存術。

首都里斯本有七個市營墓地，但是由於土地狹窄，埋葬半年以後的遺骨，要合葬在地上的壁龕或地上墓內。有錢人的墓地是靈寢式的，而且古色古香。

通常棺木是由殯儀社的專用工廠來製作，大部份都是採用桃花心木、橡木或松木，其中也有雕刻非常豪華的棺木，守夜的時候，會租借十字架、燭台、棺台一式，祭壇也都是使用鑲有金邊的金屬製祭台，覆蓋在棺木上的是黑色或紫色天鵝絨，相當豪華。

守夜的時候，房間中所掛的東西，全都要上下、裡外顛倒。

以前在送葬行列中的靈車，是由八匹馬所拉的豪華馬車，今天則大都是用汽車。以十字架或祭司為前導，接著則是靈車與穿著黑色喪服的遺族。喪禮或埋葬的時候，會獻上菊花花束或花圈。每年十一月一日的萬聖節，會攜帶菊花去掃墓。

葡萄牙人非常喜歡一些慶典，各地都留有很多傳統的宗教儀式。尤其是北部的米羅地區，在八月末時會舉行聖母出巡記。衣著色彩鮮豔的女性們，會組成遊行隊伍，同時會舉辦煙火大會。另外，在里斯本北方的法提瑪與南法的盧爾德並列為出現聖母瑪麗亞的聖地。每年五月十三日與十月十三日，有數十萬信徒手拿蠟燭，來到教會前的廣場上。

在地方上，婚喪喜慶通常是全村全體出動的重要儀式。死亡的時候，教會會鳴喪鐘來通知鄰近的人。喪家的入口處會打開，近親者會在遺體旁哭泣。各村都有互助團體來負擔喪體的費用。未亡人有一生穿著黑色喪服的習俗。

一般而言，馬提拉島的人們都是遵從羅馬天主教的習俗，喪禮在教會舉行。而且未亡人要終生穿著黑色的喪服，不得再婚，今日這種習俗日漸式微。

羅馬尼亞

羅馬尼亞位於巴爾幹半島的東北部。國土的地形富於變化，居民大都是拉丁系的羅馬尼亞人，也有馬札爾人與德國人。以前信奉希臘正教分派的羅馬尼亞正教的信徒相當多。保持傳統的風俗與習慣。但是成為社會主義國家以後，就日漸淡薄。一九八九年在東歐激烈的政變中，反政府的示威遊行擴及全國，查歐斯克體制崩潰，救國戰線評議會掌握實權。

首都布加勒斯特有人死亡的時候，要到區公所辦理一些法定的手續，可由公營的殯儀社或親戚朋友代為辦理。另外，在中央墓地內的殯儀場，準備殯葬事宜。在地方上大都由鄰居們來協助辦理，有部份人會協助清洗遺體以後，為死者穿上最好的服裝，同時讓死者手持蠟燭或聖人像，腳朝大門口的方向，同時舉行守靈。

喪禮的當日，大都會從教會找來祭司或聖歌隊，在喪家的中庭舉行喪禮之後，與會者會穿著富有民族色彩的服裝，一同走向墓地。送葬行列以弔旗和花圈為前導，同時抬著靈柩，拿著蠟燭。有時候會在樂隊的伴奏下向前前進。

土葬的土上會架上木製的十字架。喪禮之後，喪家會招待與會者使用圓型的麵包。以前為了向在遠地死亡的人致以膜拜之意，會在家鄉製作墓地。如果是因交通事故而死亡，則會在發生事故的現場架上十字架，今日則沒有看到這些習俗。北部的瑪拉姆雷休的撒芬圖村，有一位名為史坦巴特拉休的人，能夠雕刻非常獨特的墓標，這種色彩豐富的墓標，能夠讓人一目了然地了解死者的職業。藉著他個人的力量，從一九三五年以來一直持續著，為死者雕塑許多豐富的墓標。

在地方上，一般是認為死者的生活就如在世間一樣，所以要同時埋葬一些日用品與金錢。他們非常重視墓地，墓標上也會刻有其生前的職業與生活等等。

桑瑪利諾

桑瑪利諾是位於意大利中東部吉他山內的一個小國。自一八六一年以來，成為義大利的保護國。人口僅二萬人，在生活各層面都仰賴義大利。居民幾乎都是天主教徒。

一般而言，喪禮是在首都桑瑪利諾市內的天主教堂舉行，遺體則埋葬在附近的墓地，沒有火葬設備。

斯洛伐克

本來斯洛伐克自一九一八年以來，被稱為捷克斯洛伐克。戰後一九八九年，自一黨獨裁的共產黨解體以來，接近匈牙利的斯洛伐克，在一九九三年一月成為獨立的國家。脫離捷克而獨立，首都定爲拉迪斯拉發。原本是以農業為主的國家，但是已經在捷克的影響下，慢慢地走向工業化。當地人以天主教徒為主。

在基督教傳來以前，斯洛伐克人死亡的時候，是把遺體火葬之後，放入骨灰罎，但是今日則大都是土葬。喪家在家屬死亡的第一個夜晚，要輪流守靈。第二天，與會者會到喪家去弔問。遺體入殮以後，在教會舉行喪禮，然後再埋葬在墓地。這時候，村子裡的樂隊會作為送葬行列的前導。

斯洛文尼亞

斯洛文尼亞靠近義大利與奧地利，原本是南斯拉夫聯邦的一員。但是以壓倒性多數的斯洛文尼亞人，於一九九二年八月脫離南斯拉夫聯邦，組成獨立的政府，成為一個獨立的國家。首都為盧布爾雅那，以工業立國。在舊聯邦內是所得最高的國家，有很多天主教徒，國內治安相當安定。

西班牙

西班牙位於歐洲西南部，是由伊比利亞半島的大部份、懸浮於地中海上的巴利阿里群島

，以及大西洋上的加那利亞群島所組成。西班牙人大都是拉丁系的混血人種，以及少數的加泰羅尼亞人、加利西亞人、巴斯克人。大部份居民都是天主教徒，也有少數的基督教徒、猶太教徒、伊斯蘭教徒等等，但是為數不多。

當地人死亡的時候，要取得醫師的死亡診斷書，到法院辦理登記。在法定程序結束以後，也可以進行殯葬的手續。遺體必須在死後二十四—四十八小時以內埋葬。如果超過四十八小時才埋葬，必須要施予冷凍保存處理術。

大多數西班牙人即使在心理上沒有信仰，然而習慣上還是自認是天主教徒，所以在死亡的時候，會找來神父授以終油的秘跡。喪禮的準備可以委託殯儀社來辦理，守夜的時候，在靈柩周圍要點上蠟燭，同時裝飾鮮花。然後弔客弔問遺族，透過靈柩的玻璃來看遺體最後一眼。向來在喪家舉行守靈的第二天，就會在教會舉行喪禮的彌撒，最後則走向墓地。但是最近通常是在殯儀社舉行守夜與喪禮。為了因應這種需求，所以在馬德里市的斯爾德卡拉班切爾墓地旁的一片廣大土地上，建了公營的殯儀會館。在這裡也有火葬設備，但是火葬率只有十%，不過有逐漸增加的趨向。

殯儀社有公營與民營殯儀社，可代為處理遺體乃至埋葬事宜。通常喪禮是在喪家或殯儀

馬德里的公共墓地

社舉行。在舉行守靈和喪禮之後，有直接埋葬的方法，或是在教會舉行喪禮之後，再埋葬在墓地的方法。但是不論是哪一種方法，棺木都不會運到教堂內，主祭者都在外面祈禱。

埋葬的時候，除了家屬與與會者之外，主祭與殯儀社人員要會同出席。若是自然死亡，在二年以內不得再挖掘。若因傳染病而死亡，在六年以內不得再挖掘。

居民大都是天主教徒，所以火葬率很低。首都馬德里有一大火葬場。

埋葬後第三天、第七天、第一年，會在教會舉行彌撒。一般而言會在每年十一月一日的萬聖節與二日的萬靈祭這兩天，帶著鮮花去掃墓。

喪禮一切的費用依喪葬的內容與棺木的種類而有所不同，一萬三千——三十萬西班牙幣（一九七九年）。都市地方的墓地大都是公營墓地，是採用壁龕的地上墓與埋葬的地下墓二種，這二種都可以採用購入或租賃的方式。墓碑千差萬別，有錢人的墓相當豪華。但是與同是拉丁民族的義大利人的厚重墓碑相比，西班牙人的墓是很簡單的。

住在該國南方的安達爾西亞人死亡時，會依照天主教的習俗來舉行喪禮。為了紀念死者之死，會捐獻一些金錢給福利機構。

住在西班牙至法國之間的巴斯克人死亡的時候，喪禮被視為是人生大事，會由全村動員在喪家舉行，認為若不如此，在彼世不能夠得到安息。

懸浮於大西洋的卡亞那利群島，也住有印度人。在葛蘭德卡那利島的拉斯帕爾馬斯市或特內利菲島的聖克魯茲市，有公營墓地，在此有露天火葬場。

瑞典

瑞典位於北歐斯堪的那維亞半島的東邊部份，是個南北狹長的國家，國土有一半以上是森林地帶。冬天的夜晚很長，夏天的白夜很長，是一個福利非常完善的國家。居民幾乎都是使用瑞典語，為公用語；只有一部份人使用芬語與拉普語。路德福音教會為國教，居民必須繳納教會稅，聖職人員的支出是由國庫支出。

有人死亡，要到最近的警察署的戶籍單位，遞交醫師的死亡診斷書，同時領取死亡證明書與埋葬許可證。殯葬手續可由民營與半公營的殯儀社代爲辦理，棺木則依照個人的預算從殯儀社的目錄中來選擇。可用目錄來訂購，而棺木從便宜的松木材到高價位的合成橡膠等，一應俱全。

如果要火葬，則必須向警察署取得醫師所證明的火葬許可證。如果要在公營墓地以外的地方埋葬，則要向市公所的不動產局取得埋葬許可證。如果是教會會員，則可以免費埋葬在該教會的附屬墓地，但是一般都是購入公營墓地內的墓地，或是採取租賃的方式。

死亡通知可以刊登在當地的報紙上，或是個別發訃聞，都可以由殯儀社代為處理。

男性的喪服是在黑色的正式服裝上，打上白色的領結，同時在手腕上別上黑色的喪章。女性則是穿著黑色的禮服，並戴上黑色的面紗。弔問者有致贈花圈的習慣，並飾以瑞典國旗顏色為主的青色與黃色三角旗，同時附上簡單的弔辭，由花店直接送到殯儀場所。

在教會面向正面，右側是遺族，左側則是一般與會者。牧師向祈禱會讀舊約聖經詩篇一〇三篇、一三〇篇（一——六節）、一三九篇（二三——二四節），或是新約聖經的約翰福音一一章（二五——二六節）、哥林多前書（一五章二〇——五八節）等章節，讚美歌則使用韓德爾所作的送葬曲。

舉行過喪禮之後，從教會走向埋葬的墓地去。通常是以靈車、花車、家屬、近親者、與會者的車，依序排列著。土葬時，在埋葬之前會先由牧師祈禱，然後在遺棺上撒三次土，與會者也會一同獻上鮮花。火葬時，則在火葬場的棺台旁進行祈禱。在送葬曲的伴奏下，遺棺慢慢地放至地下的火葬爐去。返回喪家時，喪家會供給一些點心或晚餐。

現在該國的都市地區是以火葬為主，在地方上是以土葬為主，北方邊境地帶的拉普蘭德以火葬居多。拉普蘭德一年四季都是冰天雪地，所以無法埋葬。如果真是希望土葬，必須要把遺體保存至雪融化的春天，才可以埋葬。國內有二十幾家火葬場，首都斯特哥爾摩市內的斯布蘭卡公營墓地內，以及最近在近郊蓋的公營墓地，也就是由軍奈爾亞斯普蘭德所設計的奄斯克德公營墓地，有火葬場。

後者的墓地位於山丘上，火葬後依個人與喪家的希望，也可以把骨灰撒葬。但是不得豎立墓碑，這一點也是瑞典人合理思考模式的層面。瑞典規定為了防止墓碑台座的地層下陷，所以法律規定埋葬後若非經過六個月，則不得在公營墓地內豎立墓碑。通常都是簽訂租賃契約二十五年，期約到期可以更新。最近將二—四個遺棺合納在一起的家族墓地，要比個人墓地來得多。

在這裡特別值得一提的是，

挪威奧斯陸市的公共墓地

瑞典首都斯特哥爾摩市的郊外墓地

通常家屬們會把喪禮時的收入與遺產，捐給老人福利基金。自一九二一年五月設立這基金以來，已經在斯特哥爾摩市內設立了好幾家老人院。

以前人們死後會想有死後的世界，但是在今天的現實社會下，喪禮只是非常個人化的事。但是儘管如此，住在北方的特爾內達利安人，還是遵循傳統的殯葬習俗。在死後的二個星期以後，由當地人全體出動，在教會舉行盛大的喪禮。

瑞士

瑞士素有歐洲屋緣之稱，位於阿爾卑斯山下，有許多湖泊，是一個風光明媚的觀光勝地。公共設施的維持管理與清潔，都屬於世界第一。德國系的民族占大部份，其他也有拉丁系、義大利系、雷特羅曼休系的人們所組成，所以他們也說德語、法語、義大利語、羅曼休語。當地承認信教的自由，所以當地的習俗無法一概而論。通常德語系的民族信奉基督教，法國、義大利、羅曼休系的人則以信奉天主教居多。

有人死亡的時候，要依據醫師的死亡診斷書，由殯儀社代為辦理法定的手續、埋葬等一切事宜。通常在醫院的太平間領回遺體，火葬或土葬以前，在所屬的教會舉行喪禮。根據法律，死亡四十八小時以後，才可以火葬或土葬。火葬與土葬的比例各半，大部份的都市地區都有火葬場。首都伯爾尼的火葬場在姆爾汀街，蘇黎士的火葬場在阿爾比斯華德街，日內瓦的火葬場則在布太特街與蘭西街。

支付殯儀社的費用包括遺體的運送、書類的處理、火葬的費用、骨灰罈等，大約為一千瑞士法朗（一九八五年）。但是這並不包括棺木的費用與給祭司們的謝禮。除非家屬們有特別的期望，否則遺體不會施以保存術，就會直接入殮。通常遺體是穿著有白色蕾絲的襯衫，同時把頭枕在白色特製的枕頭上。依其地方而有所不同，有的地方自治體可以免費地準備棺木。德語圈的民族以火葬者居多，他們用非常簡單、墜有木綿流蘇的棺木。但是也可以依照個人喜好，選擇墜有絹或天鵝絨的豪華棺木。

如果喪家不希望購入墓地，也有可以免費埋葬的墓地。通常經過二十年後，若無人繼承就會予以改葬。要付費的家族墓地則是以五十年為租賃期，之後可以更新。

這國家的基督教徒非常多，所以墓地也以簡樸居多。在山岳地帶，頂多是在墓地的頭部架上十字架或基督耶穌肖像而已。在這柱子上會刻有死者的職業，墓大都是單人墓，大部份是在俗名下寫上出生日期與死亡日期，同時遍植各色各樣的花木。但是由於土地難求，例如：在菲利布爾地方的共同墓地內，其個人墓地的使用權為二十五年，之後則必須要合葬。

南斯拉夫

南斯拉夫位於歐洲東南部的巴爾幹半島上，面對亞德里亞海。國土大部份是山岳地帶。北部的多瑙河流域有廣闊的平野，有六個共和國所組成的社會主義國家。居民除了賽爾比亞人、克羅地亞人之外，還有斯羅貝尼亞人、馬其頓人與蒙地內哥羅人等，是個多種族國家，各自講不同的語言。

第二次世界大戰以後，對於宗教的關心越來越薄弱。在賽爾比亞與蒙地內哥羅地方，由希臘正教所衍生的賽爾比亞正教，北部是住在亞德里亞海岸的人，信奉伊斯蘭教。只要在國策範圍內，就允許信教的自由。

有人死亡的時候，要領取醫師的死亡診斷書，到區公所辦理登記。然後由公營的殯儀社人員協助處理殯葬與埋葬事宜。幾乎都是土葬，在首都貝奧格萊德火葬率約二十五％。在市內約有十個墓地，依宗派別而有所不同。

死亡佈告則是把相片加上黑框，貼在當地的告示板上。如果死者是男性，教會要敲五次喪鐘，女性則敲二次喪鐘，以通知鄰近的人。在喪家女性們會號哭，同時終夜點燃燭火，在

南斯拉夫的墓地

教會舉行喪禮以後再埋葬。

以前人們面臨死亡時，最害怕的事是他們相信要為生前所犯的罪付出代價。例如：死不瞑目的人會變成吸血鬼。另外，認為有人死的地方是不潔淨的，必須要找來祭司撒上聖水或焚香潔淨。

一般而言喪服是黑色的，但是在波斯尼亞地方的女性，則穿著白色的喪服。服喪期間要持續一年，在這期間要避免各種喜慶事宜，同時要相當謹慎地過日子。通常不整理頭髮與鬍鬚，今天這種習俗日益淡薄。但是，賽爾比亞正教徒之間，擁有保護自家的「聖人之日」，在祭日會製作圓形的麵包，同時招待親戚朋友。

在貝奧格萊德，有一座特普吉德森林公園的小山丘上，建有南斯拉夫之父切托故總統的陵寢，一年四季都開放著薔薇花，有人到那兒膜拜。

住在南斯拉夫的吉普賽人，稱之為撒拉宣人，是伊斯蘭教徒。在齋戒日時要斷食，他們認為悲苦死亡的人，會成為惡魔來危害這世界。同時裝作小孩的樣子，行超人的行徑。

梵蒂岡

梵蒂岡位於義大利羅馬市內的梵蒂岡山丘上，是一個非常小的迷你國家。一九二九年根據拉特拉諾條約，脫離義大利而獨立。現在與世界一百個以上的國家有外交關係。以羅馬天主教的總院，即聖彼得大教堂為中心，教宗兼元首，居民不滿千人。

現在的教堂是四世紀時，由康斯坦切奴斯大帝所建立的初期教堂。於一六〇六年興建，一六五七年完工，教堂內有耶穌的弟子保羅墓等歷代教宗的墓。

人們在生活上大都是仰賴羅馬市，駐在這裡的神父死亡的時候，都利用羅馬市內的殯儀社來舉行喪禮。除了教宗以外的遺體埋葬的墓地，是在教堂裡一個古德國人的墓地。在梵蒂岡除了這個墓地以外，就沒有其他人的墓地。

第六章　俄羅斯聯合地區

亞美尼亞

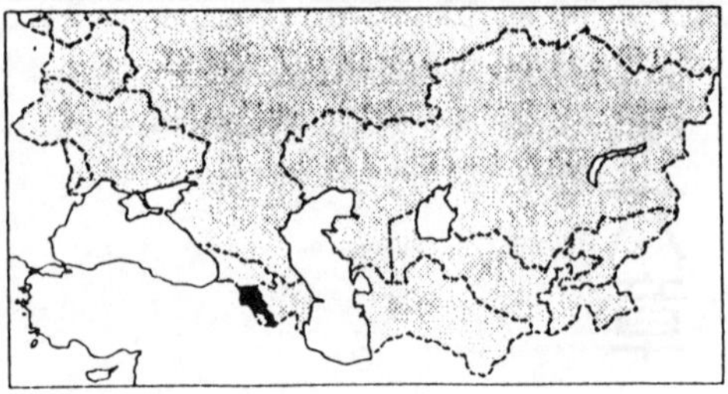

蘇聯解體以後，亞美尼亞於一九九一年九月宣布獨立，首都為艾雷邦。在三〇一年時，是世界最早以基督教為國教的國家。但是在羅馬、波斯、阿拉伯、蒙古、土耳其等強國的支配下，在俄羅斯獨立後，曾經短暫地獨立過一段時間，但是被迫加入蘇聯。直到蘇聯解體以後，才恢復獨立，但是與鄰國的阿塞拜疆紛爭不斷。居民大都信奉阿爾梅尼亞正教。

有人死亡的時候，通常在三天後舉行喪禮。埋葬以前，遺體安置在喪家，同時棺木的蓋子要豎立在大門口，接受與會者的弔問。死後七天、四十天、一年後，以及正月也要掃墓。這時候，有攜帶食物與花去掃墓的習俗。

阿塞拜疆

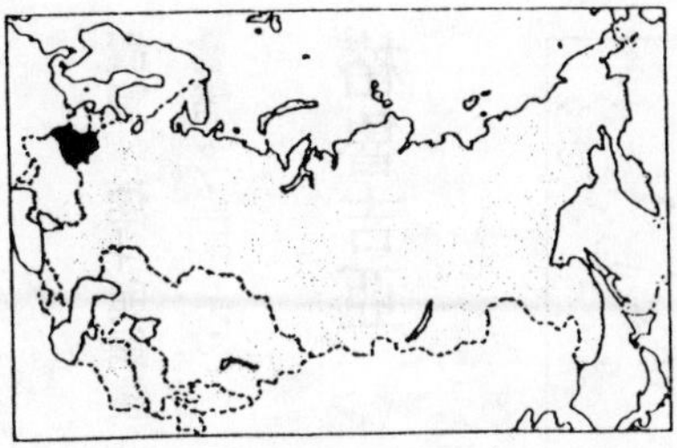

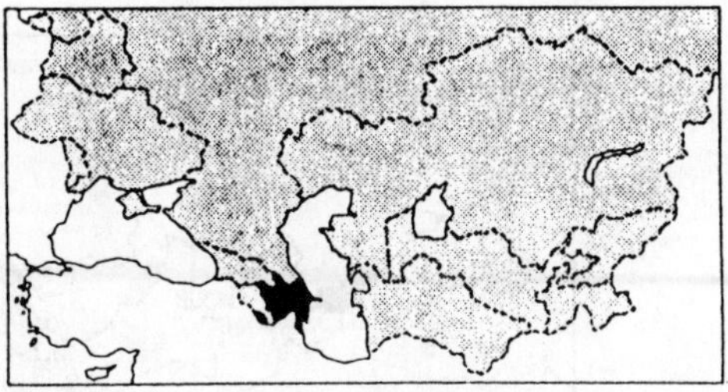

一九九一年十二月，蘇聯宣佈解體時，阿塞拜疆很早就宣佈獨立，與緊鄰的納戈爾諾卡拉巴赫分別宣佈獨立，陷於內戰狀態中，首都為巴庫。

居民大都是阿塞拜疆人，主要屬於伊斯蘭教的什葉派。

居住在該地的沙謝班族為伊斯蘭教徒。死亡的時候，要在導師的主持下舉行喪禮，死後三天、七天、四十天，會舉行追悼會。

阿塞拜疆系土耳其人死亡的時候，即使是共產黨員，也會遵從伊斯蘭教的習俗來舉行喪禮。死後第四十天，會舉行追悼儀式。

貝拉爾西

貝拉爾西位於俄羅斯平原，是個相當平坦的國家。阿拉伯的「貝拉」為白色之意。蘇聯解體的一九九一年八月，成立了「白俄羅斯共和國」。但是後來在同年九月，改稱為貝拉爾西共和國，首都為敏斯克。居民大都是貝拉爾西人，信奉俄羅斯正教與天主教。

貝拉爾西人死亡的時候，在第三天埋葬。這時候要在棺木中放置鹽、煙斗與銅錢。死後第六天、九天、四十天要舉行追悼儀式，這時候會提供燕麥粥給與會者。

格魯吉亞

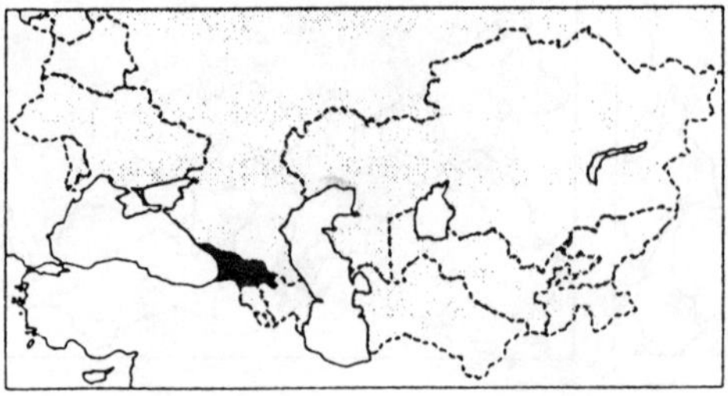

格魯吉亞是位於黑海沿岸的山岳國家。自蘇聯解體以後，於一九九一年四月宣布獨立，但是並沒有加盟為獨立國家共同體，首都特比利西。居民大都是格魯吉亞人，信奉格魯吉亞正教。對於俄羅斯人具有強烈的反彈意識，因此一直持續在內亂狀態中。

格魯吉亞人死亡的時候，希望埋葬在故鄉的泥土中。死期將近時，家屬們會準備水，同時把窗戶打開，好讓靈魂淨化，並方便靈魂飛出窗外。死後第三天、第四天、第五天會有很多與會者前來弔問，並找來神父。出棺的時候，習慣在室內繞上三圈。埋葬之後的當夜，舉行盛大的餐會。

阿布卡吉安人死亡的時候，會把遺體至少安置在喪家一週，並舉行守夜。然後在下午，由穿著黑色喪衣的鄰居與會者舉行喪禮，並由喪家提供點心。死後第四十天內，男性近親者不得剃鬍鬚，女性近親者要穿著黑色的喪服，一年以後要舉行追悼儀式。

哈撒克

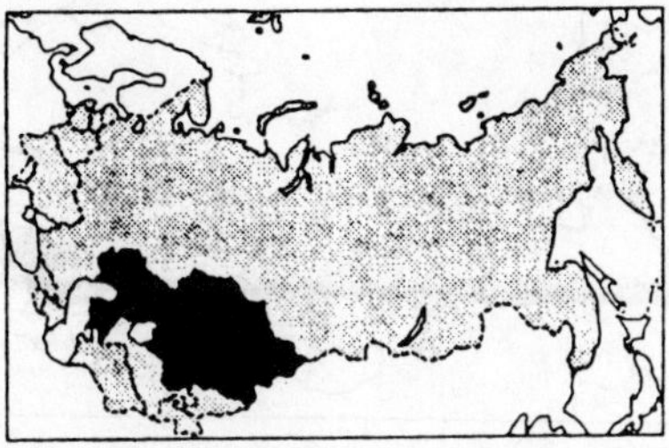

哈撒克位於中亞的北半部，是一個內陸國家。自蘇聯解體以後，一九九一年十二月宣布為獨立國家，同時加入獨立國家共同體。首都以前是阿爾瑪亞塔，現在改稱阿爾麥特。居民大都是俄羅斯人與哈撒克人，信奉俄羅斯正教與伊斯蘭教的遜尼派。

哈撒克人死亡的時候，要洗淨遺體，用白色的壽衣包裹，放在特別建立的小屋中。埋葬的時候，女性不得與會，只有男性來抬棺木。然後在喪家舉行淨身的儀式，再把遺物分配給有關係的與會者，同時一起會餐。如果死者是未成年人，在小屋會插紅旗；成年人插黑旗；老年人則插白色的弔旗。服喪期間為一年，要插滿一年為止，一年以後除喪。這時候找來了很多親朋好友，同時宰殺馬匹舉行盛大的宴會。

該國的姜布爾市是東西交通的要道，以前是絲路的中繼站。聽說唐三藏前往印度取經的時候，也經過這裡。現在該市的博物館中，展示了當時人們的遺物，以及火葬時所使用的骨灰罈等。

基爾吉斯坦

基爾吉斯坦是位於中亞南部的山岳國家。自蘇聯解體以後，加盟獨立國家共同體，首都比西凱克。居民大都是基爾吉斯人與俄羅斯人，信奉伊斯蘭教遜尼派與俄羅斯正教。

基爾吉斯人死亡時，要遵從伊斯蘭教的習俗，洗淨遺體，裹上白色的壽衣，埋葬在伊斯蘭教徒的墓地中。他們非常尊敬聖人，希望在埋葬的時候，能夠盡可能靠近聖人的旁邊。

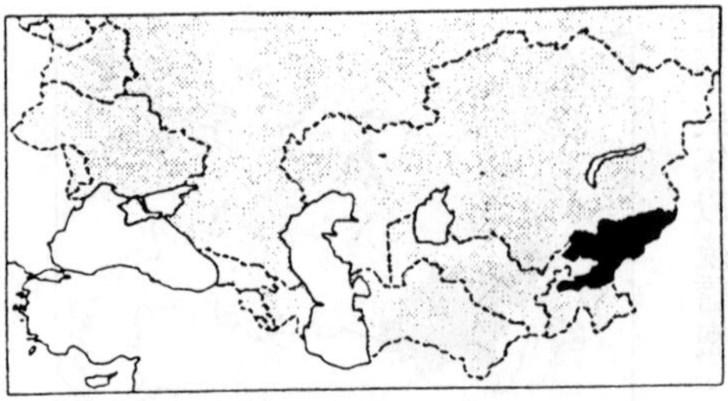

摩爾多瓦

摩爾多瓦為烏克蘭與羅馬尼亞所包圍的內陸國家。流經羅馬尼亞東部的摩爾多瓦河，為國名的由來，首都奇西那。對於羅馬尼亞有親近感，而對俄羅斯有強烈的反感。居民大都是羅馬尼亞系的摩爾多瓦人。一九九一年八月宣布獨立，大都信奉俄羅斯正教。

摩爾多瓦人死亡的時候，要為遺體穿上最好的衣服。未婚女性的遺體則要穿上結婚的禮服。為了讓遺體順利地度往另一個世界，遺體要手握錢幣。在喪家要三天三夜不睡覺，輪流來守靈。

喪禮的時候，會供給稱之為可利巴的檸檬麵包。在墓地要埋葬的時候，要飲盡紅酒。死後第九天、四十天、半年、一年後，要舉行追悼儀式。

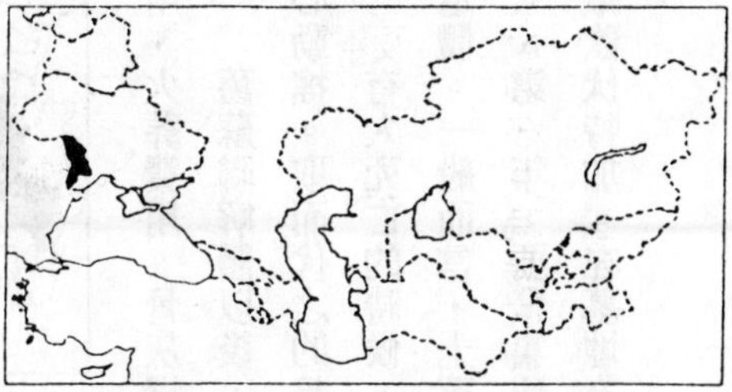

俄羅斯

俄羅斯聯邦是繼歐洲到亞洲，佔歐亞大陸一半以上的國家。國土非常廣大，住有大大小小一百個以上的民族，人口大都是俄羅斯、烏克蘭人、烏茲別克人與白俄人等。東洋系的少數民族也很多，全國共通語為俄羅斯語。但是構成聯邦的各個共和國主要的語言，則是其主要民族的語言。

過去由於共產黨政府的反宗教政策，因此宗教信奉者人數銳減。但是只要不違反國策，則認定個人宗教的自由，很多高齡者都信奉俄羅斯正教與伊斯蘭教。關於信仰的數據，根據克羅艾德夫宗教問題評議會議長，在當地的『文學新聞』（一九八二年七月七日）所發表的數字如下：「積極的信徒人數占成人人口約九—十%，其中半數為俄羅斯正教」。

俄羅斯人死亡的時候，要領取醫師的死亡診斷書，到最近的區公所殯葬課辦理登記。這裡也兼任國營的殯儀社，代為處理殯葬事宜。在區公所的牆壁上，貼有殯儀費用表。

最近最低的費用大約六十盧布，平均為二百五十盧布（一九八五年），以這程度的殯葬喪禮為最多。費用包括棺材費用、運送費用、火葬費用、骨灰罈費用與埋葬費用等。

舊蘇聯解體以後，由於俄羅斯以前所採取的唯心、唯物論政策共產黨的失利，而致使人心動搖。取而代之的是以前作為精神支柱的俄羅斯政教，所以俄羅斯政教的復權最為顯著。

有人死亡的時候，在棺木的周圍要放置燭台，點燃蠟燭，經常會看到近親者或友人親吻遺體。一般而言，土葬要比火葬來得正式，而且俄羅斯政教的習慣，在死後第七天、第四十天、第一年，要聚集親友來舉行追悼儀式。同時在死者的杯中注入伏特加，與會者也要一同獻飲伏特加。在墓地為了要防止野狗等，所以會在墓地四周圍上柵欄。掃墓的時候會點燃燭火。最近墓地也越來越簡化，也有像櫥櫃式的納骨塔，在各地都看得到。

通常在喪家由近親來舉行守夜，在莫斯科等都市，幾乎都是在公營墓地附屬的火葬場兼殯儀場舉行喪禮。喪禮一般是無宗教式，由故人所屬的協會上司來致弔辭，由遺族代表來致謝辭，非常簡單。同時有時候會僱用樂隊來演奏葬曲，大都是以蕭邦的送葬曲為主。喪葬費用分為上、中、下三個階層，樂隊的人數與棺木的材質有所不同。

俄羅斯最典型的殯葬儀式如下：親友圍繞著棺柩，棺柩則放置在殯葬場中央的台座上。在送葬曲的伴奏之下，慢慢採取電梯式的方式，放到地下燒卻爐中，數個小時以後，就成為骨灰放在骨灰罎中，交給家屬，然後埋葬在墓地。以前這一類火葬場都沒在俄羅斯正教的修道院，頓斯可伊禮拜堂；或是郊外的尼可利斯可阿爾帆吉爾斯可伊公營墓地內。

另外，在前幾年死亡的布雷吉內夫等國家或共產黨重要人物死亡的時候，在紅色廣場上會舉行盛大的儀式。後來則埋葬在列寧廟裡的特別墓地，在其上豎立胸像。只要是重要人物，依其對國家的貢獻，埋葬在諾貝迪比奇修道院的附屬墓地。這裡是富有歷史性紀念價值的墓地，同時豎立豪華的墓碑。一般人的墓大都很簡單。

由於莫斯科的土地難求，除了特定的人以外，一般的人都予以火葬。當現有的墓地客滿時，在郊外則增設新的公營墓地，如：哈幫斯卡、卡里尼、史達林、瓦根柯夫斯可伊等等。這裡有同一規格的地下墓地與排列整齊的納骨塔。在墓地的入口處有花店，可以買花束來掃墓。尤其是在四月至五月之間，俄羅斯正教的復活祭星期日時，有很多人手拿著圓形特製的麵包與彩色花束等，到此來掃墓。最近在莫斯科的柯達它死亡的三位犧牲者的遺體，則埋葬在瓦根柯夫斯可伊墓地。

從莫斯科往東北走七十公里的郊外，扎哥爾斯克市有一個俄羅斯正教的總教特羅伊茲西爾修道院。每逢復活節的時候，近郊處會湧來許多的信徒。

一九九〇年秋天，由於「信仰自由與宗教團體法」的實施，名符其實的信教自由得以實現，每年復活節會越來越盛大舉行。

值得特別一提的是，俄羅斯的墓不論是到了任何一個都市，大部份在中心地帶或墓地的一角，都會有紀念第二次世界大戰中，一些無名戰士的墓地。大部份都是尖塔型的墓碑，在其前方點燃著永遠之火，同時獻上各式各樣的花圈。在區公所辦理結婚以後的新婚夫婦們有個習慣，即到無名戰士的墓地去掃墓。在莫斯科經常可以看到克里姆林宮城牆邊的無名戰士墓，以及附近紅色廣場上的列寧廟，經常會看到身著白色禮服，手捧花束的新郎與新娘的蹤影。但是由於共產黨政權的瓦解，這列寧廟遭到撤去的命運。

俄羅斯的第二都市列寧格勒，在蘇聯解體以後，改為以前的都市名稱聖帕特爾布魯格。這是個從洛馬諾夫王朝時代就相當榮華的都市，殘存著許多歐洲式的藝術之都。在這裡有一座與法國巴黎的魯布爾博物館可以相匹敵的艾爾米他傑美術館，館中藏有歐洲各國的代表美術品，同時可以公開展示。

第二次世界大戰中的一九四一年至四三年之間，這都市受到德軍猛烈的砲擊，市內幾乎都呈現毀壞的狀況。這時候死守城市的軍人與市民，約有五十萬人戰死。他們的遺體在戰後一九六〇年，合葬在該市北郊新設的廣大匹斯卡利奧墓地中，在中央的祭壇上豎立著一座女銅像。同時由一位女性作家奧利根貝爾哥利茲，寫了墓碑銘「沒有一個人可以忘記，沒有一件事情可以忘記」。

在當地不論是當地人或外國人死亡的時候，一般都要到區公所憑醫師的死亡診斷書，辦理死亡登記。在當地殯儀社可以代為處理殯葬與遺體移送事宜。在市內各地方都有從戰前就有的市民公共墓地，其中代表性的墓地是莫斯南斯可耶墓地，緊鄰俄羅斯正教教會。在此之前，土葬是傳統的埋葬方法。但是最近由於墓地難求與經濟因素，火葬有增加的傾向。市內主要的大道內夫斯基街，有一座類似梵蒂岡保羅教堂寺的卡彰寺院。在蘇聯時代是反宗教博物館，最近似已轉作其他用途。

在上述的內夫斯基大道的終點，有一座亞雷奇桑德爾內夫斯基修道院的兩旁，有許多著名的藝術家與政治家的墓，例如：作家多夫特艾夫斯基墓、作曲家柴可夫斯基、利姆斯基可爾撒可夫等。有許多人前來參觀。

另外，在東邊面對日本海的那保特卡市的西寧濱街山丘中，有第二次世界大戰以後，病死的日本軍俘擄五百一十六人的墓地。每年八月十五日，日本總領事館會主持祭靈大典。在俄羅斯國內，像這樣的日本人居留死亡者達到六萬二千人（蘇聯方面的發表），分別埋葬在三百四十一個墓地中。

在俄羅斯死亡，死者的家屬要向俄羅斯政府觀光局，或是駐外的公使館聯絡。同時不論是因病死或事故死亡，根據俄羅斯的法律，遺體必須經由解剖以後送還。

冬可撒克人死亡的時候，要依照基督教的習慣舉行喪禮，遺體的頭部要朝東安置。農家小孩死亡時，要準備小的棺木，沒有舉行儀式，就直接埋葬在樹底下。喪禮當天即舉行彌撒，九天之後邀請神父與親友來舉行餐會。

南西伯利亞的阿爾泰山脈的土耳其系的阿爾泰人死亡時，女性近親者會穿著傳統的服裝，死後第七天與第四十天，要找來巫師舉行祈靈的儀式。

卡爾馬克斯人死亡時，相信靈魂會離開肉體，所以遺體直接放置在草叢中，任由野獸來啃食。同時招來喇嘛僧讀『死者之書』數日，藉由燈火讓死者們覺醒。相信如此，便能夠與真如合體。

住在西伯利亞北邊的西庫特人死亡時，相信靈魂會離開肉體，死後第三天埋葬在墓地。這時候會宰殺馬、雄牛、兔子等家畜，好讓死者能帶在身邊。他們相信死者的一部份會昇天，住在天上的綠野中。

▽俄羅斯邊境地帶

住在中亞地方的約有五千萬名回教徒，至今在國家體制下，仍維持著獨自的信仰與習俗，與其他的阿拉伯系的俄羅斯人保持明顯的劃分。信仰虔誠的伊斯蘭教徒死亡的時候，要在清真寺舉行喪禮，同時埋葬在專用墓地裡。以前死在阿夫加尼斯坦的卡札夫士兵們，政府將其埋葬在阿爾馬阿塔的公共墓地，結果引起當地居民的反對，甚至引起相當危險的暴動。猶太教徒與佛教徒也各自依照各自的習俗。猶太教徒主要是分布在蘇聯聯邦的西武地方，在第二次世界大戰以後，有許多從西部的西伯利亞移民而來的猶太人，因此也成立了猶太自治共和體，以維持民族的共同體。此外，佛教徒也以烏蘭烏得為中心，有一個布利亞德自治共和體，保持其獨特的信仰與習俗。

在西伯利亞地方有很多東洋系的少數民族，殯葬習慣也非常地多樣化，不能一概而論。但是自古以來，這裡便被視為是黃教或泛靈論的溫床，所以至今也仍有許多習俗是受到其影響。以住在撒哈林北部與阿姆爾河流域的尼布夫族為例，當地人死亡的時候，要在喪家不停地點著火，近親與鄰居要聚集在一起守夜。通常男性死亡要守三天，女性死亡則要守四天，輪流陪在遺體旁。然後遺體的腳朝前，從家裡抬到露天的火葬場去。途中男性要停留三次，女性則要停留四次。在火葬場，遺體要由東向西抬三回，然後放在薪木所堆積的小山上。在那裡把遺體火葬，然後燒狗肉與粥一同招待與會者食用。

遺骨要在公共墓地的祠堂內，與遺物一起建立木像，然後予以埋葬，以象徵死者。所有的遺物都要打碎，據說如此死者才能夠把所有的遺物帶到另一個世界去使用。

塔吉克（Tadzhikistan）

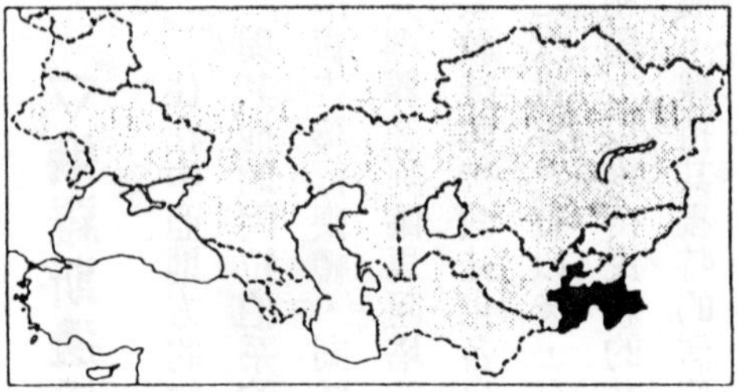

塔吉克位於有「世界屋脊」之稱的帕米爾高原上，國土大部份是山岳地帶。在蘇聯解體之後，一九九一年十二月成為獨立國家而加入共同體，是共同體中最貧窮的國家，首都杜桑佩。居民大都是塔吉克人，其他也有烏茲貝克人，有很多人都信奉伊斯蘭教的遜尼派。

塔吉克人死亡的時候，要依據伊斯蘭教或無宗教式的儀式來舉行喪禮，遺體埋葬在伊斯蘭教徒墓地。伊斯蘭教徒相信死後的世界，死後要接受神阿拉的審判。依照其生前的行為，來判別去天國或地獄。

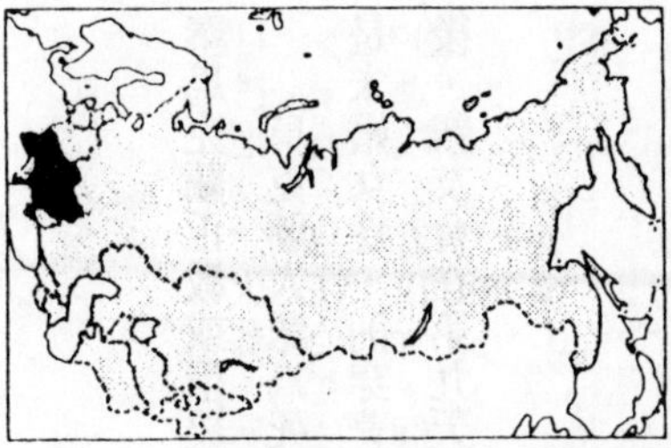
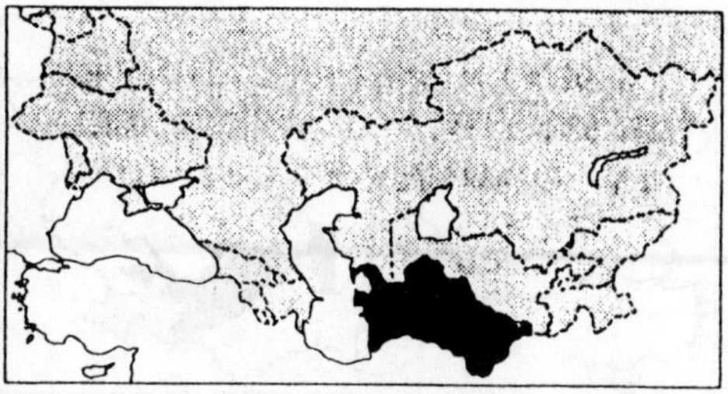

土庫曼（Turkmenistan）

土庫曼位於中亞西南部，西側面臨黑海，是一個平坦的地方。國名是由土庫曼人與希臘語的「斯坦」（國之意）的合成語。一九九一年十二月蘇聯解體以後，加入獨立國家共同體。首都安加巴德。居民大部份是土庫曼人，其次是俄羅斯人，信奉伊斯蘭教遜尼派與俄羅斯正教。

土庫曼人死亡的時候，即使是無宗教者，也會依照伊斯蘭教的習俗來舉行喪禮。遺體埋葬在伊斯蘭教徒的墓地，或是埋葬在能夠保護其死後生活的伊斯蘭教聖者旁，或是奧拉德族墓旁。

烏克蘭

一九九一年十二月蘇聯解體後，烏克蘭加盟為獨立國家共同體。與俄羅斯同處於領導地位。首都基輔，居民大都是烏克蘭人，信奉烏克蘭正教或俄羅斯正教。

烏克蘭人認為死是自然的現象。有人死亡的時候，要為遺體穿上最好的衣服。如果死者是未婚女性，則穿著新娘禮服。喪禮時，要用白布披蓋家具，女性要把頭髮放下來。喪禮之後，親友會在第九天與第四十天舉行追悼儀式，同時聚餐。

烏茲別克

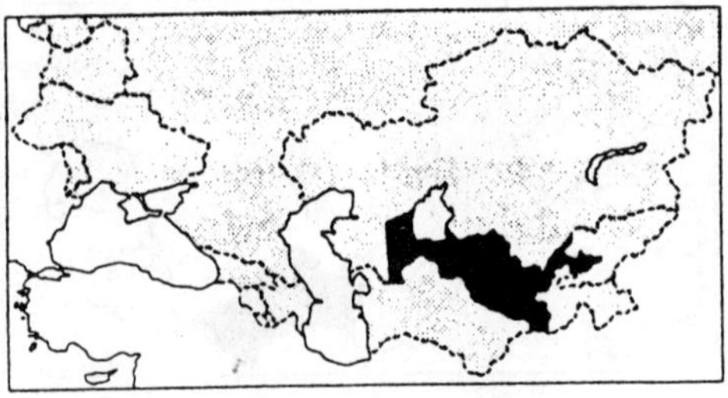

蘇聯解體以後，成為獨立國家，加入共同體。首都塔什干，居民大部份是烏茲別克人，信奉伊斯蘭教遜尼派。以前曾為絲路的重要據點，所以在撒馬爾康德與布哈拉等，留有很多伊斯蘭文明的遺產。

由於共產黨政權時代的反宗教政策的影響，所以烏茲別克人對於宗教不太關心，但是婚喪喜慶還是沿用伊斯蘭教的習俗。而且在一九八八年政權解體之後，伊斯蘭教就逐漸地復興，喪禮也越盛大地舉行。同時流行聖者墓的崇拜，也希望能夠埋葬在聖者的墓旁。

第七章　北非地區

安提瓜百慕達

安提瓜百慕達位於加勒比海西印度群島中的一個小國。人口約八萬四千人，半數以上都屬於英國國教會。最近有一個非洲美國黑人的新興宗教，稱為拉斯塔發利。這信仰相當盛行。

當地人死亡的時候，例如在首都聖喬治市，遺體的處理可交由殯儀社來處理。有錢人會希望做遺體保存術，但是並不普及，喪禮之後埋葬在墓地，與會者會唱讚美歌。有獻上鮮花的習俗。

居民大都採取大家族主義，親友之間同志的約束力量很強，喪葬喜慶時，大都是全家總動員，近親者死亡時，會有衆多的與會者。在衆多的與會者之前，經常可以看到女性號哭的場面。

巴哈馬

巴哈馬群島位於西印度群島北部，美國佛羅里達半島的洋面上，有大大小小七百個以上

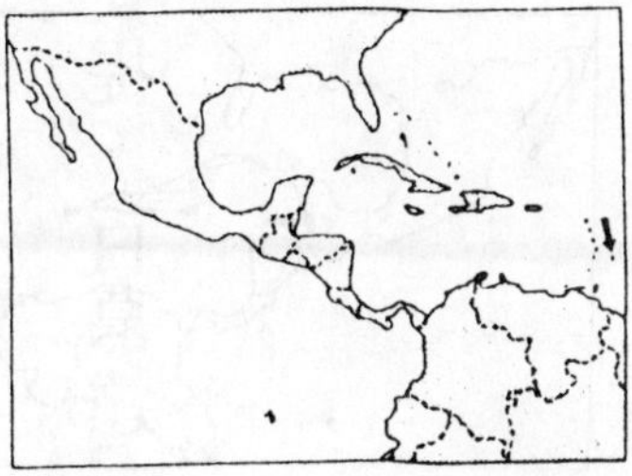

的島嶼所組成，其中一個巴哈馬由於氣候非常溫暖，所以經常有來自海外的觀光客，成為冬天的避寒勝地。

居民大部份是黑人，英語為公用語，信奉基督教各教派，各自歸屬於不同的教會。喪禮也大都在教會舉行，埋葬在墓地，以土葬居多。

巴巴多斯

巴巴多斯是位於西印度群島最東邊的一個小島，首都布里奇頓，以前是英國的殖民地。居民大都是從非洲移民而來的後代子孫，信仰基督教。

以前聖公會為國教，今天則嚴守政教分離。他們認為死亡是惡魔在作祟，所以會找巫術師等來除惡魔。

貝里茲

以前稱為英屬宏都拉斯。一九八一年時，脫離英國而獨立，居民大都是庫雷保爾系的黑人，信奉天主教。因此有人死亡的時候，大都在所屬的教會舉行喪禮，埋葬在公共墓地。

加拿大

加拿大橫亘在太平洋至大西洋之間的北美大陸，是僅次於蘇聯的第二面積大國。總人口的八成都集中在南部，與美國鄰近的地帶，居民約半數是英國人，集中在渥太華州，其次是法國人，集中在魁北克州。信奉基督教各教派與天主教。

除了一部份加拿大人以外，其人種構成與生活習慣，都與鄰國的美國有相當多的共通之處，在美國獨立戰爭的時候，效忠英國的人們從美國的十三州移民至加拿大，因此比美國人更加保守。

有人死亡的時候，家屬可委託殯儀社來辦理遺體的處理與殯葬事宜。要依據醫師的死亡診斷書，從州政府取得遺體的處理許可。交由殯儀社來運送遺體，因此會在那裡進行遺體的整形保存術，在殯儀社內的殯儀場舉行守夜或喪禮（意外死亡時，則必須經過警察方面的司法解剖）。第二世界大戰以後，全國的都市地方都以此為慣例來舉行。地方上則在教會舉行守夜或喪禮。通常天主教徒的與會者會出席守夜、喪禮或埋葬儀式，因此他們比較喜歡在殯儀社內舉行喪禮而非在教會。尤其是在嚴冬期間，教會內的暖氣設備不夠，而且費用也比較多，因此大都利用殯儀社。

加拿大卡爾加里市的墓地

在太平洋沿岸的溫哥華市與中央的多倫多市郊外，有許多日本人移民當地，一般而言，佛教徒在醫院枕經，由近親好友在沒有遺體的喪家守夜，到晚上十點鐘至十一點鐘以後才散會。通常喪禮是在死後二、三天舉行。如果是佛教徒，則利用佛教的教會。

喪禮結束以後，會組成送葬行列走向墓地，以前大都是使用馬車或雪橇，現在只要道路情況許可，大都使用靈車。

墓地大都是教會附屬或公營墓地，也有一部份是民營的。根據加拿大法律的規定，不能以營利為目的。墓地向來劃分為天主教徒、基督教徒與猶太教徒等不同的區域，但是最近新設的公營墓地則以共用的居多。墓地以家族或個人為單位，採取買斷的方式。以前天主教徒大都採取靈寢形或納骨堂形，基督教徒與猶太教徒則是採取立碑形的墓石，最近像美國紀念公園墓地一樣，採取平碑形者則有日漸增加的趨勢。冬天的積雪期間很長而不可能埋葬，所以遺體要先放置在安置所，直到春天以後才埋葬。

加拿大人死亡時，有八十五%是採取土葬，其餘的則是火葬。基督教徒、佛教徒、無宗教的人大都喜歡火葬，在都市近郊的墓地，大都附屬火葬場，一般死後四十八小時，予以火葬。

魁北克以東，以天主教徒占壓倒性多數，一般而言不必火葬，在蒙特婁與新不蘭茲瑞克各有一個火葬場。魁北克住有很多法國移民，是以英語與法語為公用語。舉行喪禮的時候，仍留有很多法國的傳統習俗，英國的「靈車」就是由法國的農具畜力耙子而來，畜力耙子倒過來，就像是裝飾著樹枝的燭台似地。在法國的天主教會，會將其安置在靈柩上，而在魁北克的教會至今仍沿用這習俗。因此天主教徒的喪禮，大部份都在上午以前舉行，基督教徒的喪禮則在下午舉行。

文化人類學者原廣子所著的『印第安人及其世界』（平凡社刊），說印第安人為何而生，就是為了在死亡的時候，能夠擁有美麗的容顏，因爲他們相信在死亡時，擁有美麗容顏的人得以再生。

散佈在加拿大南部的蒙他內拿斯卡皮死亡時，遺體要用壽衣或樹皮包裹，然後與死者的所有物一起埋葬。冬天死亡時，就直接安置在屋外的台座上，埋葬要往後延期，遺體的頭要朝向死者世界的西方，據信死靈會度到西方去。

原住民伊如伊特族（愛斯基摩的差別用語）人死亡時，相信死者的性格、靈魂、名字，都會從腐敗的身體解放出來，同時變為新生的肉體，在東部極北地方，於夏天中死亡時，遺體在喪禮以後，就直接埋葬在地面上的石塚裡，冬天時，則直接放在雪地上。

另外，在地方上，有一些人會把遺體屈成有如胎兒一般進行屈葬，與副葬品一同埋入棺木中，然後放在台上。基督教化的人們相信，死者的靈魂是由神裁奪其昇天或再度降生到人間。不只是人，他們相信動物等也有靈魂，認為並不是人捕獲了獵物，而是由獵物篩選人類，所以必須要為其靈魂舉行祭祀的儀式。因此會有為了慰靈所作的人物與動物的雕像，放在墓地的台上作為裝飾。

哥斯大黎加

哥斯大黎加有「拉丁美洲的瑞士」之稱，西側為太平洋，東側為加勒比海，是一個氣候溫暖的國家，人口大部份是西班牙系的白人，西班牙語為公用語，是中美洲當中文盲率最低的國家，認同信教的自由，但是一九四九年發布的憲法規定，天主教為國教，總統就任等公衆儀式是以天主教的儀式來舉行。

有人死亡時，喪家是用電話或報紙來告知訃聞，通常死後的第二天，會在教會舉行喪禮，後來組成送葬行列走向墓地而埋葬遺體。然後在九天之內進行祈禱，一年以後舉行公開的追悼彌撒。十一月二日的死者之日，帶花去掃墓。

當地有人死亡時，要領取醫師的死亡診斷書，到區公所去辦理登記，與一般的文明國家無異，弔客會致贈鮮花與花束，但是不致贈賻儀，該國的最大的殯儀社為羅安社，在全國擁有一百三十一家分店。

在哥斯大黎加加入送葬行列，一同到墓地去參加喪禮的，僅限於親密的友人。沒有火葬的習慣，大都是土葬。經過數年以後再取出遺骨，放在納骨塔中，死後一個星期會在教會舉行追悼彌撒，十一月一日的萬聖節會聚集在一起掃墓。

首都聖荷西市在國立體育館附近，有公共墓地，大都埋葬在這裡。

在西班牙殖民地時代的首都卡塔哥市，有天主教的巴西利卡教堂，全中美各國的人士都可以來此膜拜，一年四季相當熱鬧。

住在該國的保加爾族死亡的時候，喪家會用白布包裹遺體，然後舉行守靈，與會者有致贈賻儀來資助喪禮的習俗，埋葬在墓地時，由神父來舉行彌撒。

古巴

古巴位於加勒比海中心，西印度群島中最大的島嶼。一九五九年在非德爾卡斯楚的率領之下，由革命組織獨立以來，是拉丁美洲最早的社會主義國家。居民大部份是西班牙系白人，以及其他黑人的混血人種，西班牙語為公用語，人們的同仇敵愾意識非常強。由於是在西班牙的統治下，因此與其他拉丁美洲諸國一樣，有很多人都信奉天主教，

哈瓦那市革命廣場建國之父荷西馬爾汀之紀念塔

但是在政教完全分離與革命政府反宗教的政策下，雖然新憲法保障信教的自由，但是年輕一代對宗教的關心相當薄弱。

當地人死亡時，要向醫師領取死亡診斷書，到區公所辦理手續。同時可以委託殯儀社代為處理殯葬事宜。這些殯儀社的職員都是國家的公務員。

喪禮由親屬與親朋好友聚集，以前稱為「西紐」或「西紐里達」，革命以後則稱爲「坑帕紐（同志）」。

親朋好友聚集在殯儀社的會場或教會，舉行喪禮以後，遺體則移往墓地去埋葬，首都哈瓦那於一八七一年，建立了一座非常廣大的柯龍紀念墓地。戰前，有一些非常豪華的靈寢型靈廟，戰後則豎立一定規格的墓石，在聖地牙哥市郊外的聖艾菲吉尼亞紀念墓地中，有建國之父荷西馬爾汀的墓地。

多明尼加

多明尼加位於大西洋與加勒比海之間的安提爾群島之中的伊斯帕尼歐拉島東部的三分之二，正如其國名一般，自一四九二年哥倫布發現新大陸以來，這裡就留有許多西班牙的文化。居民大部份是西班牙系白人與黑人的混血。人們以西班牙為公用語，大都分都是天主教徒

，但是年輕人在星期日出席教會的比率日減。

只要不違反公益，保障信教的自由，一九六六年發布的憲法規定，天主教接受國家的支援。

當地人死亡時，一般人要領取醫師的死亡診斷書，到區公所辦理登記，然後領取死亡證明書，同時利用殯儀社進行遺體的處理，守夜之後在教會舉行喪禮，喪禮之後組成送葬行列，埋葬在教會附屬的公共墓地，同時舉行埋葬彌撒。

遺族穿著黑色的喪服，埋葬以後，在喪家招待與會者簡單的食物。墓碑以木製的十字架居多，比較樸實。

除了天主教徒以外，也有基督教的「神的集團」與安息日再臨派，以及信奉從海地傳來的布多教。

薩爾瓦多

薩爾瓦多面對中美的太平洋，在地理上是屬於熱帶地方，但是首都聖薩爾瓦多位於海拔六百八十二公尺的高地上，終年高溫多濕，國土狹小，資源貧乏，再加上人口過密，以及極左派游擊隊與激烈分子的非法活動非常頻繁，治安很差。居民大多是土著印第安人與原住民，根據一九六二年發布的憲法規定信教的自由，但是天主教為國教。

當地人死亡的時候，要領取醫師的死亡證明書，到區公所辦理登記，與一般的文明國家一樣。喪禮事宜多數委託殯儀社，棺木依材質而有從最便宜到最高級的，一應俱全。由於地處高溫地帶，死後二十四小時的遺體，必須要施予防腐處置，否則不得舉行守夜或喪禮。

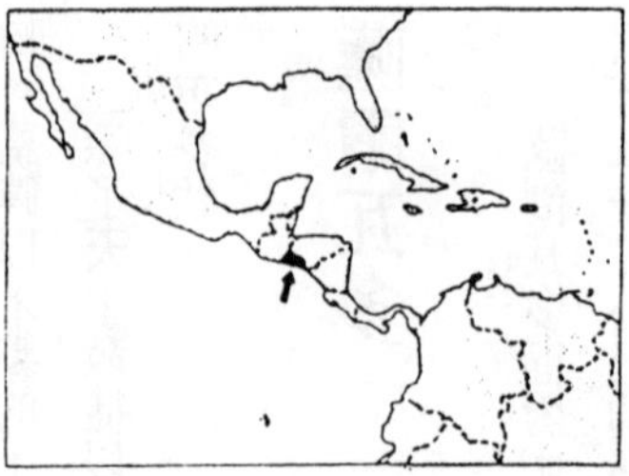

天主教徒的喪禮大多是在喪家或所屬的教會舉行，因此沒有火葬的習慣與設備。喪家在入殮遺體之後，安置在客聽，棺木的兩側點上燭台，並飾以親朋好友所送的鮮花，找來祭司祈禱，家屬們則唸玫瑰經直到天明。通常是在第二天早上，把棺木抬出喪家，以祭司為前導走向墓地，掘一個約六公尺的坑洞，埋葬於其中，上面飾以花束或鮮花。

墓地與墨西哥、古巴等其他拉丁美洲國家一樣，可購買公營墓地或選擇七年期間的租賃墓地。如果是租賃墓地，一個區域可以埋葬三個遺體。在數個月或一年後才豎立墓碑，有一些人會豎立立碑或非常豪華的靈寢，占了喪禮大部份的費用。

死後的九天，每一天會到教堂去祈禱，每年十一月二日的萬靈祭，人們會手持鮮花去掃

墓。

格林納達

格林納達是由懸浮於加勒比海的群島所組成，居民大多是從非洲移民而來的後裔。大部份屬於天主教與聖公會。有人死亡的時候依其習俗各自舉行喪禮。

瓜地馬拉

瓜地馬拉是橫跨中美太平洋與加勒比海的高原國家，與拉丁美洲各國有許多共同點。另外，原住民的印第安族占半數以上，仍保留著先祖傳來的亞馬文化的習俗，這一點在中南美諸國中，算是相當特別的。天主教為國教，在各地有教會，居民除了崇拜外來的創造主、基督、瑪莉亞、天使、聖人之像之外，同時也崇拜土著的精靈與死靈。

瓜地馬拉市的公共墓地

都市地區的死亡手續與其他文明國家一樣，但是喪禮本身頗富民族色彩。美國人類學者加爾斯格雷伊在聖地牙哥與提馬爾提南格村所觀察的報告書上，有如下的描述：

「當地人死亡時，會緊挨著遺體嚎哭，其聲響徹全村，然而男性比較堅毅，同時會敲喪鐘，男性死亡敲三點鐘，女性則敲二點鐘，小孩則敲一點鐘。為遺體換上喪衣，使其躺在鋪著毛毯的凳子上，在頭部的周圍點上蠟燭，旁邊飾以鮮花、聖人像。親人會聚集在一起守夜，同時飲用由玉蜀黍或糖劑所蒸餾過的酒，演奏喪歌。一般的弔客會陸續來到喪家，與遺體面對面，飲用喪家所招待的咖啡與點心，但是不能久坐，若久坐會被死靈纏住，要立即離去。

第二天早上，以木琴樂隊為前導，棺木則在後面，組成送葬的行列，走向村落附近的墓地去，有時候會停下來，女性會撫摸遺體而號哭，在墓地由歌手用拉丁語唱喪歌，同時有小提琴與吉他的伴奏，聚集在此喝酒。埋葬的第二天與第十二天，還要僱用歌手唱歌。據說如此可使死者的靈魂免於孤獨，在此之後的一個月內，每隔五天，都要雇用歌手到墓地唱歌。」

十一月二日萬靈祭的當天，視為死者之日，喪家會在大門口飾以金盞花，同時帶供物與鮮花去掃墓，當夜，在木琴音樂的伴奏下舉行宴會。

住在該國的邱吉族死亡的時候，幾乎全體鄰居會一起出動準備喪禮，他們認為死後的世界與現實的世界是連接的。每年的十一月一日全聖節，會到墓地奉上鮮花與供物，同時木琴音樂的演奏下來安慰死者。

伊圖亞族喪家的女性，要服喪半年至一年。在這期間要遠離各種喜慶事宜，一年後舉行彌撒。

住在中央高原地帶的奇切族，把喪禮視為人生大事而盛大舉行，這時候，與會者有飲酒的習俗。

海地

海地位於懸浮於伊斯帕尼歐島以西，占三分之一的部份，與多明尼加緊鄰，居民大部份是黑人，其次是法屬白人混血的姆拉特人。這裡有熱帶地方特有的明朗太陽與貿易風，氣候非常舒適，這國家是以法國風味的生活模式與非洲的傳統混合，而形成一種獨特的社會習俗。

天主教為國教，居民大多接受洗禮，也有很多人是信仰非洲新興的宗教布多教。海地是南北美中，經濟上最貧乏，而且文盲率最高的國家，也可能是因為這些因素，而使這地方宗教非常盛行。

布多教是在十八世紀時，由馬康大奈爾（是從非洲買來的伊斯蘭教徒奴隸）所興起的新興宗教，所豎起的旗幟就是打倒白人專制與解放奴隸。後來馬康大奈爾在海地北部的林貝被逮捕，處以極刑。

如此一來，反而被人民視為民族英雄，信徒們向馬康大奈爾尋求庇佑，同時狂熱地舞蹈，甚至集體出現顯靈的現象。布多教徒死亡的時候，要找來布多教的祭司，接受死與再生的秘密儀式，同時把遺體土葬在墓地。

一般而言，喪禮事宜在都市地區可利用公營與民營殯儀社來代為辦理。同時在殯儀社的殯儀場或教會舉行喪禮，這時候有獻上紅色薔薇花的習俗。

墓地幾乎都是公營或由教會所附屬。在這裡通常不施予遺體整形或保存術，喪禮之後立即埋葬，由於該國國內沒有火葬設備與骨灰罎等，因此外國人在當地死亡時，如果要把遺體運送回母國，必須要經過特別的許可。同時還要經過醫院施予防腐處置，才能運往國外。

宏都拉斯

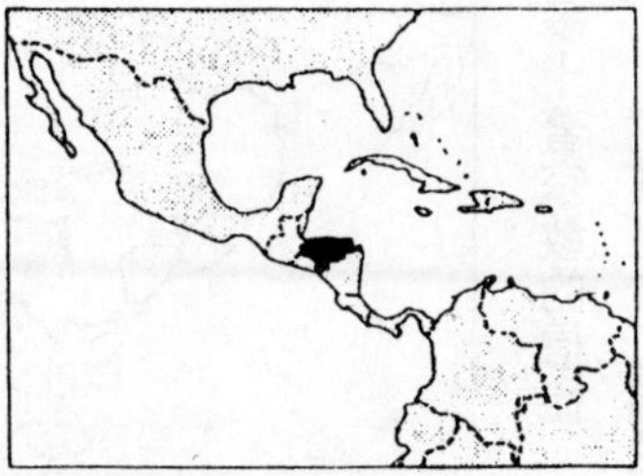

宏都拉斯是中美山地最多的國家，居民以西班牙系白人與土著混血的人占大多數。西班牙為公用語。

居民幾乎都是天主教徒。有人死亡時，要領取醫師的死亡診斷書，委託民營的殯儀社辦理殯葬事宜，遺體不做整形保存術，在殯儀社的大廳舉行喪禮以後，埋葬在墓地。對於貧困的家庭而言，政府可以供給免費的棺木。喪服以黑色為原則，但是只要不是很華美，一般的服裝也可以。沒有火葬的習慣與火葬的設備。

墓地大都附屬於天主教會，一般而言，只是架個十字架，非常簡單。每年十一月一日至二日，萬聖節與萬靈祭時，會帶著鮮花去掃墓。

與瓜地馬拉接近的可龐山地，是古代亞馬文化遺跡中，最大最古老的遺跡，也是考古學上重要的地方。但是由於交通不便，拜訪的人並不多。

住在這裡的米斯基特族，在今日依然遵守基督教的習俗，但是他們相信死的預告與夢境等等。

牙買加

牙買加位於西印度群島，以觀光與蔗糖而聞名，一九六二年自英國聯邦自治領土獨立的新興國家，居民大部份是非洲系黑人，以及與白人的混血、印度人、中國人。

牙買加是一年四季常夏的國家，人民非常熱情，同時也是虔誠的基督教徒，屬於英國聖公會、浸信會、衛理公會、天主教等。另外，與非洲傳統混淆的波可馬尼亞教、錫恩復興派等，也有許多土著宗教的信徒。

尤其是波可馬尼亞教重視聖經的朗讀與解釋，錫恩復興派重視儀式或咒術的治療，強調集體的力量，特別是時興水洗，反西方的土著們相當受到吸引。

牙買加蒙泰歐貝的公共墓地

也許是由於這些土著黑人受到西班牙與英國等舊殖民地時代，嚴酷的宗教迫害，而採取反動的心態，走向類似土著宗教。

居民各自依照宗教習俗舉行喪禮，在都市地區殯儀社會代為準備。最近大都是在殯儀社內的大廳舉行喪禮。喪禮之後會埋葬在墓地，但是之後的每年十一月一日、二日的萬聖節、萬靈祭的時候會去掃墓。人們害怕死靈，在地方上相信在死後的九天，會在棉樹附近徘徊。

墨西哥

墨西哥是中美洲最大的國家，以西班牙系的白人和土著印第安人混血的居民占大部份，西班牙語為公用語，幾乎都是天主教徒。儘管如此，由於很早就採取政教分離政策，教會對於政治、教育、工作、社會生活等的影響並不深，即使是宗教方面的慶典，通常混合著異教的要素在其中。

在都市地區死亡的時候，與其他文明國家一樣，要領取醫師的死亡診斷書，到區公所辦理登記，在各都市都有公營、民營的殯儀社，可委託代為處理殯葬事宜。一般公營的殯儀社大多為低所得者所利用，民營的殯儀社在首都墨西哥市，以加約瑟殯儀社的規模最大，一年會處理五、六千件案件。

接受委託時，遺體立即安置在殯儀社內的靈安室。在這裡舉行守夜之後，則在殯儀社內的會場或墓地，找來祭司舉行喪禮。埋葬方法幾乎都是土葬，但是依照喪家的要求，也可以火葬。死後二十四小時以內，可以埋葬在公營墓地，但是不論是公營或民營，都訂立契約七年。七年以後再更新，若無人續約則改葬在無緣墓地。

與其他國家一樣，墨西哥在地方上也維持著傳統習俗。例如：墨西哥中部的那瓦族，有小孩死亡時，認為是天使的誕生，毋須悲哀，會用鮮花來裝飾遺體，同時把遺體納入塗著白色、紅色、金色的棺木中，在喪家的門前，會奏著非常熱鬧的音樂，同時舉行宴會。大人的喪禮則不飾以鮮花，並使用黑色的棺木與蠟燭。

奧特米族必須在有動物通過喪家門前時，才能夠埋葬。他們相信動物是表示天使的到來，死靈已經被動物引導至天國。

塔拉烏馬拉族相信死靈在死後一年以內，會回到喪家，並帶來疾病，殺生畜以威脅生者的生活。為了要免於死靈的作祟，死後的數日以內，都要把經過調理的肉放入容器內，然後再放置在牡牛的肚皮上，相信如此便可供死者食用。同時要找來咒術者舉行儀式。

每年十一月二日的萬靈祭，與其他天主教國家一樣，有追悼死者的習俗。這一天稱為「

死者之日」。掃墓則是遵照古阿茲特克馬亞的文化習俗，用糖果做成骨骸形狀，然後在上面刻著受贈者的名字，然後贈送給別人，這骨骸稱為「胡達」，胡達是違背基督的猶太的西班語發音。這儀式會使墨西哥人聯想到死亡，在各地都上演著戴著骨骸的面具的表演。

墨西哥市以西北三百五十公里的瓜納華托市，有萬神殿，在洞穴的兩側有木乃伊化的遺體，二百具以上並列著，這裡稱為「死人之家」，蔚為奇觀。這很可能是因為地處高地，而使天然防腐作用發揮了作用吧！

大部份人都信奉天主教。有人死亡的時候，在教會舉行喪禮，埋葬在墓地。但是與其他墨西哥人不一樣的是，他們並不在十一月一日的死者之日開追悼會，而是在一周年忌時才會唸玫瑰經，舉行追悼。

住在墨西哥的亞姆茲格族死亡的時候，主要是依據天主教的傳統習俗舉行喪禮。但是已婚者的遺體必須是由東向西，獨身者與小孩子則是向東，他們相信埋葬後九天以內，死者會徘徊在墓地。

住在該國的皮馬巴約族相信死後的世界，所以要在墓地上供上供物，喪禮不在教會而是在喪家舉行，有時候要宰殺家畜來進行牲祭。

住在那西利特州的可拉族死亡時，遺體的腳要朝向大門外，因為族人相信死者的靈魂是從遺體的腳出去。同時會找來祭司祈禱死者升天，死後五天服喪。

住在瓦哈卡州的查提諾族死亡時，要舉行守夜。翌日便埋葬，九天內要舉行祈禱儀式，一年後再次舉行祈禱的儀式，然後才建立正式的墓地，並架上十字架。

住在瓦哈卡州的米克謝族，有人死亡時，會把遺體放置在原野，然後把遺骨放入籠子裡，吊在樹下。但是今天則依照天主教的習俗來舉行喪禮，埋葬在墓地，儘管如此，他們還是很害怕死靈，相信死靈會徘徊在喪家周圍一陣子，同時危害生者。

住在瓦哈卡州的扎婆迪克族死亡時，區分為自然死亡與事故死亡，相信後者無法昇天。

住在東北部山岳地帶的卓庫族死亡時，會舉行非常隆重的喪禮，在十一月一日、二日的死者之日，會帶著鮮花與供物去掃墓，在那裡聚餐。

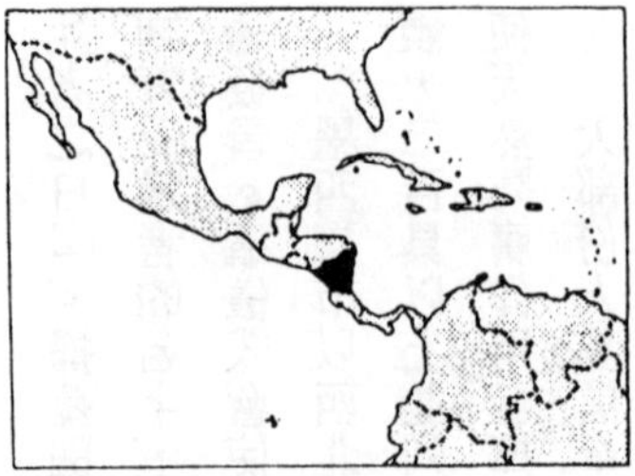

尼加拉瓜

尼加拉瓜位於中美中央地帶，夾在太平洋與加勒比海之間，北接洪都拉斯，南接哥斯大黎加，全國覆蓋著山岳地帶的原始林，一般是屬於高溫多濕的氣候。居民大部份是土著印第安人，以及印第安人與白人的混血，其他也有白人、黑人、印第安人，大都份都信仰天主教。

一九七九年，在革命政權的推翻之下誕生的新興國家，政治不安定。首都馬納瓜機場附近，經常看得到武裝的男女士兵。尼加拉瓜人好社交，待人極熱情，經常有非常熱鬧的音樂件隨著祭典在各地舉行。受到招待時，有交換禮物的習俗。

當地人死亡時，通常鄰近的人會聚集在喪家，唸玫瑰經並守夜。第二天早上，在教會舉行喪禮彌撒之後，埋葬在墓地。但是貧富差距相當大，若喪家是低所得者，就直接埋葬在墓地。

當地的庫雷奧爾人死亡時，非常害怕死靈，所以會舉行連續九天的慰靈儀式，在這期間還有跳舞的習慣。

居住在尼加拉瓜至宏都拉斯一帶的斯姆族人死亡時，以前他們是相信惡魔在作祟。未亡人要斷髮服喪，這習俗殘留至今，但是受到基督教的影響，遺體就直接埋葬在居住地的附近。

巴拿馬

巴拿馬位於北美與南美大陸銜接的位置，東西狹長，氣候終年高溫多濕，不快指數高居中南美首位。巴拿馬運河是太平洋至大西洋的必經海運要道，因此日本的利用度僅次於美國，位居第二。日本往巴拿馬發展的企業，也越來越多。居民係以西班牙系白人、印第安人與黑人的混血佔大部份，其他還有各式各樣的人種，國民大多信奉天主教。

首都巴拿馬市有大大小小民營的殯儀社，可為喪家辦理醫生的死亡診斷書，直到從衛生局領取埋葬許可書等一切事宜。

喪家清洗遺體以後則入殮，牆壁上要掛著白布，在白布上飾以十字架或聖畫像，同時舉行守夜，有時候在地方上會供應飲食，同時玩西洋骨牌。守夜時，也會利用殯儀社的靈安室。但是不論是在家裡或殯儀社，都會找來祭司唸誦玫瑰經。第二天早上出棺，在教會舉行喪禮彌撒之後，才埋葬在墓地。女性則不可參與埋葬，直接從教會回家。

名人的喪禮會有非常多的鮮花，在靈車之後會有數十台裝飾鮮花的車子，形成送葬的行列，非常地壯觀。

墓地分為埋葬在地下的地下墓地與地上的靈寢、納棺室等方法，一般而言，死後的第十八個月再改葬。埋葬之後會回到喪家，服喪九天，在這期間每天要唸誦玫瑰經，最後一天在教會舉行彌撒。周年忌的時候則掃墓，每年的十一月一日的萬聖節，會帶著鮮花去掃墓。

巴拿馬的印第安部族有庫那族、巧克族、瓜伊米族等，尤其是庫那族在加勒比海的聖布拉斯群島擁有自治區。在這裡人們臨終時，會找來咒術師，同時薰可可豆或胡椒，在燻煙裊繞中，為死者舉行祓禊的儀式，死後清洗遺體並換上服裝，躺在吊床中，喪禮的時候會有聖歌隊來唱弔歌。第二天早上由二個人抬著棺木，划著獨木舟運送到本土，遺體在黃昏的時候，埋葬在人煙稀少的墓地裡。埋葬以後，希望能夠儘早忘記死者的死。

巴拿馬也住有很多中國人，在市內有中國人專用的納棺所，然而希望埋葬在故鄉的墓地，所以這只是臨時的安置。

最近巴拿馬新市街有新的公共墓地，也許是受到美國的影響，大都是在地上不豎立墓碑的平面墓碑。

居住在該國西北部的布格爾族人死亡的時候，死者所持有的東西必須一起埋葬，以便死者在死後繼續使用。

住在桑布拉斯島的庫那族死亡時，女性與小孩要準備埋葬並號哭，同時要轉述死者的遺德，在喪禮的時候要演出。大陸地區的墓地會建小小的房子，主要是由老年的女性帶供物來掃墓。

波多黎各州

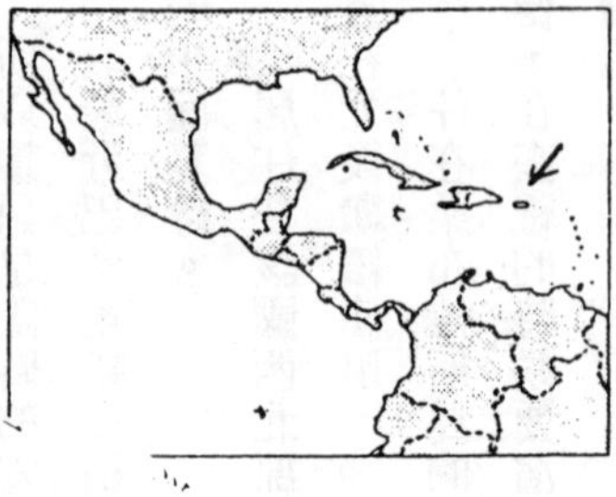

波多黎各懸浮於加勒比海中，是美國與拉丁美州各國之間的橋樑，在政治與經濟上都仰賴美國，但是在心情上是屬於拉丁美洲風味的國家，美國與西班牙戰爭之後，成為美國合衆國的一州，居民大多使用西班牙語。

面海的首都聖胡安市突出部的高台，有西班牙領土時代的艾爾摩洛城堡，睥睨周圍，但是在斜坡很多的市內，有許多高層建築物林立，與美國其他近代都市沒有兩樣。但是一旦踏入貧民街，觸目所及都是貧民，其中有許多都是依靠占卜師過日子的人，他們相信惡魔的存在，害怕其雙眼，小孩會戴除魔的手鐲。

當地人死亡時，要領取醫師的死亡診斷書，到區公所辦理登記，都市地區有民營的殯儀社，可以代為辦理一切事宜。通常喪禮都在所屬的教會舉行，之後則埋葬在教會所屬的墓地。幾乎都以家族墓地為主，是土葬而沒有火葬的習慣，每年十一月一日的萬聖節，會帶著紅色和白色的花去掃墓。

當地人大都信仰天主教，但是也留下由非洲傳來的傳統習俗。從守夜到埋葬的儀式，要持續九天，在這期間，喪家要點蠟燭，近親者則口誦玫瑰經。

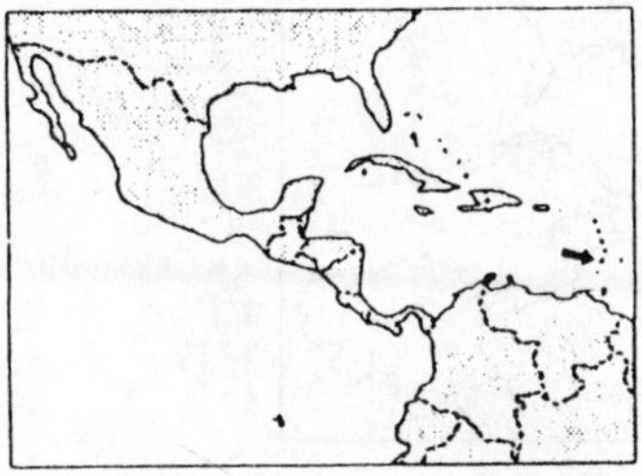

聖克里斯托弗內依比斯

聖克里斯托弗內依比斯是由懸浮於加勒比海的聖克里斯托弗島與內依比斯島所組成。一九八三年脫離英國殖民地而獨立，居民大都是從非洲移民而來的後裔，信奉基督教。

有人死亡時，各自依照不同的習俗，在教會舉行喪禮，同時埋葬在墓地，十一月一日的萬聖節，帶著鮮花與蠟燭到墓地去掃墓。

聖盧西亞

聖盧西亞是由懸浮加勒比海的群島所組成，居民大都是非洲移民而來的後裔或混血，屬於天主教或聖公會，有人死亡的時候，親友會帶著咖啡、砂糖、酒、果汁等到喪家，同時舉行守夜。第二天

在教會舉行喪禮，把遺體埋葬在墓地之後，在地方上喪家以流水席招待親友。

聖文森特格林納達

聖文森特格林納達是由懸浮於加勒比海的聖文森特與格林納達群島所組成。居民大都是非洲移民而來的後裔或混血，大都屬於天主教或聖公會，有人死亡的時候依照各自的習俗舉行喪禮，把遺體埋葬在墓地。

特立尼達多巴哥

特立尼達多巴哥是以編唱非常活潑的歌曲而聞名的國家，位於西印度群島的南端，居民大都是黑人或印度人，除了信奉天主教以外，也會有信奉英國聖公會與印度教。

有人死亡的時候各自依照宗教習俗來舉行喪禮。通常送葬行列會敲鑼打鼓，非常熱鬧。

移民當地的印度人，以前死亡的時候會按照祖國的習慣，火葬以後把遺骨撒在海面上。最近則埋葬在墓地並有掃墓。

美國

美國是一個除了土著印第安人以外，其他的居民都是由其他的移民後裔所組成的國家，是一個相當自由的新天地，除了保持各自祖先舊有的習俗以外，同時也培養出一些異質文化競爭下所產生出來的新的生活樣式。但是現在美國也到了對於移民的門戶越來越狹窄，進入了穩定期的國家。因此不難相像目前也到了為適應新的時代，而展開新陳代謝的時候了。尤其是在擁有豐富資源與富有、擁有高度科學的背後，是一群經常追求未來生活的美國人。

尤其，它雖然是一個資源豐富，非常富有且高度科技化的國家，但是這國家的背後，卻是一群以經常追求更好的生活，為未來指向的國民，所以如何保有舊有的傳統習俗，如何因應未來的社會，這種趨勢是值得關心的。

從十九世紀起到二十世紀初，其版圖擴及到太平洋沿岸。經過二次的世界大戰以後，人口急速增加，以都市為主，迅速地發展為工業化的國家，同時由於通信機關的發達，使得國內人口的流動率相當高。結果，傳統的由人種、宗教、社會階級所閉鎖的社會內部，自然地崩壞瓦解，而逐漸走向橫向的社會。

隨著社會的變化與生活水準的提升，殯葬習慣也逐漸日趨華美，殯葬產業急速地成長。一九六〇年代以前，殯儀社的改建風氣相當盛行。其特徵為一掃傳統陰鬱的喪禮與死的形象，而帶來明朗的現代化樣式。形象的更新從殯儀店→殯儀社、屍體處理人→殯葬員工、屍體→遺體、棺木箱→柩、墓地→紀念公園……，甚至連這些用語都有所改變。

也許是因為近代設備與服務奏效的關係，一八八〇年全美約有五千家殯儀社，一九六〇年則急速增加至二萬三百家（一九九〇年），殯儀社員工約五萬名，其中最大的殯儀社（Service Corporation International）在全美擁有五五一家分社，員工大都是取得殯儀大學畢業資格的殯儀學士，在經濟上或職業上都保持相當崇高的地位。

殯儀社的存在除了改變殯葬的形式以外，甚至連精神的部份都有所改變。人們在近親者死亡的時候，首先聯絡的是殯儀社，殯儀社人員也會立即抵達，將遺體運往殯儀社內的處置室，施以整形保存術，同時放入豪華的棺柩內，放在該社的遺體對面室，殯儀社可以代為領取死亡診斷書與埋葬許可書，以及棺木的選擇、守夜、喪禮，乃至墓地的埋葬、獻花、主祭者、殯葬委員的安插，都可以代為處理，甚至還有一些殯儀社可以代為辦理保險事宜，以及生涯規畫等等。

因此，原本在喪家或教會所舉行的喪禮，目前也都移往殯儀社內的殯祭場。原則上，天主教會在教堂舉行喪禮。主教派與路德派教會等信徒，也大都在教會舉行喪禮。但是在都市地區則日減。瞻仰遺體與守夜都在喪禮的前一天舉行，因此對於沒有自己所屬教會的人，或是對於一般的弔問客而言，在時間上都是去殯儀社比較方便，對於遺族而言，在殯儀社也比較能夠與遺體面對面。

在殯儀社舉行喪禮，不但使人們遠離教會，甚至也導致教會與主祭者收入的減少。喪禮司主祭的費用都包含在全體的殯葬費用中，向家屬申請。如果家屬對於主祭者的選擇、金額等沒有特別的期望，都委由殯儀社全權處理。有一些教會或主祭者會明示主祭的費用。由此可見，這對於教會或主祭者的經濟是有很大的影響的。

佛羅里達州濟維斯特市的墓地

另外，以宗教的眼光來看火葬，也許會有不同的看法，但是目前因為種種的理由，而使得希望火葬的人越來越多。如果火葬，可以儘早與死者作一區別；同時不怕細菌污染，也不需要靈柩或密閉棺等，比較便宜，也不必害怕遺體腐敗或盜墓等等。或是要在墓地轉移時，再花費時間掘骨；也不需要很大的地方；同時骨灰可以當作肥料，再度活用。不需要受到天候的左右，在屋內也可以納骨，遺骨可以移放在居住地的附近，基於種種的理由，希望火葬的人日愈增加。

初期的火葬主義者大都是居住在都市地區的德國人後裔，或是自由基督教會的牧師、醫師等。進入一九〇〇年代，各地都成立了火葬協會。一九一三年，美國火葬協會被統一。第一代會長尤哥艾利克森博士提到：「所有的火葬主義者都是崇高目的的宣傳者，希望可以更衛生、更美地處理最愛的人的死亡，希望能夠把這樣的機會與福音傳給每個人。」當時雖然他們經過種種的努力，但是火葬僅限於某一階層的人。直到第二次世界大戰以後，才普及大衆。

以前以樸素為主的墓碑，當都市近郊建立了廣大的紀念墓地以後，就開始越來越豪華了，大理石、御影石製的十字架板碑、十字架形、石棺形、骨壺形、聖經形、祈台形、衝立形、平石形、高台形、尖塔形、庭飾形、列柱形、靈廟形、浮雕形、抽象浮雕形，各式各樣的墓碑林立。基督徒的墓碑大都以個人或夫妻為單位，天主教徒的墓碑大半以家族為單位。

英國的人類學家哥登奇爾德博士嘗言：「在人類五千年的歷史上，社會固定，文化、經濟都安定的時候，殯葬習慣與埋葬的儀式都比較簡化。但是一旦到了不安定的時期，反而會走向相反的方向，墓碑也越來越豪華。」（保爾伊利恩著『火葬』）。正如其所言，當美國面臨內亂與世界大戰以後，就出現很多豪華的墓碑。

越南戰爭的敗北，使得一向追求未來理想的美國人嚐到了前所未有的挫折感。建國以來，美國神話象徵的權威失去了，再加上持續性的經濟不景氣，而使人心陷入深度的迷亂中，尤其是一九七〇年代以後，由於知識水準提升，以及世俗化、意識形態化的現象更是層出不窮，教會的影響力益發無力。同時人們脫離教會，殯葬習慣越來越形式化。事情演變至此時，人們開始對於急速成長的產業發出了批判的聲音。

支付殯儀社的費用隨著物價的上升而高騰，遺體整形保存術的比例（全身或半身有所區別）、靈柩、密閉棺的價格占了極大的比重，人們開始質疑遺體整形保存術與豪華棺木的必要。向來喪葬費用都是利用總括的方式來請求支付，沒有明細，因此，有一些人開始質疑經費不夠清楚。美國議會諮詢機構的聯邦貿易公平委員會，也只好面對這問題，因此一九八二年，規定殯儀社必須要事先提出經費的明細預算，然後由商家來作選擇。

在美國，希望火葬的人有急速增加的趨勢，這不僅是經濟的理由，從公衆衛生、人口流動化及從遙遠地方把遺體運往墓地的運送困難，墓地取得困難的種種理由，使得希望火葬的人越來越多。一九六四年一年內的火葬者為十一萬九千二百二十四人，佔全美死亡人數的六・

二％，其中大都是住在太平洋沿岸或是夏威夷的日本人。但是，火葬的需求者從西部逐漸擴及全美。現在全美約有二百多個火葬場，大部份都是民營的墓地管理協會在經營，其規模包括家屬或弔問者的會面室、遺體會面室，殯儀場、火葬庫、事務室、骨罎陳列室、納骨堂等等。

今後火葬只有日愈增加的傾向，對於沒有火葬設備，以遺體整形術、販賣密閉棺為主要收入的殯儀社而言，如果遺族沒有特別希望火葬，他們絕對不獎勵也不拒絕。確實火葬使他們的經濟蒙受損失。放眼世界，為遺體進行整形保存術的地方並不多見，所以美國也未必非如此不可。除非是在死後二十四小時，要把遺體送到遠地，則有必須實施遺體保存術的義務。至於因傳染病而死亡或要利用民間的飛機，把遺體送往遠地的時候，則必須要用非常嚴密的密閉棺。

土葬的優點是與死者訣別時的心態，肉體的腐敗是自然而且可以理解的現象，再加上肉體復活的宗教上的考量，所以美國有許多宗教依各自對於宗教的教義，對於火葬各有不同的容許度。

①上帝會（隨意）、②浸信會（隨意）、③美國佛教團體（認可）、④庫拉伊斯特教會（認可）、⑤基督教安德聯盟教會（消極的）、⑥基督教科學論者（認可）、⑦兄弟教會（許可）、⑧摩門教會（消極的）、⑨拿撒勒教會（許可）、⑩主教派教會（許可）、⑪美

國福音教團（隨意）、⑫希臘正教（不贊成）、⑬印度教（贊成）、⑭伊斯蘭教（不許可）、⑮瞭望台（隨意）、⑯猶太教（違法）、⑰美國啟德教會（認可）、⑱密蘇里啟德教會（隨意）、⑲威斯庫辛福音路德派（不贊成）、⑳美諾納特教會（隨意）、㉑美國改革教會（隨意）、㉒羅馬天主教會（不贊成）、㉓救世軍（認可）、㉔安息日會派（隨意）、㉕獨一真神自由基督教會（土葬優先）、㉖基督教福音教會（認可）、㉗衛理公會（認可）、㉘長老教會（認可）。

從宗教別來看，有二三％反對火葬，七％以土葬為優先，七〇％不拘泥任何形式而容許火葬，另外，隨著自然人口的增加所伴隨而來的死亡者的增加，墓地沒有擴張的餘地。最近在都市計劃法與自然環境保護條例下，教會內禁止墓地的更新與增設，使得墓地與墓石的費用日愈高漲，為了減輕負擔，通常都是把遺骨火葬以後，納入郊外的紀念墓地。

一九一七年，由休巴特伊登博士在洛杉磯郊外的格倫代爾建立了福雷斯特紀念公園墓地以來，全美各都市的近郊都開發了公園墓地。公園墓地像高爾夫球場一樣，廣大的土地上栽種了非常漂亮的草坪。同時規劃成有如棋盤一般的墓地，刻劃整齊的青銅製墓銘板，鑲在地面上取代了傳統的墓碑。墓地的一角建有納骨堂形式的靈寢，同時地下納骨塔也非常整齊。殯儀場與火葬場都在墓地的一角，管理這些紀念公園墓地的事務取代了傳統的殯儀社的業務（傳統的殯儀社也參與這種經營），從喪禮到埋葬、火葬，可以代為處理一切的業務，在最新的設備與環境下，可提供需求者精神上的安慰。

另外，對於由企業團體所經營，以營利為目的的殯儀產業有所批判的人，也希望把遺體火葬以後，能夠安葬或水葬。

一九六五年，加州規定從陸地三公尺以上的公海上，可以由飛機進行骨灰的撒放。自這規定合法化以來，在三藩市的格雷殯儀社在一九七二年一年內，就取得公衆衛生局的許可，空葬了四千件案件。另外，水葬主要是以在遠洋航海途上，因船難而死亡的人為主。自從允許骨灰在海上撒葬以來，加州的特羅菲茲協會（一九七一年成立）與內普瓊恩協會（一九七三年成立），也可以代為處理會員或希望者的水葬。也有一些人依照死者與家屬的期望，把遺體捐獻給醫學研究機構，或是委託代為冷凍保存。他們拒絕傳統形式上華美的喪禮，或是花費費用的埋葬儀式。火葬以後，由親朋好友為死者舉行追悼會。

在美國的非洲黑人把殯葬視為一種祭典，在新奧爾艮地方舉行喪禮的時候，經常為了表示死者從這世界上得以解脫，而演唱『聖者行進』歌。

住在賓夕法尼亞州的德國後裔，稱為亞美休人，他們維持著歐洲傳統的基督教的習俗，仍然拒絕一切文明的用具，過著簡樸的生活。通常是在喪家由家屬為死者穿上特別的壽衣，在教會舉行喪禮，死亡後三天埋葬在墓地。

阿拉伯人大都信奉伊斯蘭教，但是也有東方教會系的基督教徒，各自依照祖國的習俗來舉行。

猶太人依照猶太的教義，死者必須要在二十四小時以內埋葬。有部份改革派的猶太人也進行火葬。近親者要遠離世俗的活動七天而服喪。

美國的印第安人主要住在美國西北部的邊境地帶，是美國的原住民，有很多部族，其殯葬習慣無法一概而論。例如：住在阿拉斯加州的他奈那族，在改信基督教以前，原住民會把遺體火化，把遺灰撒葬在小屋中，死亡四十天起至一年內，要舉行祭禮。死者的遺物要分贈給協助喪禮的其他部族。住在柯羅拉多平原的那瓦奧族恐懼死亡，所以不太提起死亡，遺體要立刻埋葬，喪禮有很多禁忌。

住在亞利桑那州的保皮族，把年紀大的人的死亡視為自然死亡，其他的死亡則視為惡魔的作祟。遺體由近親者直接埋葬，但是會舉行一些咒術儀式，要死者不要到生者這裡來。住在新墨西哥州的美斯卡雷羅亞帕族，認為現世是假的世界，死後才是真實的世界。死後四天之內，靈魂會留在居住的地方，舉行喪禮與埋葬之後，才能夠開放。住在奧克拉荷馬州的麥亞米族死亡的時候，近親者會號哭，死了丈夫的未亡人有許多嚴格的禁忌。清洗遺體以後，用皮衣來包裹，放置在屋台上或樹上，並沒有掃墓的習俗。

北帕幽特人是住在奧雷岡州至加州的印第安人，會為死者舉行火葬。同時會舉行盛大的喪禮，燃燒死者的所有物，與會者會跳舞並舉行宴會。

奧比扎人是住在從北美至加拿大湖之間的原住民，相信死者會在死亡後四天，到西方去旅行以後，就會升天。清洗遺體以後，用樹皮包裹，然後移到帳篷小屋去舉行盛大的喪禮。這時候，死靈會有抽煙的習俗，之後把屍體運至附近的墓地，與死者的所有物一同埋葬，在上面建立切妻形的小屋。

奧扎克人是住在密蘇里州至阿肯色州的原住民，有人死亡的時候，在喪家舉行喪禮。最近喪禮幾乎都是委託殯儀社來準備，以前則由鄰居們幫忙準備。未亡人在一年之內，禁止再婚。

特瓦佩皮羅印第安人是居住在新墨西哥州的原住民，有人死亡，即儘早準備埋葬。喪禮則混合著天主教與傳統的儀式，相信死後四天死靈仍徘徊在喪家的附近，所以必須要做一些除靈的儀式，之後死靈才會四散。

烏特印第安是住在猶他州的原住民，有人死亡的時候，人們相信死靈會在附近徘徊數日，有焚燒其家屋與所有物的習俗，遺體埋葬在山地的岩屋中。

瓦蕭印第安是住在加州至內華達州的原住民，害怕死者的死靈，而舉行盛重的除靈儀式，遺體火葬以後，埋葬在偏僻的原野裡。

茲尼印第安人是居住在新墨西哥州至亞利桑那州之間的原住民。有人死亡時，在喪家由女性洗淨遺體，在二十四小時以內埋葬，他們相信死靈會徘徊在喪家四天之久，舉行喪禮的時候，會跳卡提那舞蹈以驅除惡靈。

⊙阿拉斯加州

位於北極的阿拉斯加州是美國的化外之地，大部份都是在年平均溫度零度以下的不毛之地，這裡住著二千五百年以上的土著愛斯基摩人。其文化圈從西伯利亞的楚克奇半島到阿拉斯加、加拿大以及格陵蘭。是世界上說同一語系而分布最廣的民族。一八六七年，自美國以七百二十萬美元向俄羅斯買過來以後，便進行石油的開發，在安克雷奇與費爾班克斯等都市地區，住有很多白人。

都市生活與美國大致相近。當地人死亡的時候，必須要憑醫師的死亡診斷書到區公所辦理登記。各地都有殯儀社，可以代為處理殯葬事宜。

喪禮大都在殯儀社的殯葬會場舉行。由於一年四季墓地結凍的時期很長，因此大都是保存在殯儀社內的納棺室，待雪融解之後，再予以埋葬。最近火葬也有增加的趨勢。

北阿拉斯加愛斯基摩族美國人當地死亡時，其所有物要一起埋葬在墓地裡，好讓死者能夠在另一個世界使用。儘管如此，他們相信故靈會成為後世的子孫，再度回到這世界上來。最近基督教的習慣雖然已經滲透至當地，但是在傳統上有許多喪禮仍有很多的禁忌。

塔奈那愛斯基摩人是居住在阿拉斯加州西部的原住民，當地人死亡時，儘管在今日受到基督教的影響而採用土葬，但是以前則是採取火葬。喪禮的時候，由其他部族來幫忙。在墓地上建立小屋，埋葬遺體及其所有物。

愛斯基摩人住在北極沿岸地區，大都是以二、三百人位構成一個村落。沒有首長等權威人士，大部份是由個人主義經營共同社會。

苛帕愛斯基摩族女性的遺體要安置在喪家三天，男性則安置四天。然後埋葬在人煙稀少的地方。在地上掘一個深洞，然後把臉朝向太陽升起的方向埋葬遺體，再撒上泥土、鋪石頭。人們相信死靈，為了怕死靈作祟而會找來咒術師祈願。

◉夏威夷州

夏威夷州是「太平洋的橋樑」。一九五九年三月十二日，成為美國的第五十個州。是東西交通要道，也是世界數一數二的觀光地，非常熱鬧。州都火奴魯魯所在的歐胡島為主，還有考愛島、莫洛凱島、毛伊島、夏威夷島等，住有白人、中國人、日本人、菲律賓人、土著等，是多種族融合的地方，氣候溫暖，生活水準很高，宛如世外桃源。

儘管這裡得天獨厚，但是住在這裡的人仍然難免一死。當地人死亡時，要領取醫師的死亡診斷書，到區公所辦理登記。

各島都有民營的殯儀社，業務內容與美國本土沒有差異。喪禮由殯儀社配合喪家的時間而準備進行。各宗派的主祭者由殯儀社來聯絡。在黃昏時分舉行喪禮，大都是在殯儀社內的禮拜堂舉行。除了少部份人以外，否則很少在教堂內舉行喪禮。殯儀社的宣傳手冊上，有各宗別的主祭者與僧侶的照片，也可以依照喪家的希望來選擇。殯儀社內的禮拜堂，安置有各宗教的禮拜對象。如果是安置著阿彌陀佛如來像，前門會關起來。如果是豎著十字架，則是基督教。如果是鑲著大衛星，則表示是猶太教的喪禮。殯儀社大都有棺木展示室、遺體處理室以及火葬設備、納骨堂、餐廳、公園墓地等。

夏威夷歐胡島谷間寺紀念公園的日系人墓地

運到殯儀社的遺體，要放在遺體的處理台上，由具有遺體整形保存術執照的員工來放血，然後把紅色的防腐液注入動脈內。為變形的臉和手腳美容整形以後再入殮，準備與與會者面對面。即使是立即火葬的佛教徒或基督教徒，為了準備在最後一刻與生者面對面，喪家會毫不猶豫地選擇豪華的棺木與施以遺體保存術。

近年的喪禮會看到很多與會者穿著夏威夷襯衫，同時辭退花圈的喪家也日益增多。喪禮結束以後，以警官的巡邏車為前導，而接著則是靈車與與會者的車輛，一起走向墓地。以前的墓地有人種的分別、如白人、日本人、中國人等，但是戰後新設立的紀念公園墓地，則沒有人種的分別，只是依喪家的喜好與預算，分成購買形式的墓地與納骨堂的一角。在歐胡島的近郊，建有數個廣大的墓地，其中之一的谷間寺紀念公園，仿造宇治的平等院鳳凰堂而建立。密利拉尼紀念公園也很著名。

以前喪禮或墓地的營運是屬於教會或寺院的占有領域，戰後則由殯儀社或紀念公園企業團體所取代。結果使得宗教團體的經營大受打擊，教會與寺院便成為追悼儀式年度法會、結婚儀式，以及禮拜的場所罷了。

在火奴魯魯市內的主教博物館前，為了警戒日愈華美的喪禮或墓地，建有約一坪紀念人類的簡單墓地，墓碑銘為：「西元前二〇〇年萬年至西元二〇三〇年之間生存的人類，以前支配著地球，但卻由於廢棄物與人口的增加而自尋毀滅。」

以前美國的殯葬習俗雖然有很多的曲折，但是仍然能夠反映時代、地域、人種、所屬宗教、信仰、經濟性與社會性地位、個人品味的不同，而呈現多元化的面貌。但是這種表面上的不同卻隨著時代的變遷，生活模式與生死觀慢慢朝統一的方向。

除了一部份人種與特定信仰的人以外，已經慢慢的走向簡樸化，像喪服、喪帽、喪章、訃聞、長時間的服喪等，都是屬於過去式的東西。以前殯葬禮儀是由地區社會或教會來主導，現在則委由專門的殯儀社來辦理，從土葬轉為火葬，墓碑也越來越簡化。死的本身本來是值得畏懼而神聖的，就像法國的社會學者羅傑凱伊約所說的，現在呈現的是對於「死的神聖性的否定」。

尤其對於講求效率與進取的美國人而言，都市地區有外移的現象。住在郊外住宅區的結果，便是做任何事都要以車代步。不論是去電影院、餐廳、銀行，從教會到喪禮的場所，都要以車子出入。舉例而言，在喬治亞州的亞特蘭大市，有一個哈雪松冬殯儀社所考慮的殯葬場面，就是在側面放一個很大的玻璃螢幕。一般的與會者則開著汽車直接透過玻璃螢幕來眺望遺體，作最後的告別式。由此觀之，是不是在不久的未來就可以直接在電視上參觀喪禮的情形?如果可行的話，是否躺著就可以參加喪禮了呢?

現在一般的美國人是很少在自宅或近親者的注視下死亡，大半是在醫院或老人中心寂寞的迎接死亡。而且大都是在肉體死亡以前，精神就已經死亡了。他們在沒有任何人知道其不安與恐懼下，而迎向死亡，遺體再移往殯儀社的處理室。經過漂亮的整形保存術以後，再與家屬或弔問者面對面。

在高度文明的美國社會，忌談悲慘的死亡現實，不論其死因為衰老或是病死、意外死亡，都視為一種不幸的事實而拒絕接受。他們不正視死亡的正式意義，而舉行漂亮、明朗的喪禮，同時埋葬在風光明媚的公園墓地。這種不死的文化，也許與教會或主祭者所說的死的復活，以及殯儀社把死亡具體美化的企業精神，和美國人追求未來理想的心理狀況、思維模式，可說是不謀而合的產物。因此他們不願意正視悲慘的死，而盡量美化死的現實。但是儘管如此，卻不能夠抹剎死的事實。

在這種風潮下產生了反彈，從一九六〇年代到一九七〇年代為止，有越來越多的有心人士提倡面對死的現實想法。另外，「神之死」的神學爭論與發起重現墾荒初期純淨精神的耶穌運動，甚至出現了倒向東方宗教的情形。在其他方面，死學的流行使得全美的大學與高中，把死學納為教科書而採用。同時也陸續出版死與殯葬書籍，在重視現實的個人主義中，以及經過整形保存術以後，遺體的面對面、建立墓碑等。他們認為在今日這些都是沒有任何價值，只是過去的遺物，是落伍的、不必要的、空虛的產物。因此不難想像這些人的喪禮是不需要教會或殯儀社，只在親朋好友的看守下，進行追悼儀式。

但是不論任何時代，只要面對死亡就必須處理遺體，正如佛洛伊德所說的：「人們潛在的否認自己的死亡，在無意識中希望自己能夠永生。」

今日的美國人就像以前的基督教徒一樣，一方面在神的面前立下契約，希望對世界是一個模範的，具有選民意識，依傳統聖經宗教形式的選民，一方面又是一個講求手段的合理化與技術性的理性現實主義者，夾雜在這二者之間，如何能夠並行，還在暗中摸索中，所謂成功的近代社會，就是在傳統與近代社會之間取得均衡，但是今後美國人如何在二者之間取得均衡。尤其是有關於其殯葬習俗的變遷趨勢，對於我們的生活樣式會有很多的啟示。

第八章　南美地區

阿根廷

阿根廷位於南美最南端的位置，人口大都是意大利、西班牙族的白人，是中南美國家中最歐化的國家。天主教為國教，在教會的政治、經濟、社會，都有很深刻的影響。

當地人死亡時，要取得醫師的死亡證明書，到區公所辦理登記。在喪家則進行喪禮的準備，一般遺體的處理與殯葬的手續委由殯儀社來辦理。死亡當夜或第二天的晚上，喪家舉行守靈，然後以花車或靈車為前導，組成送葬行列，走向墓地，在墓地內的禮拜堂舉行喪禮之後埋葬。

每個地方都留有以前的習俗，例如：小孩死亡時，不要哭泣，小孩子死了會變成天使。如果周圍的人哭泣流淚，就會使天使之翼折斷而無法抵達天國。

首都布宜諾斯艾利斯市西北部的查卡利他墓地內，有一個火葬場。除非是死者的遺言或家屬提出申請，否則不能夠火葬。在墓地上有大理石豎立的靈寢，以及非常豪華的靈廟形的家族墓，其中有的大得幾乎可以住人。由於全國人口約一成都集中在首都，所以在市區內其他地方還有二十三個墓地，但是古老的墓地依宗教別、人種別而有區別。

引人注目的是在查卡利他墓地內，有像公寓地形式的地下納骨塔，地表非常平坦，而且種植著花草、樹木。地下則是二層樓的建築，建著一格一格的棚架，在每個門上刻有姓名、號碼與死亡年月日，同時插著鮮花，裡面則供奉骨灰罈。

生前若是有錢人或高官要員，喪禮會非常盛大，死後五十天與每年的忌日都會舉行追悼儀式。一般的家屬在忌日掃墓，或是在教會舉行彌撒。每年十一月二日，天主教徒所慶祝的萬靈祭前後，會攜帶鮮花來掃墓。父母親的掃墓不限於這些日子，也有很多人在「父親節」與「母親節」來掃墓。

布宜諾斯艾利斯的地下納骨塔

最近希望火葬的人日增，墓地與墓石的高度也規定為八十公分。

首都布宜諾斯艾利斯的中央地帶，有獨立有功者與富豪所長眠的雷可雷他墓地，其豪華的靈寢形態令人嘆為觀止。

住在玻利維亞至巴拉圭之間的馬卡族死亡時，人們相信要拍打或踐踏遺體以後，才能夠除惡靈，然後亡靈才可以昇天，住在天國。

住在阿根廷到玻利維亞的馬塔可族死亡時，遺體要與沙漠旅行不可或缺的水一起埋葬，他們相信死者在另外一個世界和這世界一樣地生存著。

玻利維亞

玻利維亞是位於南美的內陸國家，國土約四分之一是安第斯高原，同時有亞馬遜河流域流經廣大的平原森林地帶。居民為土著的印第安與西班牙系白人，以及其混血所組成。幾乎都是天主教徒。但是就習俗面而言，混合著印加以來的土著民間信仰，信奉各式各樣的神魔。

玻利維亞人死亡時，要領取死亡診斷書到區公所辦理登記，遺體的處理幾乎都是委託殯儀社來辦理。一般喪禮是在喪家舉行，埋葬在墓地以後，則在天主教堂舉行慰靈儀式。

拉巴斯位於海拔三千六百公尺處，是世界最高的首都，與其他中南美各國不同的是，土著民與白人的混血人種混然一體，形成一種獨特的風俗習慣，由於地處高地，因此有人說：「小偷是以走的方式來逃跑，而追在後面的警官也是以走的方式來追。」以表示因為是高地，缺乏氧氣，所以人的行動相當緩慢。

在拉巴斯西方郊外的狄狄喀喀湖附近，據信是紀元前以來，非常繁榮的印加文明發祥地，留有許多石造建築與提阿瓦那遺跡，巨石的太陽神神像也是當地人信仰膜拜的對象。

從非洲移民的黑人死亡，埋葬以後，在墓地男性要用雙手圍成一個圓圈，跳傳統的非洲舞蹈。

西利奧諾族人死亡時，從遺體的處理到埋葬都要慎重地進行，否則死靈會作祟。今日由於受到天主教的影響，所以傳統的習俗非常淡薄。

住在高原地帶的千帕亞族人死亡時，由於害怕亡靈作祟而會慎重舉行守夜與喪禮儀式。遺體要埋葬在土堆中，在入口處要供上供物。遺骨風化以後，把遺骨收納在骨塚中，尤其是在死後三年內，認為亡靈會加害生者，而舉行追悼儀式。

居住在西方低地地帶的幽愧族人死亡時，相信死靈會從口出來，因此危篤的時候，要向口追氣息或讓死者飲痰，燒掉死者所有的物品，然後再拾骨，塗上紅漆安置。今天由於受到基督教的影響，會埋葬在墓地。但是不刻上死者的名字，同時也忌諱說出死者的名字。

巴西

巴西是南美中最大的國家，在當地的日本人約有六十萬人，也有很多移民自歐洲的白人

，占人口的半數以上。其次是土著的印第安人與白人的混血。天主教為國教。即使是偏僻的地方人家，家中也會擺設耶穌基督或瑪莉亞像，同時早晚點燈膜拜。另外，暢行惡魔的詛咒與害怕惡魔作祟的「雲邦達」或「康冬市雷伊」的民間信仰也相當盛行。

當地人死亡的時候，要憑醫師的死亡診斷書到最近的區公所辦理登記，大部份都由公營的殯儀單位，協助辦理靈柩或在墓地的埋葬等手續。除了名人或有錢人以外，守夜、喪禮、告別式大都不在教會，而在墓地的集會場所舉行。死亡的消息是利用電話通知親友，或在報紙刊登訃聞。當天除了近親者以外，通常都是穿著一般的服裝參加。現在在聖保羅市有公營墓地二十二個，私營墓地十七個，其中最大的墓地是比爾保摩扎墓地，而最豪華的墓地是空梭拉松墓地。火葬時，必須要有二位醫師的死亡診斷簽署。在聖保羅市的伊他佩西利卡墓地有火葬場。最近在里約熱內盧市也開始設有火葬場。儘管如此，由於大都是天主教徒，所以在巴西都是以土葬為主。最近在市郊有廣大的民營紀念公園墓地，在同一規格的石碑下像棋盤一樣，埋葬著死者，周圍則鋪滿了綠地。乍看之下，宛如高爾夫球場一般。

日僑大都居住在以聖保羅市為主的地方，相當活躍。同時在國外仍保有古日本的傳統，評論家故大宅壯一先生在訪問巴西以後，曾說：「如果要了解古日本人的習俗，到巴西就可以窺得全貌。」

當地人死亡時，例如：在巴西有永久居留權的日僑，要領取醫師的死亡診斷書，到居住地的登記所辦理死亡登記，這時候必須要有二名證人隨行，提出死者的身分、遺產、家屬等，然後申請遺體埋葬地與埋葬時間，領取死亡證明書以後，才能夠埋葬。

有很多日僑信奉佛教與日本的新興宗教。他們在舉行佛教喪禮的時候，在枕經或守夜時，佛教傳道的海外派遣僧侶都會陪同，而且在出棺前或在墓地也會隨行，埋葬時會讀經。

里約熱內盧的公共墓地

大都是在喪家守夜，或利用民營或公營的殯儀社，一般而言，喪禮是在喪家舉行，有時候也會在醫院或墓地的遺體安置所舉行。通常死後二十四小時至三十六小時以內埋葬。日僑大都是利用一九七四年在聖保羅市內新設的比爾亞喜那聖彼得墓地的火葬場，在火葬以後埋葬，一個月大約處理一百件案件，火葬有漸漸增加的趨勢。

天主教徒的喪禮比較簡單，在守夜或喪禮的時候，神父會陪同祈禱。但是送葬或埋葬時，神父幾乎都不參與。弔問者和死者的關係較淡薄的人都會參加。靈車通過的道路，一般市民都會佇足脫帽致敬。在地方上靈車通過時，商店會關納骨堂中。

一般而言，天主教徒在埋葬七天之後，會在教堂舉行彌撒，每年十一月二日的萬靈祭，舉行盛大的掃墓。遺體會埋葬在地下水泥所建的墓地中，埋葬四、五年後收骨，同時改葬在閉，致以弔忱之意。

因事故而死亡時，必須在檢察官的陪同下，由法醫學院進行遺體的解剖，然後再交還遺族遺體。如果希望遺體移至海外，解剖後要施予防腐處理，而且必須要有①該國官方發給的遺體移送許可證、②防腐處理證明書、③該國官方發給的死亡證明書，以上其他英文的遺體證明書等，同時要在領事館官員的陪同下封棺。

墓地則散布在國內各都市的近郊，幾乎都是民營，都市地區則有政府管理的小規模墓地，國內最大的墓地是位於里約熱內盧市中央的聖喬安帕普謝提安墓地。四周環山，建有高圍牆，總面積約二千平方公尺。靈寢形的墓地不多，會雕塑大理石或御影石。在大理石或御影石的地面上，放置著天使的胸像或希臘女神像。作家水上勉氏在「關於墓地」一文中提到，在聖保羅市比較巴西人與日本人的墓地，可發現巴西人的墓地比較豪華，建有石碑並鑲上死者生前的照片。也有一些是大理石或御影石，通常像人那麽高。石碑四周會鋪上四角的平地，栽種四季的花木，這一類的墓石四處林立。

住在該國的亞南貝族人死亡時，以前遺體放置在木製的棺木中，再置於偏僻處。今天則與其他的巴西人一樣，埋葬在最近的公共墓地。

亞帕萊族人死亡時，以前一般的做法是把遺體埋葬在喪家的地板下，祭司則埋葬在森林中。但是今天受到基督教的影響，也會埋葬在最近的公共墓地。

同樣地，亞皮亞卡族人死亡時，未亡人在亡夫的遺骨為白骨以前，要把臉塗黑、斷髮，睡在墓旁的小屋中，但是今天則沒有這習慣，只是不能提到死者的名字，這是一大忌諱。

庫拉保族人死亡時，以前埋葬後經過數年，要再度挖掘出來洗骨，塗色以後再埋葬，今天則只埋葬一次，葬在村子西方的墓地。一、二個星期以後，會帶著供物獻給死靈，庫拉保族相信所有的生物都有靈魂，而且會再生。

庫利那族人死亡時，會找來祭司，把靈魂引導至地下的世界，靈魂會轉移到捕獲的豬隻身上，煮了豬隻招待與會者一同食用，相信死靈會變成新生命再度復活。只是魔女的靈魂不會導到地下的世界，也不會再生。

住在亞馬遜河的馬爾保族人死亡時，遺體要火葬、整骨，但是今日則埋葬。遵守該族規則的人，死亡後會到天國去，神祕的動物也會再生。

住在亞馬遜河口北部的帕利庫爾族人死亡時，遺體的頭部要朝向東部埋葬。但是祭司的遺體要朝西埋葬，他們相信亡靈的壽命與其生前的壽命一樣，留在冥界相同的期間以後，就會昇天。

特雷那族人死亡時，遺體的頭部要朝西埋葬。亡靈會到死者之國去旅行，要燃燒死者的家或更換入口的門，以使死者不再回來。

斯亞族人死亡時，會在喪家為遺體塗抹裝飾，近親者號哭。死靈會去東方樹上並昇天。服喪期間，喪家要避免一切的喜慶事宜。喪禮當日，幾乎是全體出動，集合在廣場，塗抹在全身，唱歌跳舞。

智利

智利位於南美大陸的西岸，是南美狹長的國家。北部是荒涼的沙漠地帶，南部則是寒冷地帶，人口大部份集中在國土中央位置的首都聖牙哥市附近。

以前土著阿拉卡諾族散布在全國，但是現在逐年減少，幾乎在南部諸州只有二十萬人左右，以西班牙系的白人與混血占居民的大部份。

人民所講的西班牙語有獨特的智利口音。天主教徒占壓倒性多數，但是政教分離，所以保障信教的自由。近年來有很多歐洲人移民而來，人們信奉基督教、希臘正教、猶太教、伊斯蘭教等。

當地人死亡時，要憑醫師的死亡診斷書到最近的區公所辦理死亡登記，死後二十四小時到三十六小時以內埋葬。守夜或喪禮在死亡的翌日或第三天，在墓地的集會場所舉行，智利人誕生時，大都是在天主教堂接受洗禮。死亡時，除了結婚儀式與喪禮儀式以外，通常都不太到教會做彌撒。守夜、喪禮與告別式在到墓地以前，喪家是徒步或以車代步抵達。在神父的主祭之下舉行儀式。前世紀時，首都聖地牙哥市就設立了公營的綜合墓地，林立著歷任大總統的陵寢。這裡也有火葬場，如果希望火葬，也可以在這裡火葬。

其他也有天主教墓地與猶太人專用墓地。最近在市郊，有民營的紀念公園墓地，主要是有錢人購買平面墓地，而平面墓地上鋪有美國瓷磚。其中之一是「帕爾庫迪爾雷庫艾德」紀念公園墓地，最近也有火葬設備。墓地大都是可以放入四～六具遺體棺柩的立體式墓地。民營者也可以購買空地再轉賣，也有人以墓地為投資的對象。

哥倫比亞

哥倫比亞位於南美大陸北端的位置，西為太平洋，北面加勒比海，由帕拉瑪地狹與中美連接。一四九九年，由與哥倫布第三次航海同行的亞倫梭戴奧里達所發現。在此之後，由西

班牙所征服，成為殖民地。以前則是由受到印加文化的影響，加布加族為主體的印第安國。民衆對抗支配者的運動越來越激烈，終於在一八一九年八月七日，在保卡戰爭中，由西蒙保利巴爾軍隊大破西班牙軍而達成獨立。

人口半數以上是西班牙族白人與土著民的混血，其他也有白人、黑人與土著民。認同信教的自由，居民大都信奉天主教，事實上相當於國教。

首都波哥大人死亡時，要到區公所辦理死亡登記，同時進行喪禮事宜。大都是利用殯儀社來舉行喪禮。一般而言，是在殯儀社舉行守夜，翌日則在教會舉行喪禮以後，埋葬在墓地。弔問者有贈送花圈或花籃的習俗，親友會陪同直到埋葬。沒有火葬的習慣，一旦埋葬以後，最好是經過三～五年，才可以更動遺體，予以改葬。

住在哥倫比亞亞馬遜河上流的庫貝奧族人死亡時，以前有許多嚴格的喪禮規定。今天則越來越淡薄。通常遺體與死者的日用品一起埋葬在喪家的地板下，他們相信故靈會成為祖靈而守護著家族。

關比亞諾族人死亡時，要進行一些掃除污穢的儀式。在死亡的地方找來祭司，同時招待很多的與會者，供給酒或古柯，同時用香煙來淨化。

以前以食人族而聞名的喜瓦羅族，住在哥倫比亞的山岳地帶。有人死亡時，要把遺體放在特別建的墓屋中，供應飲食二年，然後死靈會轉生為動物或鳥，小孩的遺骨則收納在骨灰罎中。

住在亞馬遜河上流的卡利保那族人死亡時，要燒毀喪家。族人相信死靈會危害生者，所以非常害怕死靈，男性與女性死後的世界有別，就如同在世一樣，維持相同的生活。

潰庫爾族人死亡時，用吊床包裹遺體，從喪家運到村子的廣場，在此埋葬在圓筒形的墓地中。死靈會昇天，在那裡過著幸福的生活。

哥倫比亞波哥大市的公共墓地

住在亞馬遜河上流的馬庫那族人死亡時，相信死靈會暫時昇天或下地，然後留在先祖的墓中。族人認為喪禮與誕生一樣，同是個人的事，非常簡單，埋葬在長形的墓屋中。由祭司燃燒蜂蜜油，然後除靈魂。

住在哥倫比亞內陸的奧塔巴羅族，雖然受到天主教的影響，但卻仍留有死亡的時候，要一起把副葬品和遺體埋葬的習俗。他們相同接受洗禮的小孩靈魂，會直接到天國去。

每年十一月二日全靈節，人們會在墓地供上鮮花與供物來掃墓。

幽庫那族死亡的時候，相信勢必有死因在作祟，有時候，是由於西洋藥物在作祟。喪禮時，要燒卻死者的所有物，同時用吊床包裹遺體的頭部，朝東埋葬，死後一年除喪，會舉行一些儀式。

住在哥倫比亞到委內瑞拉之間的奧里諾科河畔的潰巴族人死亡時，遺體要火葬，相信如此靈魂便得以昇天。他們相信靈魂會成為夜空中的銀河。過了一段時間以後，會成為新生命，回到這世界上來。

厄瓜多爾

厄瓜多爾位於南美安迪斯山脈中，由於長期受到西班牙的統治，所以以西班牙系白人、土著印第安的混血占人口的半數，其他有印第安人與西班牙系白人、黑人與印第安的混血。

一九七二年，根據再發布的憲法第一四一條規定，有信教的自由。天主教徒具有支配性的權柄，相當於準國教。

厄瓜多爾都市地區的人死亡時，喪禮的事宜大都委由殯儀社來辦理。

但是距離首都基多七十公里之外的奧太佛羅等地，仍留有以前的習俗。有人死亡的時候，由市街的棺材店購買墓標用的十字架，孩子購買白色，成人則購買橘紅色或深紅色的棺木。在喪家清洗遺體以後，用白色的木綿布包裹遺體，然後入殮，頭部要擺食物，或是供花或萬年青等植物。進行守夜的第二天，組成送葬的行列，一邊演奏葬歌一邊走向墓地，有時候會經過教會。

墓地分為白人用與黑人用，並用高牆隔開，各別葬在自己的地方。在中央有十字架塔的地方放置棺木，這時把棺木打開，在事先準備好的燭台上點燃燭火，然後與會的老嫗唱道：「我們都是朋友，苦樂與共，如果能夠活著是多麼好。」哀歌與哭泣的聲音一起唱和。然後閉棺埋葬，但是要不停的祈禱著。祈禱時，要不停地把聖水撒在棺木上，然後再蓋上泥土。棺木的位置一定要朝南北的方向放置，頭朝南。然後在土堆架上十字架，十字架上刻著死者的名字與忌日。在十字架前，供奉馬鈴薯或玉蜀黍等食物，與會的男女則圍成一個圈，圍繞在墓地的四周。

這種習慣依地方而有所不同。每年十一月二日的萬靈祭，厄瓜多爾的墓地上，充滿了掃墓的人。

厄瓜多爾基多市的葬儀場

住在山岳地帶的喜巴洛族，素以凶猛的獵首人種而聞名，他們屠殺鄰近的部族，把首級視為戰利品而帶回。煮沸首級以後乾燥之，在祭祀的時候，則掛在頸項，這是一種非常奇特的習俗，首級的所有人在死後，乾燥的首級要當作副葬品一同埋葬。有時候，可以看到街上的商人當作紀念品在販賣，現在法律上則是禁止的。

撒拉撒卡族認為宇宙分為三種類，即現世、耶穌基督所住的世界與惡靈所住的世界。死後會先到耶穌基督的世界去接受審判，如果是善人會留下來，若是惡人則會移到惡靈所住的世界去。

住在森林地帶的瓦奥拉尼族人死亡時，相信頭部的靈魂會昇天，胸部的靈魂則會轉為動物的靈魂，在森林徘徊。遺體在經過簡單的儀式之後埋葬。

住在厄瓜多爾與哥倫比亞的安佩拉族人死亡時，要用樹皮包裹遺體，埋葬在喪家的地板下，守夜的時候，女性們會唱哀歌，緬懷故人的遺德，持續數日守靈。他們相信祭司死亡會成為半人半獸，威脅到生存者。

加納

以「水地」而聞名，位於南美北部的加納，面對大西洋，海岸沿岸都是平野，南部是占

全土四分之三的森林地帶。自古以來加納便獎勵移民，所以雖然位居南美，但是人口約半數都是印度人，其次是黑人，是相當少有的國家，英語為公用語，但是反映印度人衆多的事實。即印度語廣泛為人所使用。

信奉印度教的人衆多，僅次於基督教，火葬廣泛流行。

加納的首都喬治城的近郊，因團體自殺事件而聞名。美國的狂信新興宗教「人民寺院」的教祖傑姆瓊茲，在一九七八年十一月，率領信徒九百一十四人在此集體自殺。

人民寺院發生這事件時，犧牲者的遺體在死後一星期，仍然未能火葬。藉由美國空軍之手，施予防腐劑，以便能把這些遺體送還給住在美國本土的近親遺族，而把遺體運送至美國特拉華州杜巴空軍基地。教主瓊茲的遺體沒有人認領，就美國而言，雖然花費很多的費用，但是仍然希望近親者能夠儘早確認遺體。

住在沿岸地帶的瓦拉奧族人死亡時，相信死者的生命力會脫離遺體，然後回到母體中，成為亡靈。只有男性的遺體才會埋葬。

住在加納到委內瑞拉之間的印第安系亞卡瓦伊奧族人死亡時，用吊床來包裹遺體，頭部朝日出的方向埋葬，亡靈會再生到家屬的肉體之內。

住在加納至巴西之間的瓦伊瓦特族人死亡時，會把死因歸咎於侵犯了惡魔、惡靈或疾病，而導致死亡。以前遺體是火葬，今日則是埋葬。男女都會在喪禮時號哭，相信亡靈會分散為很多靈魂，繼續生存在這世界上。

巴拉圭

巴拉圭位於南美的內陸國家，巴拉圭河流經國土的中央而分為東西二部份。東部為森林較多的丘陵地帶，西部則是地形缺乏變化的大平原。居民大部份都是西班牙系白人與土著圭拉尼的混血，其他有歐洲人與東洋人。西班牙語為公用語，基督教徒很多。當地的「非斯大」祭典相當盛大。這時全國不分男女老少與人種，而大肆慶祝天主教聖人的復活。

如果是自然死亡，要領取醫師的死亡診斷書，到區公所辦理登記。同時取得埋葬許可書，進行喪禮的準備，這些手續大都可以委由殯儀社代為辦理，因此大都是與喪禮一起委託辦理。在地方上，只要法官登記就可以了。

在喪家清洗遺體以後入殮，頭部會裝飾十字架或燭台，同時進行守夜。第二天早上用靈車運到教會，舉行喪禮以後埋葬。

當地的貧富差距很大，一般有錢人是把棺木放在地上的靈寢內，一般階層則放在地下或壁龕內，一定期間（五年左右）再改葬。通常西班牙人喜歡地上墓，印度、俄羅斯、猶太人則偏好埋葬在地下墓。

供花的時候，喜歡白色的花，通常是在喪禮時致贈花圈，家屬則穿著黑色的喪服。以前這國家沒有火葬的習慣。如果家屬期望採取火葬，則要把遺體運到鄰國的阿根廷去。最近在首都亞松森市內的公共墓地設有火葬場，火葬率也慢慢地上升。近來也出現了類似美國式近代化的殯儀社，有時候不是舉行喪禮，而是找來祭司在附近的禮拜堂舉行喪禮。

住在該國東部的亞切族人死亡時，相信死靈會徘徊在死亡的地方，一般而言，遺體會埋葬在偏僻的地方，在埋葬處之上建立一個小屋，老年人或有錢人死亡時，唯恐其死靈會作祟而予以火葬。

特巴族人死亡時，害怕遺體會成為異類的物質，而會把死者的所有物和家一起燒毀，另建新家。遺體的頭部要朝據信為死亡世界的西方埋葬。

秘魯

秘魯位於南美中部，面對太平洋。雖然地處熱帶地方，但是由於受到芬保爾特海流的影響，所以並不炎熱，尤其是貫穿安迪斯山脈的山岳地帶，終年飄雪。

居民以西班牙系白人、印第安混血，以及構築印加文明的克查族占大部份。人們使用西班牙語與克查語。

秘魯與墨西哥一樣，都是以前西班牙中南美殖民地的據點，因此擔任天主教的宣教師們，對於未信者施予宗教的審判，進行徹底的鎮壓。因此從西班牙時代起，居民大都信奉天主教。尤其是在首都利馬市為主的沿岸地方，更維持著西歐的風俗習慣。以前利馬的基督教徒埋葬在市中心的三藩市教會的地下墓地，為數有六、七萬人。

一般而言，在都市地區死亡的時候，要領取醫師的死亡診斷書，到區公所辦理登記，這與文明國家是一樣的，這些手續都可以委託殯儀社代為辦理。在喪家守夜之後，組成送葬的行列走向墓地。在那裡找來祭司舉行簡單的喪禮以後，除了有傳染病的死者以外，幾乎都是當場埋葬。

首都利馬最大的墓地位於東北部十區，分為新舊二個墓地。舊墓地有歷代總統的豪華陵寢，隔著一條馬路是新墓地，葬有秘魯的排球之父加藤亞基拉，位於門前附近。

地方上的喪禮依部族而有所不同，住在山岳地帶的人們，通常會在守夜的時候前往慰問，女姓們會號哭，同時終夜看守著遺體。女性們相信她們所戴的山高帽具有除惡病與惡靈的效果，所以不會脫下來，帽子的顏色依種族而有所不同，例如：黑色是亞艾馬拉族，白色是奇楚族。居民信心深厚，在庫斯科近郊的大部份屋頂，都會掛有除魔的十字架或動物飾品。

一般而言，住在北部地方的人服喪期間很長，為紀念混血人種最後印加人的死，至今仍穿著黑色的衣服。

住在該國山岳地帶的亞姆艾沙族人死亡時，相信死靈會昇天，陰魂則徘徊在喪家或墓地。喪禮很簡單，死後第二天，則埋葬在墓地。

住在安第斯山中的皮羅族人死亡時，用毯子包裹遺體，埋葬在墓地的二公尺以下。通常他們相信巫術師的靈會昇天而成為神，其他靈魂則會徘徊在居住地，以木瓜為食。

居住在內陸的亞瓜族人死亡時，非常害怕死靈。以前會焚燒死者的住家，使之成為廢墟，遺體則埋葬在村子的廣場上。今日文明之後的亞瓜族，則把遺體埋葬在附近的公共墓地。

住在秘魯到巴西之間的亞馬哈卡族人死亡時，在關係者尚未聚集以前，會暫時埋葬在喪家的地板下，然後再把遺體火葬，把骨灰撒在附近的河流中，剩下的牙齒或骨片會搗碎了倒入湯中，供近親者飲盡。

蘇里南

蘇里南位於加納與法屬加納之間，位於南美大西洋沿岸，國土的大小不滿日本本州的三分之二。國人以黑人系的混血為主，其次有印度人與印尼人，是一個複合民族國家。荷蘭語為公用語。由於以前統屬於荷蘭領土，因此有許多來自印尼的外勞，與鄰國的加納一樣，有很多印度教徒、伊斯蘭教徒、基督教徒、猶太教徒，依人種別而信奉各個不同的宗教，在南美是很少見的情況。以前曾因盛產鋁土礦而繁榮，現在則以從事農業與漁業的人為多。

當地人死亡時，除了首都帕拉馬里博市以外，喪禮大都由親屬來辦理。由於一年四季非常炎熱，遺體都會儘早埋葬。喪禮係依各宗教與各民族的習俗來舉行，除了天主教徒以外，墓地非常簡單。鄰近巴西國境的山岳地帶，住有美國印第安人，仍沿襲原始的殯葬習俗。

住在該國的撒拉馬卡族人死亡時，以喪家為中心，會持續一週至數個月之久，非常慎重。所有物品會一同埋葬在墓地中。在那裡演奏音樂並跳舞，接著會舉行第二次喪禮，也演奏相同的音樂並跳舞，他們相信故靈會成為祖靈。

居住在斯里蘭到法屬加納之間的特利奧族人死亡時，如果死因並非自然因素，而是人為因素，那個人一定會遭到報應，遺體埋葬在喪家的地板之後，成為廢墟，死靈會朝向東方去旅行。

烏拉圭

烏拉圭緊鄰阿根廷與巴西，面對大西洋，位於拉普拉塔河口的丘陵地帶。

西班牙與義大利系的白人占人口的九〇％，天主教徒占大部份。但是國家與教會完全分離，保障信教的自由。聖誕節為「家族之日」，復活節則是「觀光週」。烏拉圭是南美國家中，宗教色彩最薄弱的國家。

當地人死亡時，要領取醫師的死亡診斷書，到區公所去辦理登記，這與文明國家是一樣的。通常埋葬是利用民營的殯儀社。大部份在喪家舉行守夜，然後埋葬在公營墓地。墓地幾乎都是採取租貸的形式。如果是天主教徒，埋葬一週以內會到教會去舉行追悼彌撒。

委內瑞拉

委內瑞拉位於南美大陸的北端，面對加勒比海，在中南美中，本來是最貧窮的農牧國，轉而成為產油國。以首都拉加拉斯為主。急速地成為近代化國家，發展的速度令人吃驚。所謂委內瑞拉即義大利威尼斯之意，來自歐洲的移民人士看到當地的馬拉凱波時，他說道：「這裡宛如水都威尼斯一樣。」就是由此而來的。

居民半數以上是西班牙系白人與印第安人，或是與黑人的混血。大都信奉天主教，西班牙語為公用語，具有拉丁民族特有的樂天個性，非常享受生活。

在內陸地區仍住有許多未開化的土著，過著原始的生活。但是都市地區近郊與其他文明國家一樣，有人死亡的時候，要領取醫師的死亡診斷書，委託殯儀社來辦理一切事宜。殯儀社會代為處理一切，包括到區公所辦理死亡登記，以及從喪禮到埋葬等事宜。

如果家裡很寬敞，則在喪家舉行喪禮。一般是在殯儀社的殯儀場舉行喪禮，在上午十點鐘至下午四點鐘舉行。遺體從死亡確認經過二十四小時以後再埋葬。若因傳染病等死亡，則立即埋葬。

委內瑞拉以天主教占優勢，所以法律上禁止火葬。埋葬在墓地的遺體，如果有國外家屬要求，從埋葬起五年後，可經由特定的手續運往國外。死亡後如果要立刻移送遺體，則在死亡七十二小時以後，把遺體浸泡在香油脂內送還。

懸浮在加勒比海，也就是委內瑞拉洋面的荷屬阿爾巴島的阿爾班斯族人死亡時，會服喪八天。在這期間喪家要關閉所有窗戶，為死者獻上祈求與舞蹈，然後再把所有的窗戶打開，相信死靈會因而外出。住在委內瑞拉到哥倫比亞的瓜吉羅族人死亡時，遺體會成為故靈而昇天至銀河，到達死之國，埋葬後的遺骨要洗骨，同時舉行第二次盛大的喪禮，作為家族統合的象徵。

委內瑞拉瑞塔・瓜耶納市的公共墓地

住在奧利諾可河畔的帕那雷族人死亡時，死靈會離開遺體，危害生者，所以他們相信必須要在喪禮時一起跳舞之後，才會離開這世界，同時地皮亞羅族人死亡時，以前會把遺體做成木乃伊，放置在山岩的洞窟中。今天信仰基督教的皮亞羅亞族，則會把遺體埋葬在墓地。

普美族人死亡時，雖然認為死亡是值得悲哀的事，但是卻相信死靈會與先祖合為一體。遺體向右屈折以後埋葬，會豎立一公尺的墓標。

後序

在學問的世界中，學問越發達，研究的領域就越細分化而「見樹不見林」。有關殯葬習慣的調查、研究，也有類似的現象。站在現有宗教立場的學者們，會回溯過去。基於人類死亡的靈魂觀與未來觀，重視宗教喪禮的起源論與本質論。站在世俗性立場的學者們，則將其視爲現實的問題，重視一般殯葬習俗的社會性意義與機能。不論前者或後者，對於殯葬習俗的必然性與存在價值，都有一些重要的描述，但是他們認為說明殯葬習俗的實態是必要條件，然而筆者認爲他們並非將之置於必要條件上。

以日本為例，若問人：「為何親友死亡時必須要舉行埋葬的會喪儀式？」要對方從三個答案中作選擇：㈠「因為有靈魂與死後的世界」。㈡「不得不如此」。或㈢「這是一個社會性的習俗」。相信只要不是未開化的開發中國家，或是信心深厚的人。一般人大都會選擇㈡㈢。但是問題本身便有其陷阱，即如果是其本身面臨死亡，大多數會選㈠。若是近親者死亡，大多數會選㈡。如果是其他人死亡，則大都會選㈢。

換言之，當問及殯葬習俗的問題時，並不表示完全不需要喪禮或埋葬儀式，而是對於沒有宗教意義的虛禮化的喪禮，會有所批判罷了。

尤其是最近以來，隨著社會的日愈資訊化與都市化現象，在文明國家整體而言，原本人們有命運共同體的地緣、血緣關係會越來越薄弱，再加上離婚、分居、子女人數少，以及獨身者的增加，有關於喪禮與埋葬的意識，也有所變化。這些現象在歐美各國與日本特別顯著。如果這些是事實，則傳統所執行的殯葬習俗與祭祀祖先會越來越形式化。今後即使人們在選擇上述的「不得不如此」或「這是一個社會性的習俗」，也遲早會變成有名無實的。

歐美人敏感察知現代人的死亡、風化現象、殯葬習俗的心理、社會的變遷，早在三十年前就站在現代的位置，著作了很多書。例如：美國的傑西卡米德福德所著的『美國式死的方式』、英國的傑佛利哥拉所著的『死的色情文學』、法國的菲利蒲亞利艾斯所著的『死與歷史』等等。尤其是亞利艾斯對於歐洲人的生死觀的變遷，有歷史性的回溯，認為以文藝復興為契機，而開始主張死的個別性（自己的死）。現代的家族之死（他人之死）也被視為問題而引起重視。在今日高度文明化的社會中，人們不重視死亡的現實而只執行虛禮。人們幾乎都是在醫院嚥下最後一口氣，因此沒有機會看到死的悲慘與苦處。

對於近親者而言，眼前的遺體只令他們感到害怕與污穢而已。對於與會者而言，已經經過漂亮的整形與飾以鮮花，因此死只不過是他人的事。在日本，這種死的風化現象、自由葬與散葬等殯葬習俗，遲早會透過媒體與人們的傳承而形成一種風氣。

然而在現實生活中，死與我們是最接近的，何時會面臨死亡，任何人都無法預測，不知死亡將近的我們，總是認為我們可以永遠地活在這世界上。正如江戶時代的蜀山人所說的一樣：『死是他人的事，我們是不會遇到死亡這件事的。』一旦面臨死亡時，有很多人卻不知該如何去面對。因此，正如德國詩人利爾可所描述的：「在這世界上，是否有人憧憬著能夠細心地死亡呢？恐怕沒有一個人吧！即使是有錢人，對於死也是漠不關心而冷淡的。也許不久的將來，富有個性的死亡正如富有個性的生活一般，同樣成為世間的稀有之物。今日是凡事都有現成品的時代。出生在這世界上，舉目所見的，是處處都有現成品的生活。生活中只要有現成的東西，便萬事OK。當有一天必須要離開這世界上——也就是不得不離開這世界上的日子來到的時候，你也毋須掛慮。你只要告訴自己，這就是你的死亡之日。」這對於我們目前的生活，是不是有某種暗示呢？

我們生活在現代生活中，今後要如何過著像人類一般的生活方式與死亡方式呢？總之，「輕視死亡的人即輕視生」。本書並不作任何結論，只希望讀者在看過世界各國所舉行的各種殯葬習俗以後，而能夠尋找出自己的生活方式與死的方式。

大展出版社有限公司　圖書目錄

地址：台北市北投區(石牌)
致遠一路二段12巷1號
郵撥：0166955～1
電話：(02)28236031
28236033
傳真：(02)28272069

・法律專欄連載・電腦編號 58

台大法學院　法律學系／策劃
法律服務社／編著

1. 別讓您的權利睡著了 1　200元
2. 別讓您的權利睡著了 2　200元

・秘傳占卜系列・電腦編號 14

1.	手相術	淺野八郎著	180元
2.	人相術	淺野八郎著	150元
3.	西洋占星術	淺野八郎著	180元
4.	中國神奇占卜	淺野八郎著	150元
5.	夢判斷	淺野八郎著	150元
6.	前世、來世占卜	淺野八郎著	150元
7.	法國式血型學	淺野八郎著	150元
8.	靈感、符咒學	淺野八郎著	150元
9.	紙牌占卜學	淺野八郎著	150元
10.	ESP超能力占卜	淺野八郎著	150元
11.	猶太數的秘術	淺野八郎著	150元
12.	新心理測驗	淺野八郎著	160元
13.	塔羅牌預言秘法	淺野八郎著	200元

・趣味心理講座・電腦編號 15

1.	性格測驗① 探索男與女	淺野八郎著	140元
2.	性格測驗② 透視人心奧秘	淺野八郎著	140元
3.	性格測驗③ 發現陌生的自己	淺野八郎著	140元
4.	性格測驗④ 發現你的真面目	淺野八郎著	140元
5.	性格測驗⑤ 讓你們吃驚	淺野八郎著	140元
6.	性格測驗⑥ 洞穿心理盲點	淺野八郎著	140元
7.	性格測驗⑦ 探索對方心理	淺野八郎著	140元
8.	性格測驗⑧ 由吃認識自己	淺野八郎著	160元
9.	性格測驗⑨ 戀愛知多少	淺野八郎著	160元
10.	性格測驗⑩ 由裝扮瞭解人心	淺野八郎著	160元

11. 性格測驗⑪ 敲開內心玄機 淺野八郎著 140元
12. 性格測驗⑫ 透視你的未來 淺野八郎著 160元
13. 血型與你的一生 淺野八郎著 160元
14. 趣味推理遊戲 淺野八郎著 160元
15. 行為語言解析 淺野八郎著 160元

·婦幼天地· 電腦編號 16

1. 八萬人減肥成果 黃靜香譯 180元
2. 三分鐘減肥體操 楊鴻儒譯 150元
3. 窈窕淑女美髮秘訣 柯素娥譯 130元
4. 使妳更迷人 成 玉譯 130元
5. 女性的更年期 官舒妍編譯 160元
6. 胎內育兒法 李玉瓊編譯 150元
7. 早產兒袋鼠式護理 唐岱蘭譯 200元
8. 初次懷孕與生產 婦幼天地編譯組 180元
9. 初次育兒12個月 婦幼天地編譯組 180元
10. 斷乳食與幼兒食 婦幼天地編譯組 180元
11. 培養幼兒能力與性向 婦幼天地編譯組 180元
12. 培養幼兒創造力的玩具與遊戲 婦幼天地編譯組 180元
13. 幼兒的症狀與疾病 婦幼天地編譯組 180元
14. 腿部苗條健美法 婦幼天地編譯組 180元
15. 女性腰痛別忽視 婦幼天地編譯組 150元
16. 舒展身心體操術 李玉瓊編譯 130元
17. 三分鐘臉部體操 趙薇妮著 160元
18. 生動的笑容表情術 趙薇妮著 160元
19. 心曠神怡減肥法 川津祐介著 130元
20. 內衣使妳更美麗 陳玄茹譯 130元
21. 瑜伽美姿美容 黃靜香編著 180元
22. 高雅女性裝扮學 陳珮玲譯 180元
23. 蠶糞肌膚美顏法 坂梨秀子著 160元
24. 認識妳的身體 李玉瓊譯 160元
25. 產後恢復苗條體態 居理安・芙萊喬著 200元
26. 正確護髮美容法 山崎伊久江著 180元
27. 安琪拉美姿養生學 安琪拉蘭斯博瑞著 180元
28. 女體性醫學剖析 增田豐著 220元
29. 懷孕與生產剖析 岡部綾子著 180元
30. 斷奶後的健康育兒 東城百合子著 220元
31. 引出孩子幹勁的責罵藝術 多湖輝著 170元
32. 培養孩子獨立的藝術 多湖輝著 170元
33. 子宮肌瘤與卵巢囊腫 陳秀琳編著 180元
34. 下半身減肥法 納他夏・史達賓著 180元
35. 女性自然美容法 吳雅菁編著 180元
36. 再也不發胖 池園悅太郎著 170元

37. 生男生女控制術　中垣勝裕著　220 元
38. 使妳的肌膚更亮麗　楊　皓編著　170 元
39. 臉部輪廓變美　芝崎義夫著　180 元
40. 斑點、皺紋自己治療　高須克彌著　180 元
41. 面皰自己治療　伊藤雄康著　180 元
42. 隨心所欲瘦身冥想法　原久子著　180 元
43. 胎兒革命　鈴木丈織著　180 元
44. NS 磁氣平衡法塑造窈窕奇蹟　古屋和江著　180 元
45. 享瘦從腳開始　山田陽子著　180 元
46. 小改變瘦 4 公斤　宮本裕子著　180 元
47. 軟管減肥瘦身　高橋輝男著　180 元
48. 海藻精神秘美容法　劉名揚編著　180 元
49. 肌膚保養與脫毛　鈴木真理著　180 元
50. 10 天減肥 3 公斤　彤雲編輯組　180 元
51. 穿出自己的品味　西村玲子著　280 元

·青春天地·電腦編號 17

1. A 血型與星座　柯素娥編譯　160 元
2. B 血型與星座　柯素娥編譯　160 元
3. O 血型與星座　柯素娥編譯　160 元
4. AB 血型與星座　柯素娥編譯　120 元
5. 青春期性教室　呂貴嵐編譯　130 元
6. 事半功倍讀書法　王毅希編譯　150 元
7. 難解數學破題　宋釗宜編譯　130 元
9. 小論文寫作秘訣　林顯茂編譯　120 元
11. 中學生野外遊戲　熊谷康編著　120 元
12. 恐怖極短篇　柯素娥編譯　130 元
13. 恐怖夜話　小毛驢編譯　130 元
14. 恐怖幽默短篇　小毛驢編譯　120 元
15. 黑色幽默短篇　小毛驢編譯　120 元
16. 靈異怪談　小毛驢編譯　130 元
17. 錯覺遊戲　小毛驢編著　130 元
18. 整人遊戲　小毛驢編著　150 元
19. 有趣的超常識　柯素娥編譯　130 元
20. 哦！原來如此　林慶旺編譯　130 元
21. 趣味競賽 100 種　劉名揚編譯　120 元
22. 數學謎題入門　宋釗宜編譯　150 元
23. 數學謎題解析　宋釗宜編譯　150 元
24. 透視男女心理　林慶旺編譯　120 元
25. 少女情懷的自白　李桂蘭編譯　120 元
26. 由兄弟姊妹看命運　李玉瓊編譯　130 元
27. 趣味的科學魔術　林慶旺編譯　150 元
28. 趣味的心理實驗室　李燕玲編譯　150 元

29. 愛與性心理測驗	小毛驢編譯	130元
30. 刑案推理解謎	小毛驢編譯	130元
31. 偵探常識推理	小毛驢編譯	130元
32. 偵探常識解謎	小毛驢編譯	130元
33. 偵探推理遊戲	小毛驢編譯	130元
34. 趣味的超魔術	廖玉山編著	150元
35. 趣味的珍奇發明	柯素娥編著	150元
36. 登山用具與技巧	陳瑞菊編著	150元
37. 性的漫談	蘇燕謀編著	180元
38. 無的漫談	蘇燕謀編著	180元
39. 黑色漫談	蘇燕謀編著	180元
40. 白色漫談	蘇燕謀編著	180元

·健康天地· 電腦編號18

1. 壓力的預防與治療	柯素娥編譯	130元
2. 超科學氣的魔力	柯素娥編譯	130元
3. 尿療法治病的神奇	中尾良一著	130元
4. 鐵證如山的尿療法奇蹟	廖玉山譯	120元
5. 一日斷食健康法	葉慈容編譯	150元
6. 胃部強健法	陳炳崑譯	120元
7. 癌症早期檢查法	廖松濤譯	160元
8. 老人痴呆症防止法	柯素娥編譯	130元
9. 松葉汁健康飲料	陳麗芬編譯	130元
10. 揉肚臍健康法	永井秋夫著	150元
11. 過勞死、猝死的預防	卓秀貞編譯	130元
12. 高血壓治療與飲食	藤山順豐著	150元
13. 老人看護指南	柯素娥編譯	150元
14. 美容外科淺談	楊啟宏著	150元
15. 美容外科新境界	楊啟宏著	150元
16. 鹽是天然的醫生	西英司郎著	140元
17. 年輕十歲不是夢	梁瑞麟譯	200元
18. 茶料理治百病	桑野和民著	180元
19. 綠茶治病寶典	桑野和民著	150元
20. 杜仲茶養顏減肥法	西田博著	150元
21. 蜂膠驚人療效	瀨長良三郎著	180元
22. 蜂膠治百病	瀨長良三郎著	180元
23. 醫藥與生活(一)	鄭炳全著	180元
24. 鈣長生寶典	落合敏著	180元
25. 大蒜長生寶典	木下繁太郎著	160元
26. 居家自我健康檢查	石川恭三著	160元
27. 永恆的健康人生	李秀鈴譯	200元
28. 大豆卵磷脂長生寶典	劉雪卿譯	150元
29. 芳香療法	梁艾琳譯	160元

30. 醋長生寶典	柯素娥譯	180 元
31. 從星座透視健康	席拉・吉蒂斯著	180 元
32. 愉悅自在保健學	野本二士夫著	160 元
33. 裸睡健康法	丸山淳士等著	160 元
34. 糖尿病預防與治療	藤田順豐著	180 元
35. 維他命長生寶典	菅原明子著	180 元
36. 維他命 C 新效果	鐘文訓編	150 元
37. 手、腳病理按摩	堤芳朗著	160 元
38. AIDS 瞭解與預防	彼得塔歇爾著	180 元
39. 甲殼質殼聚糖健康法	沈永嘉譯	160 元
40. 神經痛預防與治療	木下真男著	160 元
41. 室內身體鍛鍊法	陳炳崑編著	160 元
42. 吃出健康藥膳	劉大器編著	180 元
43. 自我指壓術	蘇燕謀編著	160 元
44. 紅蘿蔔汁斷食療法	李玉瓊編著	150 元
45. 洗心術健康秘法	竺翠萍編譯	170 元
46. 枇杷葉健康療法	柯素娥編譯	180 元
47. 抗衰血癒	楊啟宏著	180 元
48. 與癌搏鬥記	逸見政孝著	180 元
49. 冬蟲夏草長生寶典	高橋義博著	170 元
50. 痔瘡・大腸疾病先端療法	宮島伸宜著	180 元
51. 膠布治癒頑固慢性病	加瀨建造著	180 元
52. 芝麻神奇健康法	小林貞作著	170 元
53. 香煙能防止癡呆？	高田明和著	180 元
54. 穀菜食治癌療法	佐藤成志著	180 元
55. 貼藥健康法	松原英多著	180 元
56. 克服癌症調和道呼吸法	帶津良一著	180 元
57. B 型肝炎預防與治療	野村喜重郎著	180 元
58. 青春永駐養生導引術	早島正雄著	180 元
59. 改變呼吸法創造健康	原久子著	180 元
60. 荷爾蒙平衡養生秘訣	出村博著	180 元
61. 水美肌健康法	井戶勝富著	170 元
62. 認識食物掌握健康	廖梅珠編著	170 元
63. 痛風劇痛消除法	鈴木吉彥著	180 元
64. 酸莖菌驚人療效	上田明彥著	180 元
65. 大豆卵磷脂治現代病	神津健一著	200 元
66. 時辰療法—危險時刻凌晨 4 時	呂建強等著	180 元
67. 自然治癒力提升法	帶津良一著	180 元
68. 巧妙的氣保健法	藤平墨子著	180 元
69. 治癒 C 型肝炎	熊田博光著	180 元
70. 肝臟病預防與治療	劉名揚編著	180 元
71. 腰痛平衡療法	荒井政信著	180 元
72. 根治多汗症、狐臭	稻葉益巳著	220 元
73. 40 歲以後的骨質疏鬆症	沈永嘉譯	180 元

74. 認識中藥	松下一成著	180 元
75. 認識氣的科學	佐佐木茂美著	180 元
76. 我戰勝了癌症	安田伸著	180 元
77. 斑點是身心的危險信號	中野進著	180 元
78. 艾波拉病毒大震撼	玉川重德著	180 元
79. 重新還我黑髮	桑名隆一郎著	180 元
80. 身體節律與健康	林博史著	180 元
81. 生薑治萬病	石原結實著	180 元
82. 靈芝治百病	陳瑞東著	180 元
83. 木炭驚人的威力	大槻彰著	200 元
84. 認識活性氧	井土貴司著	180 元
85. 深海鮫治百病	廖玉山編著	180 元
86. 神奇的蜂王乳	井上丹治著	180 元
87. 卡拉 OK 健腦法	東潔著	180 元
88. 卡拉 OK 健康法	福田伴男著	180 元
89. 醫藥與生活㈡	鄭炳全著	200 元
90. 洋蔥治百病	宮尾興平著	180 元
91. 年輕 10 歲快步健康法	石塚忠雄著	180 元
92. 石榴的驚人神效	岡本順子著	180 元
93. 飲料健康法	白鳥早奈英著	180 元
94. 健康棒體操	劉名揚編譯	180 元
95. 催眠健康法	蕭京凌編著	180 元

・實用女性學講座・電腦編號 19

1. 解讀女性內心世界	島田一男著	150 元
2. 塑造成熟的女性	島田一男著	150 元
3. 女性整體裝扮學	黃靜香編著	180 元
4. 女性應對禮儀	黃靜香編著	180 元
5. 女性婚前必修	小野十傳著	200 元
6. 徹底瞭解女人	田口二州著	180 元
7. 拆穿女性謊言 88 招	島田一男著	200 元
8. 解讀女人心	島田一男著	200 元
9. 俘獲女性絕招	志賀貢著	200 元
10. 愛情的壓力解套	中村理英子著	200 元
11. 妳是人見人愛的女孩	廖松濤編著	200 元

・校園系列・電腦編號 20

1. 讀書集中術	多湖輝著	150 元
2. 應考的訣竅	多湖輝著	150 元
3. 輕鬆讀書贏得聯考	多湖輝著	150 元
4. 讀書記憶秘訣	多湖輝著	150 元

5.	視力恢復！超速讀術	江錦雲譯	180元
6.	讀書36計	黃柏松編著	180元
7.	驚人的速讀術	鐘文訓編著	170元
8.	學生課業輔導良方	多湖輝著	180元
9.	超速讀超記憶法	廖松濤編著	180元
10.	速算解題技巧	宋釗宜編著	200元
11.	看圖學英文	陳炳崑編著	200元
12.	讓孩子最喜歡數學	沈永嘉譯	180元
13.	催眠記憶術	林碧清譯	180元

・實用心理學講座・電腦編號 21

1.	拆穿欺騙伎倆	多湖輝著	140元
2.	創造好構想	多湖輝著	140元
3.	面對面心理術	多湖輝著	160元
4.	偽裝心理術	多湖輝著	140元
5.	透視人性弱點	多湖輝著	140元
6.	自我表現術	多湖輝著	180元
7.	不可思議的人性心理	多湖輝著	180元
8.	催眠術入門	多湖輝著	150元
9.	責罵部屬的藝術	多湖輝著	150元
10.	精神力	多湖輝著	150元
11.	厚黑說服術	多湖輝著	150元
12.	集中力	多湖輝著	150元
13.	構想力	多湖輝著	150元
14.	深層心理術	多湖輝著	160元
15.	深層語言術	多湖輝著	160元
16.	深層說服術	多湖輝著	180元
17.	掌握潛在心理	多湖輝著	160元
18.	洞悉心理陷阱	多湖輝著	180元
19.	解讀金錢心理	多湖輝著	180元
20.	拆穿語言圈套	多湖輝著	180元
21.	語言的內心玄機	多湖輝著	180元
22.	積極力	多湖輝著	180元

・超現實心理講座・電腦編號 22

1.	超意識覺醒法	詹蔚芬編譯	130元
2.	護摩秘法與人生	劉名揚編譯	130元
3.	秘法！超級仙術入門	陸明譯	150元
4.	給地球人的訊息	柯素娥編著	150元
5.	密教的神通力	劉名揚編著	130元
6.	神秘奇妙的世界	平川陽一著	200元

7. 地球文明的超革命	吳秋嬌譯	200 元
8. 力量石的秘密	吳秋嬌譯	180 元
9. 超能力的靈異世界	馬小莉譯	200 元
10. 逃離地球毀滅的命運	吳秋嬌譯	200 元
11. 宇宙與地球終結之謎	南山宏著	200 元
12. 驚世奇功揭秘	傅起鳳著	200 元
13. 啟發身心潛力心象訓練法	栗田昌裕著	180 元
14. 仙道術遁甲法	高藤聰一郎著	220 元
15. 神通力的秘密	中岡俊哉著	180 元
16. 仙人成仙術	高藤聰一郎著	200 元
17. 仙道符咒氣功法	高藤聰一郎著	220 元
18. 仙道風水術尋龍法	高藤聰一郎著	200 元
19. 仙道奇蹟超幻像	高藤聰一郎著	200 元
20. 仙道鍊金術房中法	高藤聰一郎著	200 元
21. 奇蹟超醫療治癒難病	深野一幸著	220 元
22. 揭開月球的神秘力量	超科學研究會	180 元
23. 西藏密教奧義	高藤聰一郎著	250 元
24. 改變你的夢術入門	高藤聰一郎著	250 元

·養生保健· 電腦編號 23

1. 醫療養生氣功	黃孝寬著	250 元
2. 中國氣功圖譜	余功保著	230 元
3. 少林醫療氣功精粹	井玉蘭著	250 元
4. 龍形實用氣功	吳大才等著	220 元
5. 魚戲增視強身氣功	宮　嬰著	220 元
6. 嚴新氣功	前新培金著	250 元
7. 道家玄牝氣功	張　章著	200 元
8. 仙家秘傳袪病功	李遠國著	160 元
9. 少林十大健身功	秦慶豐著	180 元
10. 中國自控氣功	張明武著	250 元
11. 醫療防癌氣功	黃孝寬著	250 元
12. 醫療強身氣功	黃孝寬著	250 元
13. 醫療點穴氣功	黃孝寬著	250 元
14. 中國八卦如意功	趙維漢著	180 元
15. 正宗馬禮堂養氣功	馬禮堂著	420 元
16. 秘傳道家筋經內丹功	王慶餘著	280 元
17. 三元開慧功	辛桂林著	250 元
18. 防癌治癌新氣功	郭　林著	180 元
19. 禪定與佛家氣功修煉	劉天君著	200 元
20. 顛倒之術	梅自強著	360 元
21. 簡明氣功辭典	吳家駿編	360 元
22. 八卦三合功	張全亮著	230 元
23. 朱砂掌健身養生功	楊永著	250 元

24. 抗老功	陳九鶴著	230 元
25. 意氣按穴排濁自療法	黃啟運編著	250 元
26. 陳式太極拳養生功	陳正雷著	200 元
27. 健身祛病小功法	王培生著	200 元

・社會人智囊・電腦編號 24

1. 糾紛談判術	清水增三著	160 元
2. 創造關鍵術	淺野八郎著	150 元
3. 觀人術	淺野八郎著	180 元
4. 應急詭辯術	廖英迪編著	160 元
5. 天才家學習術	木原武一著	160 元
6. 貓型狗式鑑人術	淺野八郎著	180 元
7. 逆轉運掌握術	淺野八郎著	180 元
8. 人際圓融術	澀谷昌三著	160 元
9. 解讀人心術	淺野八郎著	180 元
10. 與上司水乳交融術	秋元隆司著	180 元
11. 男女心態定律	小田晉著	180 元
12. 幽默說話術	林振輝編著	200 元
13. 人能信賴幾分	淺野八郎著	180 元
14. 我一定能成功	李玉瓊譯	180 元
15. 獻給青年的嘉言	陳蒼杰譯	180 元
16. 知人、知面、知其心	林振輝編著	180 元
17. 塑造堅強的個性	坂上肇著	180 元
18. 為自己而活	佐藤綾子著	180 元
19. 未來十年與愉快生活有約	船井幸雄著	180 元
20. 超級銷售話術	杜秀卿譯	180 元
21. 感性培育術	黃靜香編著	180 元
22. 公司新鮮人的禮儀規範	蔡媛惠譯	180 元
23. 傑出職員鍛鍊術	佐佐木正著	180 元
24. 面談獲勝戰略	李芳黛譯	180 元
25. 金玉良言撼人心	森純大著	180 元
26. 男女幽默趣典	劉華亭編著	180 元
27. 機智說話術	劉華亭編著	180 元
28. 心理諮商室	柯素娥譯	180 元
29. 如何在公司崢嶸頭角	佐佐木正著	180 元
30. 機智應對術	李玉瓊編著	200 元
31. 克服低潮良方	坂野雄二著	180 元
32. 智慧型說話技巧	沈永嘉編著	180 元
33. 記憶力、集中力增進術	廖松濤編著	180 元
34. 女職員培育術	林慶旺編著	180 元
35. 自我介紹與社交禮儀	柯素娥編著	180 元
36. 積極生活創幸福	田中真澄著	180 元
37. 妙點子超構想	多湖輝著	180 元

38. 說NO的技巧 廖玉山編著 180元
39. 一流說服力 李玉瓊編著 180元
40. 般若心經成功哲學 陳鴻蘭編著 180元
41. 訪問推銷術 黃靜香編著 180元
42. 男性成功秘訣 陳蒼杰編著 180元
43. 笑容、人際智商 宮川澄子著 180元
44. 多湖輝的構想工作室 多湖輝著 200元
45. 名人名語啟示錄 喬家楓著 180元

・精選系列・電腦編號 25

1. 毛澤東與鄧小平 渡邊利夫等著 280元
2. 中國大崩裂 江戶介雄著 180元
3. 台灣・亞洲奇蹟 上村幸治著 220元
4. 7-ELEVEN 高盈收策略 國友隆一著 180元
5. 台灣獨立（新・中國日本戰爭一） 森詠著 200元
6. 迷失中國的末路 江戶雄介著 220元
7. 2000年5月全世界毀滅 紫藤甲子男著 180元
8. 失去鄧小平的中國 小島朋之著 220元
9. 世界史爭議性異人傳 桐生操著 200元
10. 淨化心靈享人生 松濤弘道著 220元
11. 人生心情診斷 賴藤和寬著 220元
12. 中美大決戰 檜山良昭著 220元
13. 黃昏帝國美國 莊雯琳譯 220元
14. 兩岸衝突（新・中國日本戰爭二） 森詠著 220元
15. 封鎖台灣（新・中國日本戰爭三） 森詠著 220元
16. 中國分裂（新・中國日本戰爭四） 森詠著 220元
17. 由女變男的我 虎井正衛著 200元
18. 佛學的安心立命 松濤弘道著 220元
19. 世界喪禮大觀 松濤弘道著 280元

・運動遊戲・電腦編號 26

1. 雙人運動 李玉瓊譯 160元
2. 愉快的跳繩運動 廖玉山譯 180元
3. 運動會項目精選 王佑京譯 150元
4. 肋木運動 廖玉山譯 150元
5. 測力運動 王佑宗譯 150元
6. 游泳入門 唐桂萍編著 200元

・休閒娛樂・電腦編號 27

1. 海水魚飼養法 田中智浩著 300元

2.	金魚飼養法	曾雪玫譯	250 元
3.	熱門海水魚	毛利匡明著	480 元
4.	愛犬的教養與訓練	池田好雄著	250 元
5.	狗教養與疾病	杉浦哲著	220 元
6.	小動物養育技巧	三上昇著	300 元
20.	園藝植物管理	船越亮二著	220 元

・銀髮族智慧學・電腦編號 28

1.	銀髮六十樂逍遙	多湖輝著	170 元
2.	人生六十反年輕	多湖輝著	170 元
3.	六十歲的決斷	多湖輝著	170 元
4.	銀髮族健身指南	孫瑞台編著	250 元

・飲 食 保 健・電腦編號 29

1.	自己製作健康茶	大海淳著	220 元
2.	好吃、具藥效茶料理	德永睦子著	220 元
3.	改善慢性病健康藥草茶	吳秋嬌譯	200 元
4.	藥酒與健康果菜汁	成玉編著	250 元
5.	家庭保健養生湯	馬汴梁編著	220 元
6.	降低膽固醇的飲食	早川和志著	200 元
7.	女性癌症的飲食	女子營養大學	280 元
8.	痛風者的飲食	女子營養大學	280 元
9.	貧血者的飲食	女子營養大學	280 元
10.	高脂血症者的飲食	女子營養大學	280 元
11.	男性癌症的飲食	女子營養大學	280 元
12.	過敏者的飲食	女子營養大學	280 元
13.	心臟病的飲食	女子營養大學	280 元
14.	滋陰壯陽的飲食	王增著	220 元

・家庭醫學保健・電腦編號 30

1.	女性醫學大全	雨森良彥著	380 元
2.	初為人父育兒寶典	小瀧周曹著	220 元
3.	性活力強健法	相建華著	220 元
4.	30 歲以上的懷孕與生產	李芳黛編著	220 元
5.	舒適的女性更年期	野末悅子著	200 元
6.	夫妻前戲的技巧	笠井寬司著	200 元
7.	病理足穴按摩	金慧明著	220 元
8.	爸爸的更年期	河野孝旺著	200 元
9.	橡皮帶健康法	山田晶著	180 元
10.	三十三天健美減肥	相建華等著	180 元

國家圖書館出版品預行編目資料

世界喪禮大觀／松濤弘道著，許愫纓譯
－初版－臺北市，大展，民 87
372 面；21 公分－（精選系列；19）
譯自：世界の葬式
ISBN 957-557-894-5（平裝）
1. 喪禮
538.68　　87015563

FUNERAL CUSTOMS IN THE WORLD

Originally published in Japan by Kinryuji Scarchight Center in 1995
Chinese translation rights arranged through
KEIO CULTURAL ENTERPRISE CO., LTD in 1996

版權仲介：京王文化事業有限公司

世界喪禮大觀　ISBN 957-557-894-5

原著者／松濤弘道
編譯者／許 愫 纓
發行人／蔡 森 明
出版者／大展出版社有限公司
社　址／台北市北投區（石牌）致遠一路 2 段 12 巷 1 號
電　話／(02) 28236031・28236033
傳　真／(02) 28272069
郵政劃撥／0166955—1
登記證／局版臺業字第 2171 號
承印者／國順圖書印刷公司
裝　訂／嶸興裝訂有限公司
排版者／千兵企業有限公司
電　話／(02) 28812643
初版1刷／1998 年（民 87 年）12 月

定　價／280 元

大展好書 好書大展

大展好書　好書大展